O Preço da Ambição

O Preço da Ambição

Psicografia de
Sônia Tozzi

pelo espírito
Irmão Ivo

LÚMEN
EDITORIAL

O Preço da Ambição
pelo espírito Irmão Ivo
psicografia de Sônia Tozzi

Copyright © 2006-2024
by Lúmen Editorial Ltda.

7ª edição – Julho de 2024
7-7-24-200-34.680

Coordenação editorial: Ronaldo A. Sperdutti
Preparação de originais: Fábio Maximiliano
Revisão: Thelma Babaoka
Diagramação: Sheila Fahl / Casa de Idéias
Arte da Capa: Daniel Rampazzo / Casa de Idéias
Impressão: Renovagraf

Dados Internacionais de Catalogação na Publicação
(CIP)(Câmara Brasileira do Livro, SP, Brasil)

Ivo, Irmão (Espírito).
O preço da ambição / pelo espírito Irmão Ivo ; psicografia de Sônia Tozzi.
— São Paulo : Lúmen, 2006.

1. Espiritismo 2. Psicografia 3. Romance espírita
I. Tozzi, Sônia. II. Título.

06-1158   CDD-133.9

Índice para catálogo sistemático:
1. Romance espírita : Espiritismo   133.9

LÚMEN
EDITORIAL

Av. Porto Ferreira, 1031 | Parque Iracema
CEP 15809-020 | Catanduva-SP
17 3531.4444

www.lumeneditorial.com.br | atendimento@lumeneditorial.com.br
www.boanova.net | boanova@boanova.net

2006
**Proibida a reprodução total ou parcial desta
obra sem prévia autorização da editora**

Impresso no Brasil – *Printed in Brazil*

Prefácio

A vida é o bem mais precioso que possuímos, pois ela nos dá a oportunidade de planejar, amar e, através desses sentimentos, avaliarmos a nós mesmos. Amamos nossos pais por nos terem proporcionado a vida no corpo físico. Amamos nossos filhos porque são frutos de uma integração com a pessoa amada e que escolhemos para caminhar conosco. Amamos nossa esposa porque ela se torna parte de nossa essência fazendo-nos sonhar com o futuro promissor através da convivência cotidiana, levando-nos a idealizar o dia de amanhã.

Todavia, devemos ter a consciência de que tudo é possível somente graças à bondade de Deus, que permite que nossos sonhos se tornem realidade, trazendo-nos um bem-estar que nos acaricia o coração e nos faz felizes.

Ao ser convidado para escrever o prefácio deste O Preço da Ambição, mais um livro psicografado pela Sônia, minha mulher querida e amada, meu coração encheu-se de alegria e de bem-estar. Veio-me à mente a figura de minha querida e saudosa mãe, dona Herminda, que muito lutou pela nossa felicidade. Ela nutria grande admiração pela Sônia e tudo fazia para que a alegria sempre fizesse parte de nosso lar. Ajudava-nos sem alarde, orientava-nos com sabedoria. Enfim, auxiliava-nos para que nossa caminhada prosseguisse feliz.

Deus é nosso Pai e conhece-nos muito bem. Ele sabe das nossas necessidades e inspira determinados irmãos para que, em parceria com os bons espíritos, possam nos elucidar e esclarecer sobre os pontos de entendimento onde ainda encontramos mais dificuldades. Os livros são escritos com a finalidade de auxiliar e aliviar certas deficiências que temos, sanando nossas dúvidas sobre os problemas que nos afligem.

Este livro O Preço da Ambição descreve fatos e dúvidas que todos temos na vida, alivia-nos e dá-nos força para lutar contra nossas angústias e sofrimentos. Felizmente Deus não esquece de suas criaturas e coloca em nosso caminho irmãos que, por sua inspiração, vem demonstrar-nos que nossos problemas têm solução. É necessário apenas lermos os livros com o coração puro e receptivo, com a vontade plena de aprender.

O Preço da Ambição, escrito por Irmão Ivo e com psicografia de Sônia Tozzi, nos esclarece e nos dá conforto para enfrentarmos as pedrinhas que encontramos em nosso caminho com a certeza de que podemos mudar nossas atitudes e sermos mais felizes.

Que todos aqueles que lerem este livro possam encontrar a mesma felicidade dentro do amor pleno e cristão, como eu e minha esposa, ao lado de nossa família, encontramos.

DR. ANTONIO CLAUDINO RODRIGUES
– ADVOGADO

Sumário

Capítulo I	Luxo, ganância e futilidade	9
Capítulo II	Uma alma desperta	18
Capítulo III	Direitos e deveres	32
Capítulo IV	O destino de um inocente	46
Capítulo V	O retorno ao lar	62
Capítulo VI	Do sonho à realidade	79
Capítulo VII	Dois projetos diferentes	100
Capítulo VIII	Um coração empedernido	118
Capítulo IX	Quase uma injustiça	134
Capítulo X	A trama perversa por um fio	153
Capítulo XI	A traição	170
Capítulo XII	O mal e o bem	187
Capítulo XIII	O acidente	204
Capítulo XIV	Pelo amor ou pela dor	220

Capítulo XV	Amparando os aflitos	237
Capítulo XVI	Uma nova oportunidade	257
Capítulo XVII	Amargo despertar	275
Capítulo XVIII	Um duro golpe	293
Capítulo XIX	A sórdida farsa chega ao fim	310
Capítulo XX	Quem semeia vento...	330
Capítulo XXI	Uma revelação estarrecedora	347
Capítulo XXII	Os rumos da vida	362
Capítulo XXIII	A oportunidade tão sonhada	377
Capítulo XXIV	Aprendendo a falar de flores	391
Capítulo XXV	O amor vence o medo	410
Capítulo XXVI	Herdeiros de nossas atitudes	422
Capítulo XXVII	O encontro do verdadeiro amor	440
Considerações		451
Palavras da Médium		454

Capítulo I

Luxo, ganância e futilidade

O majestoso transatlântico cortava as ondas do oceano retornando da Europa.

Os passageiros em trajes de gala valsavam pelo salão ao som da grande orquestra, que presenteava os viajantes com a harmonia que somente as músicas de qualidade possuem.

Os garçons iam e vinham servindo com elegância os mais requintados vinhos e pratos sofisticados. Tudo ali era luxo e beleza, condizentes com o alto nível social dos passageiros.

A lua, projetando sobre as águas sua claridade, contribuía com seu romantismo para a beleza da noite estrelada. Poucos poderiam, na realidade, usufruir de viagem tão perfeita; realmente a viagem sonhada por muitos, mas vivenciada por poucos.

Velas acesas em enormes castiçais, flores com sua graciosidade realçada e seu perfume exalando de arranjos magníficos inspirariam, sem dúvida, qualquer pessoa a dizer, sem o menor risco de errar: isto é um sonho!

No camarote, Jaime — quarenta anos, corpo atlético cultuado nas academias e pele bronzeada, fruto de suas horas de exposição ao sol na piscina de sua mansão — e sua esposa Maísa — trinta e dois anos, cabelos negros emoldurando o belo rosto de olhos verdes — terminavam de se arrumar para se juntar aos amigos, que os esperavam no salão.

— Qual delas devo usar, querido? — perguntou Maísa, mostrando-lhe duas de suas inúmeras jóias.

Jaime a olhou com ar displicente, continuando a examinar atento o próprio porte elegante e charmoso. Sua excessiva vaidade impedia-o de se fixar mais demoradamente em outra pessoa que não fosse ele próprio. Então, respondeu:

— Prefiro as esmeraldas, meu bem, combinam com seus olhos. Quero que esteja o mais linda possível. Não se esqueça de que é a esposa de um importante empresário, e o luxo de que você gosta eu posso lhe dar.

Maísa aproximou-se do marido, abraçou-o, dengosa, e lhe disse com voz melosa:

— Jamais me esquecerei disso, amor. Afinal, é justamente isso o que mais me encanta em você: o dinheiro e a maneira como o gasta.

— Sei muito bem. Aliás, foi por esse motivo que me casei com você.

— Como assim? O que quer dizer?

— Quero dizer que você foi sincera quando me disse que o meu dinheiro a atrai e que me aprecia pelo meu sucesso.

Maísa ficou surpresa, pois não esperava ouvir tal coisa de seu marido. Diante da expressão dela, Jaime continuou:

— Todas as outras mulheres com as quais me relacionei fingiam me amar, dizendo que o importante era estar comigo, rico ou pobre, mas agiam como se eu fosse apenas um banco. Você foi sincera desde o início. Não negou que minha fortuna contribuíra para que gostasse de mim, mas que se afeiçoara no decorrer do nosso relacionamento. Você gosta do meu dinheiro e do luxo que lhe proporciono; e eu gosto de sua beleza e requinte. Orgulho-me de apresentá-la aos meus amigos, e me envaidece a maneira como todos a olham. Formamos o casal ideal. Somos sinceros e respeitamos um ao outro, e isso me basta. Gaste o que quiser, mas mantenha-se sempre elegante.

Maísa estava absolutamente espantada com tudo o que ouvira de Jaime.

— Concordo plenamente com você, querido. Tudo o que sempre lhe disse é verdade, mas acredite: também gosto muito de você. A meu modo, isso é amor.

— Eu também, Maísa, gosto muito de você. Sinto uma atração enorme pelo seu corpo perfeito e seu rosto bonito, e causa-me prazer saber que tudo isso me pertence.

Finalizaram o assunto, e nenhum dos dois preocupou-se em se aprofundar nos sentimentos um do outro.

Assim que se viram prontos, olharam-se no espelho e gostaram do que viram.

— Somos perfeitos! — exclamou Jaime, acostumado a extravasar sua vaidade. — É por isso que causamos tanta inveja.

Fecharam a porta do camarote e seguiram de braços dados para o salão.

Andavam com a cabeça erguida, o porte altivo condizente com o orgulho e a vaidade que a fortuna lhes proporcionava erroneamente.

Quando chegaram ao salão, todos os olhares se voltaram para eles.

Aproximaram-se da mesa à qual os amigos se encontravam, e eles se levantaram; nem tanto pela educação ou pela amizade que dedicavam ao casal, mas pela prepotência de Jaime e sua conhecida impetuosidade, pronta a explodir a cada contrariedade. Cada gesto que para qualquer pessoa significaria educação e cortesia, para Jaime era demonstração de que era superior, mais poderoso, e isso o agradava sobremaneira.

Sentaram-se, e logo o grupo conversava animadamente. Para eles, que cultivavam a futilidade, nada mais existia no mundo que não fosse a satisfação dos próprios desejos e a demonstração da riqueza, que faziam absoluta questão de expor continuamente.

— E aí, amigo Jaime, o que achou da nossa viagem pela Europa?

Quem o interpelou foi Alberto, que se fazia acompanhar de Cássia, sua secretária e companheira de viagem, que, para manter a posição social elevada que tanto apreciava, se sujeitava à condição de amante de Alberto. Ele era dono de uma rede de padarias, viúvo, e sua maior alegria era desfilar em lugares badalados acompanhado da juventude e da beleza de Cássia.

Para a vaidade excessiva, nada mais importa senão o brilho de si próprio, brilho esse geralmente equivocado.

— Foi apenas mais uma viagem, Alberto. Como todas as outras, perfeita e cheia de requinte, como faço questão.

— Jaime não abre mão do conforto, vamos dizer, exorbitante — disse Maísa. — Para ele, a única coisa que de fato importa é ter o mundo a seus pés, não é, querido?

Jaime, todo arrogante, respondeu:

— Tem razão, querida. Existe algo que tenha mais valor do que estar no topo do mundo? Olhar de cima e saber que podemos manusear as pessoas da maneira que melhor nos aprouver, porque todas têm um preço? O dinheiro serve para isso: nos dar prestígio e autoridade para exigir tudo o que quisermos, e da maneira como quisermos. Desde que o mundo é mundo é assim, e não sou eu que mudarei esse estado de coisas.

Leandro, que integrava o grupo, retrucou:

— Tenho dúvidas quanto a isso, Jaime. Venho observando tantas dificuldades por esse mundo afora, que chego a questionar se não está na hora de os empresários como nós se unirem e tentarem minimizar essa situação de alguma forma.

— O que está pretendendo dizer com isso, Leandro? — perguntou Alberto.

— Que dinheiro não nos falta. Fomos agraciados com a fortuna, mas nada de útil fazemos dela. Ao contrário, gastamos unicamente com futilidades, enquanto por todo lado pessoas morrem de desnutrição ou vivem em condições subumanas, como por exemplo em nosso próprio país. Não sei se estamos agindo certo.

Jaime estava boquiaberto.

— Não acredito no que ouço, Leandro. Vai virar beato agora, é isso?

— Não, não é essa a questão — respondeu Leandro. — Deixa para lá. Esqueçam o que eu disse, foi bobagem minha.

— Ainda bem! — exclamou Jaime.

Todos riram e continuaram na conversa tola, que era o que mais gostavam de fazer.

A noite transcorreu em festa. Ao raiar do dia, os amigos se despediram, e cada um rumou para seu camarote, de onde sairiam somente quando o sol já se fizesse alto.

Enquanto se trocavam para dormir, Andréia, esposa de Leandro, disse ao marido:

— Querido, gostei muito do que você falou hoje à noite. É o que pensa mesmo?

Sentindo-se apoiado pela esposa, Leandro resolveu se abrir:

— Andréia, nunca lhe disse nada sobre isso, mas tenho sentido, nesses últimos tempos, um enorme vazio no coração.

— Mas por quê, meu bem? O que lhe falta?

— Não sei explicar. Materialmente, nada, você sabe bem disso. Sou um engenheiro bem conceituado no meio, e temos muito mais que o necessário para viver. Nossos filhos sempre estudaram nos melhores colégios, enfim, não tenho nada do que me queixar.

— Mas então?

— Então, Andréia, apesar de ter tudo o que possuo, todos os supérfluos que se pode imaginar e desejar, sinto-me vazio, inútil. Você consegue me entender?

— Estou tentando. Explique-se melhor.

— Damos tudo para os nossos filhos, mas não ensinamos o principal: olhar o mundo através da solidariedade. E sabe por que não fazemos isso?

— Por quê?

— Porque nós também não sabemos.

— Leandro, eu estou perplexa! Nunca poderia imaginar que existisse esse tipo de conflito em você.

— Não chega a ser um conflito, mas é algo que me incomoda há algum tempo.

— Diga-me, aconteceu algo que o fez refletir, que o atingiu tanto assim?

— Aconteceu, Andréia, aconteceu sim.

— Eu poderia saber de que se trata?

— Claro que pode. Gostaria muito de compartilhar com você essa questão, saber sua opinião.

— Sendo assim, me diga, meu amor.

— Agora já é muito tarde, querida. Vamos fazer o seguinte: amanhã, quando estivermos na piscina, eu lhe contarei tudo.

— Isso se nossos amigos não impedirem!

— É verdade, mas daremos um jeito.

— Está bem, Leandro, vamos dormir.

Deitaram-se, e rapidamente adormeceram.

Enquanto isso, Jaime e Maísa também conversavam:

— Jaime, você ouviu bem o que Leandro disse hoje?

— Claro! Ele é um sonhador, ou melhor, um tolo. Só faltou dizer que devíamos entregar nossa fortuna nas mãos dos miseráveis.

— Cada um tem de viver da maneira que pode. Se você é bem-sucedido é porque conquistou, trabalhou e hoje pode usufruir os prazeres que a riqueza lhe proporciona. Se os pobres não têm, vai ver não se esforçaram, não trabalharam o suficiente para ganhar melhor. Há de concordar, Jaime, que existe muita gente preguiçosa que só sabe reclamar da sorte. Você, ao contrário, deu tudo de si. Portanto, tem mais é de aproveitar.

Os conceitos levianos de Maísa não causavam nenhum impacto em Jaime pelo fato de ir de encontro aos seus próprios pensamentos. O orgulho e a vaidade que preenchiam seu coração impediam-no de se lembrar de que nada fizera para conquistar tanta riqueza e poder, pois apenas os herdara de seus pais. Eles, sim, se esforçaram, cobriram o rosto com o suor honesto e calejaram as mãos com o trabalho incessante que os fez acumular bens e dar à empresa solidez e credibilidade, que agora servia para satisfazer o egoísmo do filho.

— Maísa, não vamos perder o sono por causa das tolices de Leandro. Se ele acha importante e fizer mesmo questão, que distribua o dinheiro que tem. Quanto ao meu, continuará sendo meu, hoje e sempre.

Maísa ficou feliz.

— É exatamente por isso que gosto e admiro você, Jaime. Porque é determinado, vencedor. O homem perfeito. Não é à toa que é tão invejado pelos homens e cobiçado pelas mulheres.

— Você não sente ciúme?

— Não! Confio em você e em mim. Somos muito parecidos, um completa o outro.

No camarote ao lado, Alberto e Cássia tinham outro tipo de conversa:

— Não aceito, porque nunca vou compreender o motivo pelo qual não se casa comigo.

— Por que isso agora, Cássia?

— Porque não suporto mais esta situação. Não percebe que me encontro numa posição delicada perante seus amigos? Para eles sou apenas sua amante.

— Mas, Cássia, é isso mesmo o que você é!

— Só que já estou ficando farta disso, meu querido. Estou perdendo minha juventude em uma relação que não tem nenhum futuro. O que ganho com isso?

— A gorda mesada que lhe dou, as viagens, os restaurantes e as festas elegantes que freqüenta. O que quer mais?

— Estabilidade! Segurança! Ser apresentada como esposa, e não como amante.

Irritado, Alberto encerrou o assunto. Dizendo estar cansado e com sono, virou-se para o canto e adormeceu.

Cássia olhava o amante e pensava em uma maneira de conseguir o tão sonhado casamento.

"O que o rico nem sempre faz é o bem; torna-se orgulhoso, egoísta e insaciável; suas necessidades aumentam com a fortuna e julga não ter o bastante para si mesmo.

A posição elevada no mundo e a autoridade sobre os semelhantes são provas tão grandes e arriscadas quanto a miséria; porque, quanto mais o homem se torna rico e poderoso, mais obrigações tem a cumprir, pois maiores são os meios de que dispõe para fazer o bem e o mal. Deus experimenta o pobre pela resignação, e o rico pelo uso que faz de seus bens e de seu poder. A riqueza e o poder despertam todas as paixões que nos prendem à matéria e nos distanciam da perfeição espiritual. Foi por isso que Jesus disse: 'Em verdade vos digo: é mais fácil um camelo passar pelo fundo de uma agulha do que um rico entrar no reino dos céus'." (*O Livro dos Espíritos* — capítulo IX — item V — pergunta 816.)

Enquanto todos os viajantes dormiam, dando trégua ao corpo cansado de divertimentos, bebidas e comidas em excesso, o gigantesco navio cumpria sua tarefa de cruzar o oceano.

Capítulo II

Uma alma desperta

A viagem continuava sem nenhuma alteração em sua programação, transcorrendo dentro da normalidade prevista, com boa comida, festas elegantes e jogos divertidos.

Beneficiados pelo calor do sol que brilhava no céu azul, os passageiros usufruíam dessa condição favorável nas áreas da piscina, que se tornavam palco da alegria despreocupada de muitos.

Alberto e Cássia foram os primeiros a chegar e já se bronzeavam ao sol estendidos nas espreguiçadeiras brancas.

— Cássia, por que essa indignação completamente sem sentido?

— Porque me dei conta do quanto estou desperdiçando minha vida ao seu lado, Alberto.

— Meu Deus, mas eu lhe dou tudo o que quer!

— Não, você me dá tudo o que preciso para acompanhá-lo, mas não o que realmente quero.

— E posso saber o que você realmente quer?

— Você já sabe, Alberto, por isso não se faça de desentendido.

— Casamento. É isso, não?

— Sim, é isso! Estou farta de ser apenas uma amante, de ser alvo de comentários, de fofocas de seus amigos.

— Mas, Cássia, já tenho certa idade e você é muito nova. É uma diferença muito grande.

— Para ser sua esposa, não? — completou Cássia, deixando transparecer toda sua revolta. — Mas para ser sua amante, satisfazer você, deixar que me exiba por onde anda, a minha juventude serve!

Alberto não sabia como argumentar. Em seu íntimo sabia que Cássia tinha razão, mas sempre tivera receio de unir-se a ela. Não tanto por causa dos filhos, que se opunham firmemente àquela união, mas pelo medo de se tornar alvo de pilhéria dos amigos, da família e, acima de tudo, de se tornar um marido traído, em razão da enorme diferença de idade entre os dois.

Diante de seu silêncio, Cássia tornou a dizer:

— Acho melhor você decidir logo, Alberto, o quanto antes, porque minha paciência já está se esgotando e minha oportunidade também. Não serei jovem a vida inteira.

— Quer dizer o que com isso, Cássia?

— Que se você não tomar uma atitude, assim que chegarmos, nosso caso estará terminado.

— Está falando sério?

— Pode acreditar!

A tensão reinante entre eles foi quebrada com a chegada de Leandro e Andréia.

— Bom dia! — exclamaram com alegria.

Com humor, Alberto respondeu:

— Bom dia, não, é melhor dizer boa tarde. Mas venham, sentem-se aqui para conversarmos um pouco; jogar conversa fora.

Sentaram-se.

Andréia, notando o ar um pouco agastado de Cássia, dirigiu-se a ela tentando amenizar o clima:

— Tudo bem, Cássia? Parece-me um pouco cansada; não dormiu bem esta noite?

Quem respondeu foi Alberto:

— Não dêem tanta importância ao jeito amuado de Cássia. Desde ontem ela está com problemas existenciais.

Cássia lançou um olhar furioso para Alberto. Sem pedir licença, ela se levantou e se dirigiu ao camarote, deixando Leandro e Andréia completamente sem graça.

— Desculpe-me, Alberto, não tive a intenção de causar transtorno. Por favor, não fique chateado comigo.

— Sou eu quem lhe pede desculpas, Andréia. Quem causou transtorno foi ela; sempre impetuosa.

— Gostaria de conversar sobre isso, Alberto?

— Não quero preocupá-los com meus problemas.

— Amigos não servem só para se divertir juntos, mas também para serem solidários uns com os outros. Fique à vontade para desabafar, se quiser e se confiar em nós.

Alberto pensou por alguns instantes.

— É! Acho que estou mesmo precisando desabafar com alguém.

— Então, fale amigo — Leandro o encorajou.

— Tem razão. Melhor que seja antes de Jaime e Maísa chegarem.

— Não confia neles, Alberto?

— Nem um pouco, Leandro. Eles são bons amigos para o lazer, e só.

Leandro e Andréia olharam-se, compreendendo o que Alberto queria dizer.

— Pode confiar em nós, Alberto. Não é do nosso perfil sair falando dos outros, principalmente de um amigo.

Sentindo-se à vontade, Alberto confidenciou:

— Cássia está me pressionando para que eu me case com ela.

— E você?

— Não sei, Leandro. Não tenho certeza de que seja o melhor a fazer. Tenho receio de esse casamento se transformar em um grande problema.

— Mas você não a ama?

— Gosto dela, sim, Andréia. Sinto-me muito bem ao lado de Cássia. Ela é uma ótima companhia para preencher o vazio da minha vida, mas daí a me casar vai uma grande distância.

— Por quê?

— Bem, existe uma considerável diferença de idade entre nós. Fora isso, meus filhos não aprovam a idéia. Julgam-na uma interesseira atrás apenas do conforto que poderia ter ao meu lado.

— E por que não a testa para conhecer sua real intenção?

— Como assim, Leandro?

— Diga-lhe que concorda com o casamento, mas será uma união com total separação de bens. Ela assinará um contrato afirmando estar ciente de que nada receberá se houver uma separação, salvo se for de sua vontade dar-lhe algum bem.

Alberto ficou pensativo.

— Não havia pensado nisso, amigo. Pode ser uma solução. Talvez seja mesmo uma solução — repetiu, sentindo-se mais animado.

— É preciso que esteja preparado para uma possível decepção, Alberto; pode ser que Cássia recuse. Nesse caso, ficará provado que só se interessa mesmo pelo seu dinheiro.

— Se isso acontecer é porque sua intenção sempre foi usufruir de sua conta bancária. Sendo assim, não valerá a pena arriscar; seus filhos teriam razão.

Alberto ficou absorto. Sabia que poderia dar uma definição para seu caso, mas, ao mesmo tempo, decepcionar-se muito.

— O que devo fazer, meu Deus?

Leandro e Andréia preferiram deixá-lo só com suas conjecturas e decisões.

— Vamos dar um mergulho, Alberto. Enquanto isso, reflita e procure encontrar suas respostas.

— Claro, claro, podem ir. Não se preocupem comigo. Já me ajudaram muito, agora é comigo.

Os dois se afastaram, deixando Alberto à vontade para encontrar a melhor saída para seu dilema.

Nadaram um certo tempo. Logo após a saída da piscina, deitaram-se preguiçosamente para se deliciar com os raios solares.

Andréia, lembrando-se da conversa da noite anterior, perguntou ao marido:

— Leandro, lembra-se de que me contaria algo hoje? Conte-me. Estou muito interessada em saber.

Leandro sentou-se na espreguiçadeira.

— Está mesmo interessada nesse assunto, querida?

— Claro, meu amor. Tudo o que diz respeito a você me interessa.

Leandro se animou. Havia muito tempo queria ter aquela conversa com a esposa. Desse modo, puxou a espreguiçadeira para ficar mais próximo dela e iniciou:

— Há mais ou menos seis meses, fui com um cliente a uma região onde ele pretendia construir um galpão para sua escola de samba. Lá todos teriam como ensaiar o ano todo e trabalhar nas alegorias para o desfile do carnaval.

— Por favor, continue.

— Ao chegarmos ao local, deparei com diversos barracos onde moravam famílias inteiras com sua prole numerosa. Quis saber em que lugar ele pretendia construir o galpão, visto que toda a área já estava tomada e não via nenhuma outra desocupada. "É exatamente aqui", respondeu-me o cliente. "Onde estão esses barracos." "Mas a área já está ocupada!", eu disse. "Ora, dr. Leandro, não seja ingênuo. É claro que serão todos derrubados, um a um. Obtive a ordem judicial para esse procedimento." "Mas e essas famílias, as crianças, os idosos? Para onde irão?" "Isso não é problema meu. O que sei é que este terreno é de minha propriedade. Estou apenas reavendo o que me pertence por direito. Vou resolver o meu problema, dr. Leandro, cada um que resolva o seu. O senhor é o meu engenheiro e quero apenas que construa o galpão, e de preferência sem comentários, porque serão inúteis." Querida, eu mesmo fiquei surpreso com a minha reação.

— E como você reagiu?

— Fiquei boquiaberto. Senti uma indignação, uma vontade de largar o cliente falando sozinho! Só não o fiz porque pensei duas vezes. Nunca havia estado tão próximo de uma situação semelhante.

— E o que aconteceu depois?

— Quinze dias se passaram. Então, ele me ligou e retornamos ao local. Quando lá chegamos, encontramos uma verdadeira confusão. As pessoas se negavam a desocupar o local, ou melhor, seus barracos. Seus poucos pertences eram jogados de qualquer jeito naquele chão imundo e encharcado. Os adultos gritavam e as crianças choravam, inseguras e desesperadas ao verem seus brinquedos, quase todos desprezados por crianças ricas que têm tudo o que querem, destruídos por aqueles homens que diziam cumprir apenas uma ordem judicial. Porém, em alguns deles notava-se claramente a mórbida satisfação de ver seu semelhante sendo protagonista daquele enredo tão triste, filme da própria vida de cada um.

— Meu Deus, Leandro, que situação mais triste e constrangedora!

— Andréia, enquanto o trator passava por cima dos barracos, os gritos e o choro aumentavam; chegavam até minha alma como um lamento desesperado e sem nenhuma esperança. O olhar daquela gente sofrida se fixava em mim como a pedir ajuda e amparo.

— E você?

— Eu! Nada podia fazer naquele momento. Não podemos desrespeitar um mandado judicial, Andréia. Apenas observava aquela cena, e meu coração se oprimia, fazendo com que me sentisse um inútil nas questões sociais, nem sempre justas.

Leandro parou de falar. Andréia sentiu toda a emoção que tomava conta de seu marido e, como ele, também se emocionou.

— Naquele momento, querida, tomei consciência de que deveria fazer alguma coisa por aquela gente. Ou melhor, pelas pessoas que são jogadas na rua sem nenhuma piedade, por conta dos desejos banais de alguns. Percebi o quanto somos egoístas, tanto que não conseguimos nos dar conta de que todos os homens têm direito a um lugar ao sol.

Andréia estava impressionada com o marido. Nunca o escutara falar daquela maneira tão sentida. Leandro continuava:

— Nós temos muito além do supérfluo, e foi por isso que tentei sensibilizar Alberto e Jaime. Pensei que poderíamos dar uma direção mais humana à nossa fortuna. Não quero dizer com isso que devemos distribuir nossa riqueza, mas empregar uma parte dela em benefício do nosso semelhante. Muitos choram lá fora, Andréia, enquanto nos afundamos na fartura de nossa casa.

Andréia ficava cada vez mais surpresa. Nunca imaginara que seu marido pudesse ser atingido daquela maneira pelo sentimento da caridade.

Ao mesmo tempo, sentia-se feliz em constatar o interesse de Leandro nas questões sociais. Ela vinha de uma família espírita, mas desde que conhecera Leandro deixara de freqüentar as palestras edificantes ministradas pelo orientador do Centro Espírita que seus familiares freqüentavam com assiduidade. Para agradar o marido, que se dizia católico, mas sem pertencer a nenhuma igreja, deixara para trás a leitura dos livros espíritas e nunca mais fizera nenhum comentário a respeito.

Naquele momento, no entanto, ouvindo Leandro relatar toda aquela história, voltara-lhe a esperança de um dia poder retomar sua crença, da maneira como fora criada. Quase não podia esconder seu contentamento. Leandro, que a observava, perguntou:

— Andréia, o que acha disso tudo? O meu raciocínio está certo ou errado?

— Quanto a empregar um pouco do muito que temos para auxiliar, de alguma forma, o nosso próximo?

— Isso mesmo. O que acha?

— Acho que você é maravilhoso e que não deve se preocupar se o seu desejo é certo ou errado.

— Por quê?

— Porque o certo ou errado está relacionado à personalidade de cada um, querido. Ou seja, o que A pode achar certo, B pode achar errado, e assim por diante. O que deve direcioná-lo é o bem e o mal. O bem será sempre o bem, independente do que outras pessoas possam estar pensando.

— Como assim, Andréia?

— Se tudo o que fizer trouxer benefício ao sofredor, é o bem que está presente nesse ato. E o bem estará sempre ligado às leis divinas, mesmo que poucos ou muitos possam achar que não. Aquele que seca uma lágrima ou estende a mão para auxiliar o necessitado estará, perante Deus, agindo de maneira certa, e Deus é o melhor e o mais justo Juiz para nossas atitudes.

— Preciso refletir sobre tudo isso que está me dizendo.

— O conceito de errado pode estar ligado ao egoísmo de quem o sente; assim também acontece com o mal praticado, que, por onde passa, deixa, de alguma forma, a destruição e a lágrima. Muitos se enganam julgando sem critério, tentando salvar a própria pele, só que se esquecem de que, a todo momento, pedimos misericórdia e perdão a Deus pelos nossos erros. Julgamo-nos sempre merecedores da bênção divina, bem mais do que merecem nossos irmãos. Devemos ser mais severos conosco e mais complacentes com os outros.

— Puxa, Andréia, estou perplexo com você!

— E eu com você, querido. Você falou uma grande verdade. Enquanto nos aconchegamos em nosso lar, aquecidos e protegidos das intempéries, muitos choram do lado de fora. Conte comigo para qualquer coisa que fizer. Estarei sempre ao seu lado para apoiá-lo.

Chegou a vez de Leandro se emocionar. Não esperava por essa reação de sua esposa. Sem dizer uma única palavra, segurou suas mãos e beijou-as.

— Obrigado, querida. Tenho certeza de que encontrarei uma maneira de auxiliar quem realmente precisa.

Mal acabou de falar, escutou a voz de Jaime e Maísa, que se aproximaram:

— E aí? Nadaram bastante?

— Sem dúvida — respondeu Andréia. — Com este sol magnífico é até um crime ficar fechado em um camarote até estas horas.

— Estávamos muito cansados e mortos de sono. Preferimos usufruir nossa preguiça — respondeu Maísa.

Um pensamento passou pela cabeça de Andréia, que perguntou a si mesma: "Cansados de que, meu Deus, se não fazemos outra coisa há dois meses senão descansar e nos divertir?"

— Vocês viram Alberto? — Leandro perguntou a Jaime.

— Nós o encontramos no corredor dos camarotes. Ele nos disse que ia ver Cássia, que estava com muita dor de cabeça.

— Deve ter sido o sol quente.

— Com certeza!

— Leandro, posso fazer-lhe uma pergunta?

— Claro, Jaime, faça.

— O que quis dizer com aquele papo de dar uma finalidade melhor ao nosso dinheiro? Não entendi. Na verdade, o que pretendia?

— Deixa pra lá, Jaime.

— Não, Leandro, insisto em saber.

— E por que essa preocupação toda?

— Porque me nego a acreditar que você possa estar pensando em se desfazer de algum dinheiro para favorecer pessoas que não conhece e não sabem nem como gastá-lo.

— Você já pensou que poderiam usá-lo para matar a própria fome, ou se aquecer do frio, ou então tratar de doenças que os jogam nos catres gélidos e úmidos de seus barracos?

Jaime soltou uma gargalhada.

— Qual foi a piada, amigo?

— Só falta você me dizer que vai entrar para o seminário. Olha aqui, Leandro, se quer se destruir para favorecer gente estranha, miserável, que nada têm a ver conosco, com nossa condição social e cultural, não posso nem tenho o direito de me opor. A vida e o dinheiro são seus. Mas não conte comigo, porque jamais me prestarei a isso. Não darei um centavo sequer do que é meu.

— Concordo com você — disse Maísa, apoiando o marido.

Naquele instante, Leandro se deu conta do quanto era vazia a vida que tanto ele quanto Jaime e Alberto levavam. Seu peito se oprimiu, e ele sentiu vergonha de fazer parte de todo aquele esquema de futilidade.

— Que foi, Leandro? Por que essa fisionomia contraída e esquisita?

— Nada, Jaime!

Andréia conhecia seu marido, e como era mais despachada que ele resolveu dizer:

— Como nada, Leandro? Vamos, enfrente-o. Diga-lhe o que realmente está sentindo, o que pensa de verdade. Fale sem receio, confie em seus bons propósitos, porque são bons e são seus. Você os está idealizando na sua busca interior.

— Busca interior?! — questionou Maísa. — Meu Deus, com toda esta opulência em que você vive, ainda não encontrou seu eu interior? Por favor, Leandro, isso é coisa de beato, não de alguém instruído e capaz como você. Nosso eu interior, meu caro, está ligado ao dinheiro que se tem.

Encontrando apoio em Andréia, Leandro encorajou-se e respondeu:

— Não creio, Maísa, que seja coisa de beato. Ao contrário, creio ser de pessoas comuns, conscientes de seu papel na sociedade. Pode ser que a minha capacidade, como você diz, esteja me dando condições de perceber a futilidade que é minha vida.

— Leandro — voltou a dizer Jaime —, você é um engenheiro renomado, benquisto na sociedade, que conquistou seu lugar no mundo empresarial. Não deve se misturar com questões pequenas, sem solução. Desde que o mundo é mundo é assim: uns têm demais, e outros, de menos. Pense no que lhe disse, não fica bem para você.

Andréia, indignada, rebateu:

— Questões pequenas! Ora, faça-me o favor, Jaime! Questão pequena é a maneira como gastamos nosso dinheiro, praticamente jogado fora em aquisições sem nenhuma importância real, apenas para satisfazer o nosso ego!

— Sem importância, Andréia?

— Sim, Maísa. Sem importância. Gastamos apenas para nos exibir, nem o preço perguntamos. Vivemos em uma competição sem limites; não sabemos equilibrar as coisas, não sabemos dosar os nossos gastos. Enfim, é isso o que Leandro questiona, e tem o meu total apoio. Aliás, sempre esperei que este dia chegasse.

— Sabem de uma coisa? — Jaime meneou a cabeça. — Não estou gostando nem um pouco desta conversa, e se pretendem continuar com esse assunto tão fora de propósito, eu vou me retirar. Estou neste navio curtindo as minhas férias, ou melhor dizendo, voltando das minhas férias, e não vou desperdiçar os poucos dias que me restam com um tema que para mim não tem o menor valor ou significado.

— Tudo bem, vamos mudar de assunto. Também não estou à vontade falando disso com vocês. Respeito seu ponto de vista, Jaime, e gostaria que respeitasse o meu.

Jaime deu um tapinha no ombro de Leandro em sinal de paz.

— Claro, amigo, vou respeitar seu ponto de vista. Só não quero que o traga para o nosso convívio. O melhor da vida é saber que podemos curtir tudo ao nosso modo sem nos preocupar com o aluguel que vencerá no fim do mês. Este é um dos prazeres do dinheiro, meu caro: gozar de liberdade em tempo integral.

Andréia ia retrucar, mas Leandro, percebendo a intenção da esposa, puxou-a pela mão, e juntos caíram na piscina de água azul como o céu.

Assim que os amigos saíram, Jaime dirigiu-se a Maísa:

— Não lhe falei que Leandro é um sonhador tolo o suficiente para colocar em risco o fruto de anos e anos de trabalho? Enfim, ele que faça bom proveito desse seu ideal completamente sem base e sem futuro.

Como sempre acontecia, Maísa deu-lhe razão.

Capítulo III

Direitos e deveres

A viagem prosseguia.
Tudo naquele navio era alegria e festa para aquelas pessoas que tinham como prioridade de vida proporcionar a si mesmas os prazeres desejados.

Leandro, desde o momento em que se abrira com a esposa, sentia-se mais confiante quanto a seus propósitos. Guardava para si a intenção de iniciar um projeto voltado para a população mais carente, mas não tinha ainda nenhuma idéia concreta a respeito. Não sabia como começar, e achava melhor não falar nada para Andréia, pelo menos por enquanto.

"É melhor deixar o tempo passar, amadurecer esta idéia", dizia para si mesmo.

Andréia aproximou-se de mansinho e enlaçou o marido em um doce abraço.

— Um milhão pelos seus pensamentos!

Leandro, voltando-se, retribuiu o abraço da esposa.

— Não vale a pena pagar tanto por eles, querida.

— Hum! Conhecendo você como conheço, acho até que vale mais de um milhão. Sou capaz de apostar.

— Está jogando verde para colher maduro; não é assim que se diz? Mas pode tirar seu cavalinho da chuva, porque não vou dizer.

— Mas está pensando em algo importante, não está?

— Sim. Em uma coisa muito importante, mas não lhe digo, porque é muito cedo ainda. Quando amadurecer mais a minha idéia, terei o maior prazer em lhe contar. Aliás, precisarei mesmo da sua ajuda.

— Tudo bem, querido, não vou insistir. Fale quando achar que deve. Mesmo porque tenho a impressão de que sei do que se trata, mas vou respeitar sua vontade.

Calaram-se, ficando cada um com seus pensamentos.

"Tenho certeza de que Leandro estava pensando no incidente que ele presenciou", conjecturou Andréia. "Leandro ficou mesmo impressionado, e, se o conheço bem, meu marido está procurando uma solução."

Enquanto isso, Alberto e Cássia novamente discutiam:

— Não adianta, Alberto. Ou você se casa comigo, ou terminamos nosso relacionamento. Estou decidida e não vou voltar atrás!

— Cássia, escute-me, seja sensata, avalie a situação com frieza e ponderação. Não daria certo. Temos uma grande diferença de idade, você é mais nova que o meu filho mais velho! O prudente é ficarmos como estamos.

— Para você, não é, Alberto? Para você deve estar bom mesmo. Nada o preocupa. Afinal, tem uma mulher ao seu lado nos momentos que deseja. Não pensa em mim? Nos anos que desperdicei ficando com você, agüentando seu mau humor, fazendo somente o que você deseja, na hora e da maneira como quer!

— Se pensa assim, Cássia, por que ficou comigo esse tempo todo? Por que quer se casar comigo se não a agrado?

— Ora, Alberto, não se faça de vítima!

— Não estou me fazendo de vítima, mas apenas sendo coerente. Você não está feliz comigo, acha que a tenho decepcionado. Desde que iniciamos este relacionamento, deixei bem claro que o casamento não fazia parte dos meus planos. Você sempre soube disso, e mesmo assim continuou comigo. Por quê?

Cássia se calou. Procurava encontrar uma resposta convincente para satisfazê-lo, entretanto, por mais que tentasse, era em vão. Não conseguia encontrar nenhuma.

Alberto insistiu:

— Responda-me, Cássia! Qual a verdadeira razão de estar comigo esse tempo todo? Com toda a certeza não é pela minha beleza física, porque não tenho nenhuma. Muito menos pela minha juventude, pois ela já se foi faz tempo. Por que então? Só pode ser pelo meu dinheiro, é isso? O seu interesse é somente pelo conforto que lhe proporciono com a mesada generosa que lhe dou? É isso, Cássia?

Cássia sentiu que estava perdendo terreno, o que para ela era muito ruim, pois não havia conseguido ainda adquirir o patrimônio que ambicionava. Vendo que sua tática não surtira o efeito que imaginara, abrandou a voz e disse-lhe, de maneira delicada:

— Alberto, me perdoe. Não sei onde estava com a cabeça para pressioná-lo dessa maneira. Na realidade, só fiz isso porque tenho muito medo de perdê-lo. Seus filhos não me aceitam por não gostarem de mim, fazem de tudo para

nos separar, e eu acabo muito insegura diante dessa situação.
— Aproximou-se dele e deu-lhe um beijo. — Vamos esquecer esse assunto, querido. Estou feliz com você. Se não quer se casar comigo, não tem importância. Vamos continuar assim. Se você estiver bem, eu também estarei.

Alberto lembrou-se do que lhe sugerira Leandro. Achando o momento oportuno, disse a Cássia:

— Tive uma idéia, querida. Acho que poderemos resolver a questão da sua insegurança.

Cássia animou-se.

— Diga-me de que se trata, Alberto.

— Nós nos casaremos com separação total de bens. Assinaremos um contrato registrado em cartório, declarando que, em caso de separação, um não terá direito a nada que pertença ao outro. Assim, você se sentirá segura, e meus filhos não poderão dizer mais nada sobre você. Terão certeza de que sentimos verdadeiro afeto um pelo outro.

Cássia se esforçou para não demonstrar sua raiva. Disse para si mesma: "Se esse otário pensa que vou cair nesse golpe está muito enganado. Casar com ele, só com direito a toda a sua riqueza. Não vou suportar esse velho sem ter nenhuma vantagem!"

Fez um ar dengoso e respondeu a Alberto:

— Querido, já disse que não faz diferença nós nos casarmos ou não. Vamos continuar assim como estamos. Depois que desabafei com você, sinto-me mais segura e confiante. Sei que não me abandonará... Ou vai?

Alberto sentiu um ligeiro mal-estar ao perceber o fingimento de Cássia. "Ela só quer o meu dinheiro. Não tem o menor carinho ou afeição por mim. É falsa e interesseira."

Pensou por alguns instantes e, por fim, respondeu:

— Não, Cássia, não vou abandoná-la. Agora não tenho mais dúvida de que é melhor mesmo ficarmos como estamos.

— Também acho, meu amor! — E Cássia se esforçou para dar à voz uma alegria que estava longe de sentir.

Alberto continuou pensativo. "Meus filhos tinham razão. Eu ia me meter numa fria com essa aventureira."

Jaime e Maísa tomavam sol na piscina, alheios a tudo o que acontecia com seus amigos. Essa era uma característica do casal: jamais deter-se em nada que não fosse de seu interesse.

— Hum! Que sol delicioso, não, querido?

— Tem razão — respondeu Jaime. — Delicioso!

— Por que será que Alberto e Leandro não vieram para a piscina? Com este sol, ficar dentro do camarote...

— No mínimo Leandro deve estar fazendo planos para realizar seu sonho idiota e completamente descabido de auxiliar pessoas que não fazem o menor esforço para melhorar de vida, e Alberto deve estar aproveitando ao máximo aquela rameira.

— Acredita mesmo que Cássia não passa de uma oportunista?

— Evidente, Maísa! Óbvio que é uma interesseira. Alberto é bem mais velho que ela, poderia ser seu pai. Beleza ele não tem nenhuma, e muito menos mocidade. O que possui em abundância é o dinheiro que vem de sua rede de padarias.

Maísa foi tocada pelas palavras do marido, pois via-se naquela situação. Olhou para Jaime e constatou mais uma vez que era um homem bonito e atraente. Era certo que começara seu relacionamento motivada apenas por seu sucesso e fortuna, mas também era fato que sentia atração forte por ele e gostava de sua companhia. Considerava-se uma mulher feliz e acreditava firmemente que o sentimento que nutria por Jaime, após todo aquele tempo de convivência, era amor, ou melhor, a única forma de amar que conhecia.

Jaime, percebendo o olhar distante da esposa, perguntou-lhe:

— Ficou séria de repente, Maísa. O que a está incomodando?

— Para ser sincera, Jaime, suas palavras me atingiram.

— Por quê?

— Eu agi com você do mesmo modo como Cássia vem agindo com Alberto. Não é isso o que pensa?

— Não, não é isso que penso, Maísa.

— Não é a mesma coisa?

— Para mim, não. Você agiu comigo de forma limpa e sem subterfúgios. Foi sincera desde o início, nada me escondeu. Foi essa sua conduta verdadeira que fez com que me encantasse por você. Eu já lhe disse mais de uma vez que você jogou limpo comigo, não me enganou. Em vista disso, aceitei, e o fiz porque achei conveniente para mim. Penso que na minha situação é muito melhor viver com uma pessoa franca quanto aos seus sentimentos do que com uma dissimulada que finge o que não sente.

— Mas eu também já lhe falei que aprendi a gostar de você, Jaime. Esse é o meu modo de amar. Você se tornou uma pessoa muito importante para mim. Hoje posso afirmar que a minha felicidade não vem só do seu dinheiro, mas de você.

— O que está me dizendo?

— Jaime, eu gosto do seu dinheiro e do conforto que ele me proporciona. Adoro viajar, fazer compras, enfim, tudo o que posso fazer com ele. Quem não iria querer estar na minha posição? Mas peço-lhe que acredite que meu coração bate mais forte por você quando me toca, quando me olha, quando estou em seus braços. Acho que isso é amor.

Jaime se emocionou, coisa que acontecia raramente, pois seu interesse estava onde estavam o dinheiro e o sucesso. Segurou as mãos da esposa e lhe disse:

— Querida, eu sinto o mesmo por você. Temos uma forma diferente de amar, bem o sei, mas também sou feliz a seu lado, e posso lhe assegurar que essa felicidade vem do sentimento que tenho por você e da certeza de que sempre conviverei com uma pessoa verdadeira, que não esconde nada de mim, não dissimula o que sente, nem suas vontades.

— Tudo isso é verdade, Jaime?

— A mais pura verdade, Maísa. Não mude, meu bem, não mude nunca. Assim, terei absoluta certeza de que nossa união será para sempre.

Jaime e Maísa se entregavam tão sem limites aos prazeres que a riqueza lhes oferecia que não tinham tempo para perceber, nem se davam conta, que o sentimento que os aproximava era algo mais profundo.

Mudando completamente o rumo da conversa, Jaime disse à esposa:

— Estive pensando que poderia trocar seu carro assim que chegássemos. O que acha?

— O que acho?! Maravilhoso!

— Então está decidido. Logo que chegarmos em casa, vamos providenciar isso.

— Posso escolher?

— Claro, o carro será seu.

— Mesmo se for caro?

Jaime tornou a segurar as mãos dela.

— Preste atenção ao que vou lhe dizer, Maísa: não me importa o quanto você gasta. Se estiver feliz, para mim é o que basta. Você sabe que dinheiro não é problema para nós, e dinheiro é para isso mesmo. Tenho o suficiente, ou melhor, mais que o suficiente para poder me dar ao luxo de aproveitar a vida sem a menor preocupação.

— Você é realmente o melhor marido do mundo!

Ali estavam duas pessoas que colocavam o poder e as conquistas materiais acima de qualquer sentimento mais profundo ou mesmo aquisições espirituais.

Encontravam-se eles tão entusiasmados com a expectativa da troca do carro que nem repararam na chegada de Leandro e Andréia.

— Nossa, que euforia é essa, amigos? — Andréia quis saber.

— Você nem imagina o que acabei de ganhar de Jaime! — Maísa não escondia sua enorme alegria, aliada ao orgulho de poder ter e exibir tudo o que queria.

— Diga logo, Maísa, o que foi que ganhou?

— Um carro!

— Carro?! — exclamou Andréia. — Tudo isso por causa de um carro? Você não trocou o seu no começo do ano?

— Troquei, sim, mas enjoei da cor forte que escolhi. Estava mesmo com desejo de trocá-lo fazia algum tempo. Sabe quando você enjoa de uma coisa e ela parece que incomoda? Então, isso aconteceu comigo. Não gosto mais da cor nem do modelo. Agora Jaime deu-me essa notícia maravilhosa: vai trocá-lo assim que chegarmos em casa!

Jaime olhou direto para Leandro e, com sarcasmo, comentou:

— Está vendo, Leandro? Dinheiro serve para isso, meu caro: fazer nossa esposa feliz. E não para jogar fora, como você quer.

Leandro ficou sem graça. Andréia, indo em defesa do marido, respondeu:

— Não entendo por que está dizendo isso Jaime. Leandro dá tudo o que eu e as crianças precisamos. Ou melhor, ele nos dá mais do que precisamos, e, principalmente, afeto e atenção. Pode crer que somos muito felizes com ele, e eu tento fazê-lo feliz também.

Jaime ficou encabulado. Meio sem jeito, afirmou:

— Sei disso, Andréia. Estava me referindo às idéias que atualmente andam tirando o sono de Leandro, isto é, o questionamento sobre estarmos ou não fazendo bom uso do nosso dinheiro. Acho que ninguém pode dizer com certeza o que é certo ou errado.

— Mas podemos discernir o que é o bem e o que é o mal — respondeu novamente Andréia.

Leandro sentiu certa irritação.

— Por favor, Jaime e Andréia, é melhor pararmos por aqui. Isso não nos levará a nada, nossas idéias não se cruzam, portanto, vamos respeitar um ao outro. Ok?

— Acho melhor mesmo — concordou Andréia.

Maísa, presenciando tudo sem dizer uma só palavra, viu-se encorajada.

— Andréia, você não ambiciona mais do que tem, não acha que merece todas as mordomias que o dinheiro pode lhe dar? É preciso pensar alto!

O Preço da Ambição 41

— Não vou negar que gosto muito do conforto de que usufruo. Adoro viajar, vestir-me bem, dar aos meus filhos o luxo a que estão acostumados. Mas confesso que acho muito interessante a idéia do Leandro. É uma questão de humanidade. Eu nunca vi ninguém ficar pobre só porque é fraterno, e o fato de auxiliar aqueles que nada possuem também não nos deixará pobres ou passando necessidade. Na realidade, Maísa, o que Leandro quer dizer é que todos nós temos o suficiente para criarmos um projeto social sem passarmos privações.

Leandro deliciava-se com a exposição de Andréia.

— E se fizermos isso, com toda a certeza não ficaremos mais pobres, como disse Andréia.

— Não sei... — respondeu Maísa. — Simpatizo mais com a opinião de Jaime. Cada um deve lutar pelo que quer. Se não conseguir é porque não lutou o suficiente.

— Ou talvez porque não lhe deram a oportunidade necessária — acrescentou Leandro.

Jaime se irritou.

— Dar ou não dar oportunidade não é um problema nosso, Leandro. Para isso existem os políticos, os governantes, as organizações que tratam desse tema. Enfim, isso é um problema social que cabe ao governo resolver.

— Concordo. O governo deveria se preocupar mais com a população em geral. No entanto, isso não nos exime de contribuir e exercitar o nosso dever cristão. Todos nós, Jaime, temos direitos e deveres; reivindicamos sempre e com veemência nossos direitos, mas em geral nos esquecemos de cumprir nossos deveres. Nós nos esquecemos de que fazemos parte de um todo, e que é um dever cristão auxiliar os menos favorecidos da sorte, sobretudo quando possuímos tanto. É a melhor maneira de agradecer a Deus pelo fato de termos sido agraciados com a fortuna.

— Deus! — exclamou Jaime. — O que tem Deus a ver com a minha fortuna? Quem deixou para mim todo esse dinheiro foram meus pais, e não Deus. Aliás, acho que Deus é uma fantasia da mente humana, que está sempre em busca de justificativas para seus atos. Sinto muito, Leandro, mas não concordo com você.

— É a sua opinião, devo respeitar. Só não posso deixar de lamentar, meu amigo. Acredito que você se sentiria muito mais feliz se fosse útil a alguém. Mas não o recrimino, nem poderia. Cada um de nós possui o livre-arbítrio, que é o direito de pensar e agir como quiser.

Andréia, mais impulsiva que o marido, disse a Jaime:

— Você já pensou na possibilidade de vir a precisar de alguém?

— Claro que não, Andréia. Essa é uma possibilidade tão remota... diria mesmo impossível. Precisar de quem? De quem tem menos do que eu? O dinheiro compra tudo, minha cara. Veja o meu caso: pago muito bem aos meus empregados, e eles estão lá para servir a mim e a Maísa. O que eu precisar, eu compro.

— Ele falou uma verdade, Andréia. Jaime paga muito bem a todos os nossos empregados, disso sou testemunha.

— E os trata realmente como empregados, não?

— Óbvio, Andréia! É isso o que eles são. Queria que eu os tratasse como? Entenda uma coisa: essa gente tem de ser tratada assim, só entendem essa linguagem.

— Uma linguagem na qual não existem as palavras "bom dia" ou "obrigado", não é, Jaime?

— Mas é lógico que é assim, Andréia. Eles cumprem sua obrigação, são pagos para isso.

— Mas também são gente como todo mundo, Jaime. Será que não consegue compreender isso? Ser gentil com os outros, sejam empregados ou não, é também uma questão de educação.

Leandro, percebendo que a conversa estava tomando uma direção perigosa e temendo uma discussão, falou:

— Bem, Jaime e Andréia, chega por hoje. Estamos aqui para nos descontrair e descansar, e não para discutir e ficar nervoso. Vamos mudar de tema. Lembrem-se de que temos apenas mais dois dias para desfrutar das delícias deste navio. Logo estaremos em casa e tudo voltará ao normal. Vamos aproveitar ao máximo.

— De acordo, Leandro. Daqui a dois dias estaremos envolvidos com todos os problemas novamente. — Jaime suspirou.

— Até parece que quando chegar em casa você terá de pegar no pesado. Se eu conheço vocês, logo estarão arrumando outra viagem para descansar desta.

Todos sorriram da colocação de Alberto, que acabara de chegar com Cássia.

— Alberto, por onde andou?

— É mesmo, onde vocês se meteram? Há horas não os vemos.

— Estávamos resolvendo um problema. — Albertou olhou para Cássia.

— E resolveram? — perguntou Jaime, sarcástico.

— Acho que sim!

— Acho que sim, não. Resolvemos, sem dúvida — Cássia afirmou, dando à voz um tom autoritário, querendo dizer com isso que não era da conta de ninguém os problemas que porventura tivessem.

Maísa logo sentiu vontade de alfinetar Cássia, que, a bem da verdade, não a suportava.

— Que bom para você, Cássia, que resolveram. Acredito que assim você poderá ficar mais tranqüila, não?

Cássia fuzilou-a com os olhos.

— Se estou tranqüila ou não, Maísa, é um problema meu, e não seu. Nada em relação a minha vida lhe diz respeito.

— Nossa! — exclamou Maísa. — Quanta educação!

Alberto sentiu o clima ficar tenso. Querendo amenizar a situação, dirigiu-se a Maísa:

— Vamos parar de provocar uma a outra, e principalmente encerrar esse assunto. O melhor é falarmos de coisas alegres. Que tal nos divertir?

— É isso mesmo — concordou Leandro.

— É verdade — completou Andréia. — Com tanta beleza a nossa volta, não faz o menor sentido falarmos do que não é de nossa conta. Vamos ficar atentos à beleza dessa paisagem.

— Tem razão, amiga — voltou a dizer Maísa —, deixemos isso para lá. O problema não é nosso, mas de quem o criou. Vamos dar um mergulho?

— Vamos, Maísa.

Todos se afastaram. Alberto, ao se ver só com Cássia, disse-lhe:

— Não admito que trate mal meus amigos!

— Seus amigos? Será que não percebe quem são na realidade Maísa e Jaime? Aliás, não a suporto. Ela que não venha me provocar, pois não ficarei calada. Respondo com a mesma moeda.

— Por que não gosta deles, Cássia?

— Porque são falsos, prepotentes, ambiciosos e orgulhosos. Quer mais ou está bom assim?

— É melhor pararmos por aqui.

Dizendo isso, Alberto deixou-a sozinha e mergulhou na água azul da piscina.

Cássia sentou-se na espreguiçadeira, cobriu o rosto com um grande chapéu e entregou-se aos seus pensamentos.

"Que mulherzinha mais chata e metida. Se pensa que vai conseguir me derrubar, está muito enganada, acabo com ela primeiro. Maísa pode ter mais dinheiro e posição social do que eu, mas sou muito mais inteligente e esperta. Ela não perde por esperar, não sabe com quem está lidando. Que diferença de Andréia, sempre tão gentil e sensata. Ah, Maísa, se você pensa que vai atrapalhar minha vida... espere e verá!"

Alberto se aproximou.

— Venha nadar, Cássia.

— Sim, é o melhor que temos a fazer. — Deu a mão para Alberto, e os dois se jogaram juntos na piscina.

Maísa, que os observava, pensou: "Jaime tem toda a razão. Essa moça é mesmo uma oportunista que só quer se aproveitar de Alberto. Os filhos dele estão certos em desconfiar dela e se oporem ao casamento. Vou ficar de olhos bem abertos e, na primeira ocasião favorável, vou desmascará-la."

Capítulo IV

O destino de um inocente

A lua reinava absoluta no céu estrelado, projetando seu luar no mar azul e calmo, emprestando à natureza uma beleza magnífica.

Era o cenário perfeito para os passageiros aproveitarem a última noite naquele transatlântico majestoso.

Foi realizado um grande baile, no qual todas as damas puderam exibir, charmosas, seus vestidos de alta-costura, e os cavalheiros, seus *smokings* impecáveis. Tudo fora planejado para que aquela noite de despedida deixasse saudade no coração de todos. Na manhã seguinte, estariam atracados no porto de Santos, e a partir daquele momento a vida prosseguiria de forma natural e rotineira.

O sonho teria chegado ao fim.

Jaime e Maísa dançavam ao som da orquestra, orgulhosos por sentirem que os olhares eram dirigidos a eles, visto serem — como bem o sabiam — o casal perfeito na beleza e na elegância.

— Triste pelo término da viagem?

— Não, Jaime. Sinto saudade de nossa casa. E depois, sei que inesperadamente você inventará outra viagem.

— Que bom que pensa como eu, querida. Não gosto de rotina. É preciso preencher a vida com o inesperado, senão ela perde a graça.

— Concordo como você, tanto que optei por não ter filhos. Não gosto de me sentir presa por nada, nem por ninguém.

— Já que tocou nesse assunto, quero perguntar-lhe. Está mesmo consciente sobre a questão filhos?

— Claro! Não foi o que decidimos juntos? Com filhos não poderíamos desfrutar da vida, das coisas boas que ela nos oferece, no dia e na hora que julgamos melhor, sem preocupação ou estresse.

— Tem razão. Só perguntei para ver se estava tranqüila quanto a isso. Realmente não tenho a menor intenção de ser pai. Filhos dão muitos problemas. Gosto do que é meu, e filhos significam gastos, preocupações e perda da liberdade. Já foi uma felicidade você não ter família, ninguém para ficar se intrometendo na nossa vida.

Uma nuvem de nostalgia passou pelos olhos de Maísa. Retomando seu controle emocional, porém, disse:

— É o que eu digo, nós bastamos um ao outro. Para mim está ótimo assim. Não posso me imaginar olhando-me no espelho, vendo meu corpo deformado por uma gravidez. Não, não, prefiro continuar como estamos. Ter a única preocupação de ser e fazer você feliz. Você é feliz comigo, não é?

Jaime gostou do que ouviu. Apertou um pouco mais a cintura da esposa.

— É bom ouvi-la falar assim, segura do que quer. Não é à toa que formamos um casal perfeito. Afinal, temos as mesmas opiniões sobre quase tudo. — Deu-lhe um longo beijo, sem se importar com os olhares dos demais.

Maísa, rodopiando no salão, levada pelos braços fortes de Jaime, pensava em como era feliz. Mal acreditava que o seu maior sonho se tornara realidade.

Segunda filha de um casal de operários, morara com os pais e três irmãos em um bairro pobre de uma cidade do interior paulista. A família possuía menos do que o necessário para saciar todas as necessidades. Ao contrário dos irmãos, que trabalhavam nas fábricas para ajudar os pais, Maísa resolvera que se casaria com um homem rico que lhe desse tudo com que sonhara a vida inteira. Julgando que sua cidade natal não proporcionaria a menor possibilidade de conquistar uma posição social elevada como queria, decidiu afastar-se dos parentes e embarcar para a capital, para tentar a sorte. As lágrimas de seus pais não a comoveram. Maísa fez a mala com suas poucas roupas e, com o dinheiro que juntara durante longo tempo, e cheia de esperança, despediu-se dos seus e tomou o ônibus, mudando assim seu destino.

Logo que chegou à capital, instalou-se em uma pobre pensão da periferia e foi atrás de emprego. Após passar por três ou quatro entrevistas, conseguiu, devido à sua bela aparência, a vaga de recepcionista na empresa de Jaime. Sua única tarefa era atender o telefone e anotar os recados.

Após mais ou menos seis meses conseguiu alugar um pequeno apartamento quarto-e-sala em um bairro mais próximo. Sua maneira de se vestir, sua incrível beleza realçada pelo porte esbelto e seus modos educados chamaram a atenção de Jaime, que logo a convidou para jantar. Sua sinceridade em expor os sentimentos e sua ambição encantaram Jaime, que, ao completar um ano e seis meses de relacionamento, casou-se com ela.

Poucos dias antes do casamento, Maísa, com o pretexto de motivo de doença de uma tia distante, viajou para casa de seus pais. Nunca revelara a Jaime que tinha família em outra cidade. Ao contrário, sempre dissera ser só, pelo fato de ter perdido pais e irmãos em uma catástrofe em sua cidade. Ela se salvara, dizia, por não estar naquele momento dentro de casa.

Jaime acreditara, e nunca mais tocaram no assunto.

Assim que chegou à casa de seus pais, todos se surpreenderam com a mudança radical em sua aparência. Notaram as roupas finas e as jóias caras que Maísa exibia.

— Onde arrumou todo este luxo, minha filha? — perguntou seu pai, homem simples e de bom coração. — Não está fazendo nada desonesto, está?

— Não, pai, não estou. Vou me casar com um homem muito rico, como sempre sonhei. É ele quem me dá todo este luxo que vocês estão admirando agora. Pode ficar tranqüilo, não estou fazendo nada errado.

— Mas está aplicando o golpe do baú, não é mesmo, minha irmã?

— Isso mesmo. Você pode nem acreditar, mas ele sabe de tudo; nunca escondi dele o meu interesse pelo seu dinheiro. Estou jogando limpo. Vocês não têm do que se envergonhar de mim.

— Lembre-se sempre, filha: é preferível ter pouco com dignidade do que afundar na riqueza e perder a alma.

— Não estou perdendo minha alma, mãe. Acreditem em mim, nada escondi de Jaime. Ele me aceitou assim como sou.

— Então que sejam muito felizes!

— Seremos, pai. Mas agora gostaria de conversar sobre o que na realidade me trouxe até aqui.

— E o que foi, filha?

— Logo que comecei a namorar Jaime, disse-lhe que era sozinha no mundo, que não tinha nenhum parente mais próximo. Falei que havia perdido toda a minha família em uma fatalidade ocorrida aqui na cidade, e não posso desmentir isso agora.

— E o que quer que façamos?

— Escute, pai, vou mandar todos os meses uma boa quantia para vocês, para que não passem nenhuma necessidade, mas quero que me prometam que em hipótese alguma aparecerão em minha casa. Que não me telefonarão ou me procurarão de alguma forma.

— Mas, filha, como vai mandar o dinheiro sem que ele saiba?

— Ora, pai, posso gastar o que quiser que Jaime não se dá conta. Ele não regula, nem economiza, tem o suficiente para agir assim.

— E se ele ficar sabendo?

— Se isso acontecer, o que não acredito, direi que são meus parentes afastados e que resolvi ajudá-los. Se precisarem se comunicar comigo por alguma razão importante e urgente, digam ser Augusta, minha tia distante. Mas façam isso só em caso de extrema urgência, se acontecer algo muito grave. Entenderam?

— Claro, filha, entendemos.

— Vamos amanhã ao banco abrir uma conta para que eu possa enviar a mesada.

— Nós não temos dinheiro para abrir conta alguma em banco nenhum.

— Mas eu tenho, pai. Trouxe a quantia deste mês. Vamos ao banco, abriremos a conta e deixarei esse montante depositado. Nada lhes faltará, mas, por favor, não me procurem para não colocar tudo a perder. Ficou claro?

— Ficou, Maísa — respondeu seu irmão mais velho, que era, junto com seu pai, responsável por sua mãe e suas irmãs, que, apesar de ajudá-los, não tinham ainda idade suficiente para arcar com alguma despesa maior. — Só uma coisa ainda não entendi.

— Fale!

— Por que negar a existência de nossos pais e de seus irmãos? Não somos marginais, somos apenas pobres.

Maísa ficou encabulada.

— Jaime é um homem muito rico. Tanto que nem sabe quanto tem. Fiquei com receio de que ele achasse que teria de sustentar todo mundo e terminasse o nosso relacionamento. Agora é melhor deixar como está. Nada faltará a vocês, isso é certo, e é o que realmente importa.

— Mas não sente saudade de nossos pais? Não os ama? E nós somos seus irmãos.

— Sentir eu sinto. Amo-os também, mas na vida tudo tem seu preço. Prefiro esconder meus sentimentos, minha saudade, e ter ao meu dispor todo este dinheiro com o qual posso ajudá-los sem dar nenhuma satisfação a Jaime. De que adiantaria tanto amor sem ter o que comer ou vestir com dignidade? Não, não, é melhor assim.

Todos esses acontecimentos passavam pela mente de Maísa enquanto ela dançava com Jaime. Realmente, desde que se casara nunca deixara de cumprir o que prometera: depositava regularmente a mesada no dia combinado. É bem verdade que sentia saudade de seus pais e irmãos, mas essa saudade era amenizada pela certeza de que nada lhes faltava. Maísa sempre dizia para si mesma que tudo na vida tem um preço.

Durante todo esse tempo após seu casamento, falara com seus pais por duas vezes. E uma delas foi na época em que sua irmã caçula engravidou e casou-se com o namorado.

— É uma menina ainda, mãe. Como isso pôde acontecer? — perguntara, naquela ocasião.

Lembrando-se da irmã, sentiu uma certa tristeza por não conhecer ainda a sobrinha, uma linda menina, segundo lhe disse sua mãe. Sabia que se chamava Clara, e devia estar agora com apenas um aninho.

Maísa permanecia em silêncio, embora acompanhasse o marido, que rodopiava no salão conduzindo-a com elegância. Jaime, notando a distância da esposa, perguntou-lhe:

— O que há, querida? Não disse uma única palavra, está distante, ausente!

Retomando a alegria habitual, Maísa respondeu:

— Desculpe-me. Não tenho nada, apenas me entreguei a esta noite envolvente, e parece-me que saí da realidade. Desculpe-me — repetiu.

— Não precisa se desculpar. Está tudo bem.

Maísa balançou a cabeça como que querendo, com esse gesto, afastar os pensamentos, que já a estavam incomodando. Com a finalidade de encerrar aquele momento nostálgico, cheio de saudade, disse a si mesma: "O que está feito está feito. O que fiz não tem mais volta. Jamais poderia gozar da companhia dos meus pais, irmãos e minha sobrinha se não confessasse a Jaime que o enganei. Com certeza ele perderia a confiança em mim. É melhor voltar para o meu mundo". Encostou seu rosto no de Jaime e entregou-se ao deleite da música.

Seus amigos, sentados à mesa, observavam o casal, principalmente Maísa, que era dona de uma elegância e um carisma invejáveis.

— Maísa é muito elegante, não acham? — perguntou Andréia aos demais.

Tanto Leandro quanto Alberto concordaram e se expressaram com palavras elogiosas. Entretanto, Cássia não escondeu seu verdadeiro sentimento de inveja ao se referir a Maísa:

— Não sei o que acham de tão especial nela. É uma pessoa frívola, mimada e pretensiosa.

Os três a encararam. Cássia, sem se abalar, foi logo dizendo:

— Não precisam me olhar desse jeito. É realmente o que penso a respeito dela, e não são vocês que modificarão minha opinião.

— Não está sendo severa demais, Cássia?

— Não, Alberto, não estou. Disse apenas o que acho. É um direito que tenho de não gostar dela, e me admiro vocês ainda não terem percebido quem ela é.

— Parece-me inveja o sentimento que você tem por Maísa — Alberto opinou. — Afinal, ela tem tudo o que você gostaria de ter.

Cássia fuzilou-o com o olhar, mas, em vez de responder, apenas pensou: "Você não perde por esperar, Alberto. Ninguém me distrata e fica impune. Você não sabe ainda a carta que tenho na manga para segurar você. Não me conhece nem um pouco, seu tolo".

Leandro, tentando evitar um possível bate-boca entre os dois, sugeriu:

— O que acham de fazermos o mesmo que Jaime e Maísa? Vamos dançar! — E levantou-se, puxando Andréia pelas mãos para a pista de dança.

— Você fez muito bem em interferir, Leandro. Aqueles dois não estão se entendendo mais e podem iniciar uma guerra entre eles, depois do ódio que vi nos olhos de Cássia.

— É verdade. Tive a impressão de que ela poderia matar Alberto. Eles que se entendam, não vou nem quero me meter.

— Eu também não pretendo me envolver — concordou Andréia.

Alberto não seguiu a sugestão de Leandro e permaneceu sentado ao lado de Cássia, observando os pares, que, felizes, dançavam no salão.

Cássia começou a ficar incomodada diante do silêncio do parceiro, que parecia ignorá-la. Pensou rápido e achou que já era hora de usar sua ultima cartada. "É, precisa ser agora. Sinto que Alberto não quer mais nada comigo, está preocupado e não consigo saber por quê." E na tentativa de restabelecer a harmonia entre os dois, disse-lhe:

— Vamos dançar também, amor?

— Não. Prefiro ficar aqui.

— E eu? Por acaso pensou em mim? Hoje é a nossa última noite no navio; amanhã estaremos em casa e veremos que o sonho acabou.

Alberto, medindo bem as palavras, respondeu:

— O meu sonho não terminará amanhã, Cássia, porque já terminou, aqui, neste navio. O que terminará amanhã é o nosso relacionamento.

Cássia empalideceu.

— Mas, Alberto, achei que tudo já havia ficado esclarecido entre nós. O que foi que eu fiz que o desagradou?

— O que foi que fez?! — perguntou, irônico. — Conseguiu fazer tudo o que não gosto em uma mulher, Cássia. Não me peça para enumerar seus erros porque não vou fazer isso. Estou cansado, realmente cansado. Pensei que poderia reconstruir minha vida familiar com você, mas fui um tolo em não ver que tudo era uma ilusão. Você só quer o meu dinheiro e deixa isso tão claro que nem nas suas palavras acredito mais. Não aprecia meus amigos nem se esforça para me agradar.

— O que está me dizendo, Alberto?!

— Desde a nossa última conversa venho analisando nossa convivência, e cheguei à conclusão de que meus filhos têm razão. É melhor terminarmos, Cássia, e cada um seguir o seu destino.

Cássia sentiu que lhe faltava o chão. "O que fazer para mudar essa situação?", pensou. "Não posso perder a mesada que ele me dá, ainda mais agora que estou grávida de Lucas. Felizmente ninguém sabe, muito menos ele."

Cássia se lembrou da proposta de Lucas, que ela recusara de início, pois queria que seu filho levasse o nome do homem que de fato amava, e não o de Alberto. "Mas Lucas tem razão, é isso o que vou fazer. De qualquer jeito, Alberto ia ficar sabendo mesmo. A gravidez é a única coisa que não se esconde por muito tempo. Minha intenção era dizer a verdade para ele quando minha barriga começasse a aparecer, mas já que não tenho outra saída, que seja assim. Alberto pediu por isso. Azar o dele."

— Que você queira me deixar eu até entendo, mas deixar seu filho?!

Alberto foi tomado de grande espanto e ansiedade.

— O que diz?

— Que trago aqui, no meu ventre, um filho seu!

— Não posso acreditar!

— E por que não?

— Desde quando tem certeza?

— Antes de viajar já estava desconfiada, mas queria uma confirmação. Assim, fui ao médico e fiz o exame de sangue.

— E...

— Posso dizer com certeza que estou esperando um filho.

— Mas não dá para notar nada!

— Porque estou no começo da gestação. O exame de sangue confirma logo no início, e minhas regras estavam atrasadas apenas quinze dias. Nós viajamos em seguida. Devo estar então com mais ou menos dois meses.

O silêncio se instalou entre ambos.

"Essa foi minha última cartada, Alberto. Já que não quis se casar comigo por bem, vai se casar por obrigação e criar um filho que não é seu, dando-lhe todas as mordomias. Lucas tinha razão; e eu ainda tive escrúpulos em fazer o que ele propôs... Ainda bem que decidi cumprir o que planejamos. A meu ver, saiu melhor do que esperava."

Por outro lado, Alberto também fazia suas considerações: "Já vi que posso esperar tudo de Cássia. Ela é, sem sombra de dúvida, uma oportunista. Só me faltava ser pai novamente, na minha idade! Mas se ela pensa que vou aceitar passivamente essa gravidez e essa paternidade, está muito enganada. Assim que a criança nascer, pedirei o teste de DNA. Quero prova de que sou mesmo o pai. Não assumirei nenhum filho que não seja de fato meu.

— Não ficou feliz, Alberto, com essa oportunidade de ser pai outra vez?

— Fiquei sim, Cássia, muito feliz.

— Viu por que queria me casar com você, amor? Não é justo que esta criança cresça sem a presença do pai.

— E por que não me disse logo, assim que embarcamos?

Fazendo um ar tristonho e demonstrando uma meiguice que estava longe de ter, Cássia concluiu:

— Não falei nada porque não queria que se casasse comigo só por causa da criança, mas porque me ama, do mesmo jeito que amo você.

— O que a fez mudar de idéia e revelar agora que está grávida?

— Ora vamos, Alberto! Você mesmo acabou de dizer que assim que chegarmos daremos por encerrado nosso relacionamento! Não posso deixar que meu filho, ou melhor, *nosso* filho seja impedido de conviver com o pai. Estar ao seu lado é um direito que ele tem, e uma responsabilidade sua.

— Está bem, Cássia, assim que chegarmos resolveremos essa questão.

Alberto, sem saber por que, sentiu um leve mal-estar. Alguma coisa para ele soava de uma maneira esquisita. "Primeiro, Cássia insistiu para se casar. Ao ver que eu não cedia, tornou-se meiga e afirmou que para ela tudo estaria bem desde que eu estivesse feliz. Isso depois de se dizer farta de me agüentar. E agora, após eu dizer que terminaríamos, veio a questão da gravidez...", pensava Alberto. "Não sei, não. Aí tem coisa. Ah, se tem!"

Cássia não tirava os olhos dele, analisando sua reação e tentando descobrir o efeito que sua revelação causara em sua alma. "Nessa ele caiu feito um patinho. Lucas acertou em cheio. E eu, boba, não queria entrar nessa, com pena dele. Fiz muito bem em seguir as orientações de Lucas, mesmo porque só poderia ficar com ele por pouco tempo. Logo teria mesmo de abrir o jogo. E Alberto nem mesmo desconfia que eu possa estar com outro. Dará certo, ele pode não me dar nada, mas para o filho terá de dar, e por muito tempo. Não terá coragem de negar nada para a criança, e, por meio dela, ficarei bem para o resto da vida. Depois é só me afastar dele e cair nos braços de Lucas, meu verdadeiro amor."

— Em que está pensando, Cássia?

Passando a mão na barriga ela disse:

— Em nada. Ou melhor, no nosso filhinho, que está aqui dentro. Cada vez que penso nele fico comovida, você não?

— Vamos ver, Cássia. Deixe o bebê nascer primeiro, depois veremos o tamanho da minha emoção.

Cássia mostrou-se indignada.

— Esperar nascer para ver se fica emocionado? Está maluco, Alberto?! Está duvidando de mim? Acha que estou mentindo sobre a gravidez?!

— Não! Mentindo não, mas... é melhor conversarmos sobre isso depois do nascimento.

Cássia ficou nervosa e preocupada. "Meu Deus, tenho de convencê-lo agora ou tudo estará perdido! Se Alberto desconfiar de alguma coisa não terei a menor chance. Devo tomar muito cuidado!"

— Querido Alberto, você deveria estar superfeliz. Entretanto, vejo-o apreensivo e triste. Não faz sentido, você vai ser pai novamente e, em vez de se alegrar, se entristece. — Pensando rápido, Cássia completou: — Façamos o seguinte: faz de conta que o filho é só meu. Eu cuidarei dele sozinha, darei o maior amor, e tenho certeza de que ele não sentirá falta do pai. Não quero que se sinta obrigado a ficar comigo apenas pelo bebê. Serei uma mãe solteira. Afinal, não serei a primeira nem a última. Só quero ter meu filho ao meu lado, você poderá vê-lo quando quiser.

Alberto se surpreendeu com a atitude dela. "Como pude duvidar? Ela está sendo sincera, devo de fato ser o pai. Ora, somos amantes há tanto tempo que isso acabaria mesmo acontecendo."

— Você tem razão, Cássia, um filho é sempre uma alegria. Pode ficar tranqüila, vamos criar nosso nenê juntos.

Entretanto, Alberto estava inseguro. Queria acreditar em tudo o que ela dizia, mas no fundo do seu coração a dúvida continuava. Cada um se esforçava para enganar o outro, pois ambos tinham consciência de que a relação que mantinham por quatro anos chegara ao fim; e sabiam também que aquela criança, filho ou não de Alberto, não conseguiria segurar os dois juntos.

Cássia, ao mesmo tempo que ficara feliz com o que ouvira de Alberto, também experimentava uma forte sensação de insegurança. "Preciso dar um jeito de segurar o Alberto de uma maneira definitiva. Não vou sair deste caso, após quatro anos, sem levar uma boa recompensa. Na verdade, foi para arrumar minha vida que resolvi suportá-lo por tanto tempo. Se pudesse, eu o deixaria agora mesmo e correria para os braços de Lucas, e juntos criaríamos nosso filho. Mas ele não abre mão do dinheiro que posso tirar de Alberto.

Leandro e Andréia aproximaram-se, sorridentes.

— Então, não se animaram para dançar?

— Não estou muito disposto.

— O que foi, Alberto, está doente?

Alberto ia responder quando Maísa, chegando com Jaime, quis saber:

— Quem é que está doente?

— Ninguém, Maísa, só não estou disposto para dançar.

— Diga-nos o que está sentindo, Alberto, poderemos providenciar ajuda — falou Jaime, demonstrando preocupação.

Mas Cássia tomou a iniciativa ao dizer:

— Alberto não tem nada, está apenas emocionado com a notícia de que vai ser pai outra vez.

— Como é que é?! — Jaime ficou perplexo.

— É isso que você ouviu — tornou Cássia. — Estou esperando um filho dele, só isso.

A novidade caiu como uma bomba entre os amigos.

— O que está dizendo, Cássia, é verdade mesmo?

— Sim, Andréia, é verdade. — E Cássia olhou, desafiadora, para Maísa.

Maísa não se importou nem um pouco com a provocação de Cássia. Sustentando o mesmo tipo de olhar, aproximou-se de Alberto e lhe disse, bem alto para que Cássia pudesse ouvir:

— Calma, Alberto, não fique tão transtornado, para tudo dá-se um jeito. Hoje em dia os recursos são inúmeros.

— O que quer dizer, Maísa?

— Ora, Jaime, tudo precisa ser verificado, principalmente quando envolve tanto dinheiro, como é o caso de nosso amigo. Não se pode aceitar nada sem que haja total comprovação. Você não acha, Cássia?

Cássia olhou-a com ódio. Segurando as mãos de Alberto, pediu–lhe:

— Venha, amor, vamos andar por aí e conversar só nós dois. Afinal, esse assunto é problema nosso, de mais ninguém.

Afastaram-se.

Jaime dirigiu-se a Leandro:

— Em que enrascada Alberto se meteu...

Antes que Leandro respondesse, Maísa se intrometeu:

— Aposto o que quiserem como esse filho não é de Alberto.

— Como pode afirmar isso, Maísa?

— Não estou afirmando, Andréia, mas minha intuição nunca falha. Não é filho dele, pode apostar.

— Pelo amor de Deus, Maísa, não fale uma coisa dessa para Alberto. Você não sabe e não tem certeza de nada.

— Mas vou ter, não importa o tempo que passar. Ficarei de olhos bem abertos em cima de Cássia. Só espero que Alberto não caia na armadilha dessa oportunista e se case com ela.

Todos olharam admirados pela firmeza com que Maísa falava. Andréia, brincando, lhe disse:

— Quero morrer sua amiga, Maísa!

— Não se preocupe, Andréia, você é uma pessoa do bem. Eu jamais falaria uma palavra sequer que pudesse magoá-la.

— Obrigada.

Capítulo V

O retorno ao lar

Finalmente o majestoso navio chegou ao seu destino: o porto da cidade de Santos.

Todos demonstravam euforia com a expectativa de rever os parentes, que, ansiosos, aguardavam o desembarque.

Leandro e Andréia foram quase os primeiros a aparecer, e não puderam conter a felicidade que sentiam em rever seus filhos, ainda pequenos, à sua espera ao lado de seus avós.

— Veja, Leandro, como estão lindas as crianças! Que saudade... Nossa, parece que eles cresceram! Vão adorar os presentes que trouxemos.

— Interessante, Andréia, nós nos ausentamos por quarenta dias e parece-me uma eternidade.

— O mesmo acontece comigo. É a saudade que é muito grande e nos machuca.

Desceram as escadas que os levava até o cais e se entregaram aos abraços dos filhos.

— Mamãe, vocês trouxeram presentes? — perguntou o filho mais novo.

— É claro que trouxeram, seu bobo. E aposto que são muitos.

— Calma — pediu Leandro —, nós trouxemos vários presentes, se é isso o que lhes interessa. E não só para vocês, mas também para a vovó e o vovô. Todos vão ganhar seus mimos. E agora, nada de beijo para o papai?

Os dois filhos correram a abraçá-lo, deixando Andréia sorridente e feliz.

Após desembarcarem todas as bagagens, seguiram para a capital, e durante o trajeto o casal colocou as crianças cientes de tudo o que viveram.

Ninguém aguardava por Alberto e Cássia, que pegaram suas malas e foram à procura de um táxi que os levasse até seu destino.

— Você fala tanto dos seus filhos, entretanto, nenhum deles teve a gentileza de vir nos apanhar.

— Eu os compreendo, Cássia, e não vou recriminá-los. Não mais cobrarei deles um sentimento que não conseguem ter. Vou respeitar cada um.

— Pois deveria cobrar. Você está querendo dizer que não vieram para não se encontrar comigo, não é isso?

— É você quem está dizendo, Cássia.

— Estou dizendo, sim, e digo porque tenho certeza de que é por minha causa. Eles não me toleram. Mas o problema é deles; assim que nos casarmos, terão de mudar de atitude comigo.

"Meu Deus", pensava Alberto. "Lá vem ela com o mesmo assunto. Essa viagem que programei com tanto entusiasmo, para viver dias agradáveis ao lado de Cássia só serviu mesmo para que eu me decepcionasse."

— Em que está pensando, Alberto. Nos seus filhinhos, que não ligam para você? — indagou Cássia, irônica.

— Não. Estou pensando que essa viagem... esses quarentas dias que passamos juntos só serviram para que eu a conhecesse melhor, ou seja, de verdade. Meu objetivo foi atingido. Não como eu pensava, infelizmente, mas como alerta que me fez raciocinar e avaliar nossa situação.

— Alberto, nós estamos juntos há bastante tempo e você ainda diz que queria me conhecer melhor!

— No entanto, esta foi a primeira vez que ficamos juntos de verdade, dia e noite sob o mesmo teto. Antes nós nos encontrávamos por algumas horas, quando saíamos, ou no trabalho. E isso, hoje eu sei, não foi o suficiente para que soubéssemos mais um do outro. Agora, não. Convivemos por quarenta dias, e isso fez a diferença.

Para mudar de assunto, Cássia, com medo de ouvir o que não queria, voltou à mesma colocação:

— Continuo a insistir: seus filhos e netos deveriam estar aqui. Acho que foi uma falta de consideração. Diria mesmo um descaso.

— Por favor, Cássia, não fale de minha família, porque não permitirei. Se eles não estão aqui é porque tiveram motivo para isso. Agora, chega, vamos tomar um táxi. Estou ansioso para chegar em casa.

Dirigiram-se até o ponto de táxi. No momento em que iam entrar no carro, Alberto escutou uma voz conhecida chamando por ele:

— Sr. Alberto!

Ao olhar para trás, viu Josué, motorista de sua empresa, que veio ter com ele com alegria e um grande sorriso nos lábios.

— Josué!

— Como vai, patrão? Fez boa viagem?

— Excelente, Josué. Que bom que veio me buscar, estava tomando um táxi.

— Seus filhos jamais permitiriam que o senhor voltasse para casa de táxi, tendo dois carros na garagem, motorista e filhos ao seu dispor.

— Obrigado, Josué.

— É um prazer servi-lo, senhor. — Dirigiu-se a Cássia: — Como vai, senhora?

— Bem, obrigada!

Entraram no automóvel e pegaram a estrada que os levaria para casa.

Enquanto isso, Jaime e Maísa encontravam-se com Gregório, seu mordomo, que, sempre elegante em seu terno preto, esperava-os com paciência.

— Como vai, senhor?

— Ótimo, Gregório — respondeu Jaime.

— E a senhora, dona Maísa?

— Muito bem! Fizemos uma excelente viagem, Gregório. Agora só o que quero é chegar em casa e refrescar-me na banheira com bastante espuma.

— Fique tranqüila, tudo foi providenciado conforme o gosto da senhora.

— Obrigada, você é excelente em tudo.

— Não seja exagerada, Maísa, Gregório apenas cumpre sua obrigação — disse Jaime.

— É isso mesmo, senhora, é minha obrigação servi-los.

Enquanto subiam a serra, Maísa ia relatando a Gregório todas as novidades e emoções da viagem.

— Você precisava estar lá, Gregório. Foi uma viagem de sonho. E devo tudo isso a Jaime, que não mede esforços para me fazer feliz.

— Acredito, senhora, mas isso não é para mim. Minha vida é bem mais modesta.

Jaime, sentindo um pouco de irritação em ver sua esposa dando tanta atenção a um simples empregado, falou, sem se importar se magoava ou não o fiel Gregório:

— Maísa, Gregório é apenas um mordomo, nada mais. Por mais que eu lhe dê um bom salário, será sempre nosso mordomo, e isso quer dizer que você deve tratá-lo como tal. A viagem que fizemos não é e nunca será possível para ele. Não alimente ilusões, porque para nosso empregado será sempre um sonho distante.

Maísa ficou encabulada e notou que Gregório tinha a face ruborizada, por conta da colocação de Jaime.

— Amor, não estou alimentando nada impossível. Ninguém sabe o dia de amanhã, não é mesmo, Gregório? Tudo pode acontecer nesta vida. Gosto de conversar com ele, pois o considero meu amigo e confio nele. E para os amigos desejamos sempre o melhor.

— Obrigado, senhora.

Assim que Leandro e Andréia chegaram em casa, não tiveram outra opção senão abrir as malas e satisfazer a curiosidade das crianças. A cada pacote que abriam, ouviam-se os gritos de contentamento dos garotos.

— Nossa, mãe, que barato! Quantos presentes vocês trouxeram! Tudo o que queríamos!

— É mesmo. Você podiam viajar todo mês, assim teríamos sempre brinquedos novos!

— Interesseiros! — exclamou Andréia, abraçando os filhos.

Leandro aproximou-se do sogro e agradeceu pela boa vontade em tomar conta de duas crianças, que de quietinhos não tinham nada.

— Não precisa agradecer — respondeu, prontamente, sua sogra. — Eles são nossos netos, e nós os amamos.

— Sei disso, dona Laura, e fico-lhes muito grato.

Assim que Alberto e Cássia chegaram à capital, Josué perguntou-lhes para onde deveria levar Cássia.

— Ora, Josué, para o apartamento dela.

Cássia olhou-o, indagadora.

— Pensei que fôssemos ficar juntos em sua residência.

— É melhor não, Cássia. Vamos devagar para ver o que acontece; dar tempo ao tempo, como se diz. Assim que eu a deixar, vou ver meus filhos, para saber como estão.

— Por falar nisso, sr. Alberto, eles o esperam na casa de Armando. Todos estão lá, aguardando, ansiosos.

O rosto de Alberto adquiriu outra expressão ao constatar que eles não o desprezaram, mas optaram em aguardá-lo em casa, evitando o constrangimento do encontro com Cássia. Ela ficou ainda mais irritada.

— É melhor que conte logo a eles a novidade, Alberto. Talvez assim passem a me tratar com mais consideração.

Alberto não respondeu. Perdera completamente o encanto por Cássia. Conseguia vê-la como realmente era: frívola, oportunista e dissimulada. Nunca o amara de verdade, e deixara isso bem claro.

"Preciso parar de me envolver com mocinhas que poderiam ser minhas filhas. Está na hora de tomar juízo e me resguardar mais. Assim não sofrerei tantas desilusões", pensava ele.

— Levo então a srta. Cássia para o apartamento dela, senhor?

— Sim, Josué. Em seguida, para a casa de Armando.

— Pois não, senhor.

Assim foi feito.

Na residência de Armando, Alberto foi pego de surpresa. A casa estava repleta de parentes, amigos e alguns clientes mais assíduos. Logo que o viram, correram a abraçá-lo com toda a alegria. Alberto se emocionou.

— Mas o que é isso?!

— Saudade, pai!

— Nunca imaginei que teria uma recepção tão calorosa!

— O senhor merece — disse Deise, sua filha mais nova.

— Achou que deixaríamos passar esta oportunidade de fazer uma festa?

— É mesmo, pai, o senhor ficou fora muito tempo. Valeu a pena? Quero dizer, passeou, distraiu-se bastante, como planejava?

— Valeu a pena, sim, Júnior, foi tudo muito bom e divertido. Descansei muito, estava mesmo precisando disso.

— Mas noto uma ruga de preocupação em sua testa, pai. Seu rosto não está demonstrando que tudo deu tão certo assim. O que foi, sr. Alberto?

— Agora não quero falar sobre nada, filho, mas aproveitar estes momentos de tanta euforia pela minha chegada. Depois falaremos. Deixe-me usufruir a companhia de meus netos, enfim, de todos vocês.

— Está bem, pai. Mas depois vamos querer saber de tudo o que aconteceu, principalmente o que o está preocupando.

— Tudo bem, mais tarde. Depois de entregar-lhes as lembranças que trouxe para vocês todos.

Jaime e Maísa, ao entrar em sua luxuosa mansão, foram direto para seus aposentos, sem notar a mesa posta e os empregados, que os esperavam enfileirados na sala de entrada. Passaram por eles como se fossem estátuas enfeitando o ambiente. Decepcionados, todos se retiraram, e cada um foi cuidar de seus afazeres.

Jacinta, a cozinheira, disse a Gregório, em tom confidencial:

— Aqueles dois jamais aprenderão que todas as pessoas possuem um coração que bate no peito, igualzinho ao deles.

— Não nos cabe julgar, Jacinta, mas cumprir ordens.

— Deixe estar, Gregório. A vida se encarregará de ensinar a eles. E a vida é uma professora muito dura. Não sei como você suporta os desvarios daqueles dois, que nada fazem para auxiliar os outros ou, pelo menos, tratar com consideração seus empregados. Tenho a impressão de que eles pensam que são os donos do mundo. Mas se enganam. O dinheiro não compra tudo, e um dia eles vão aprender isso. Eu, pelo menos, fico na minha cozinha e pouco me encontro com os dois, mas você não faz outra coisa a não ser servi-los com lealdade, e aposto que nem isso eles reconhecem.

— É obvio, Jacinta, que tenho de servi-los. Sou pago para isso.

— Por falar nisso, Gregório, há quanto tempo trabalha nesta casa?

— Bastante. Fui criado junto do sr. Jaime. Minha mãe era arrumadeira da casa. Nasci aqui e aqui me criei. Os pais do sr. Jaime queriam-me muito bem, sobretudo seu pai, que me tratava como a um filho, despertando muitas vezes ciúme no sr. Jaime. Nossa diferença de idade não é muita. Sofri muito quando sua mãe morreu, e logo em seguida seu pai, que deixou uma carta na qual pedia ao filho que não me despedisse, que fosse generoso comigo e me mantivesse aqui enquanto eu quisesse ficar. O sr. Jaime cumpriu a vontade do pai, e estou aqui até hoje.

— Não pretende ir embora, cuidar de sua própria vida, em vez de ficar servindo duas pessoas tão egoístas e vaidosas?

— Não, Jacinta, não tenho e nunca tive a menor vontade de ir embora daqui. Não tenho família, minha mãe morreu há anos, e meu pai... nunca o conheci. Além do mais, sou filho único. Como vê, não tenho ninguém. Além de tudo, o pai do sr. Jaime me fez prometer que tomaria conta de seu filho, fazendo-lhe companhia. Por isso venho me dedicando a cumprir essa promessa todos estes anos. Nunca entendi por que ele fazia questão de colocar sempre Jaime e eu juntos. Queria que fôssemos amigos. Mas isso nunca foi possível por causa de Jaime, que sempre se achou superior a todos.

— É, precisa mesmo ser muito fiel para deixar a própria vida de lado e cuidar de alguém que não reconhece tanta dedicação.

Jacinta passou as mãos no rosto, deu um suspiro — gesto que fazia rotineiramente — e disse, finalizando a conversa:

— Bem, agora vou para o meu reino preparar o jantar, porque, pelo visto, eles não vão descer tão cedo, e muito menos notar a mesa de lanche que foi preparada com tanto esmero.

— Não seja resmungona, Jacinta. Vou pedir a Zulmira para vir retirar a mesa do lanche. — Ia saindo para chamar a copeira quando ouviu o som de um sino. — Estão me chamando!

Gregório subiu imediatamente e bateu na porta da suíte do casal. A porta se abriu e apareceu Jaime.

— Gregório, traga duas taças e champanhe gelado. Vamos brindar à nossa volta.

— Pois não, senhor.

O criado desceu, e em menos de cinco minutos regressou trazendo uma bandeja com duas lindas taças de cristal e a garrafa de champanhe mergulhada nos cubos de gelo dentro de charmoso balde.

— Você é muito eficiente, Gregório!

— Faço apenas minha obrigação, senhora, e uma delas é jamais deixar os patrões esperando. Com licença.

Assim que ele se afastou, Maísa disse a Jaime:

— Gregório tem muita capacidade, não, Jaime? É, sem dúvida, um excelente mordomo.

— É eficaz demais! Alguma coisa nele me incomoda.

— O quê?

— Na realidade, não sei, mas ele tem algo que me deixa intrigado.

— Isso é bobagem sua, Jaime.

— Não, Maísa, não é. Nunca compreendi por que meu pai pediu-me que nunca o despedisse. Queria que Gregório ficasse sempre aqui, comigo, e que fosse bem tratado. Por que papai daria uma recomendação dessa?

— Não sei! Talvez pelos muitos anos que o serviu. Enfim, não é verdade que Gregório nasceu nesta casa e foi criado aqui, junto de você?

— Sim, mas, por mais que eu procure, não encontro uma justificativa para tanta preocupação de meu pai com Gregório.

— Não se preocupe tanto, querido. Lembre-se de que ele é um bom empregado, excelente mordomo, fiel, muito capaz e inteligente. Cumpre as ordens com perfeição e tem boa postura. Não devemos desprezá-lo por causa de sua cisma, que, aliás, não tem o menor fundamento.

— Você tem razão. Vamos agora ao nosso brinde.

Ergueram as taças e brindaram à vida despreocupada que levavam. Após o primeiro gole da bebida, Maísa colocou a taça sobre a mesinha e perguntou ao marido:

— Jaime, você acredita realmente que a criança que Cássia está esperando é de Alberto?

— Não sei... pode ser que sim. Eles estão saindo há muito tempo, e Alberto, apesar da idade que tem, é um homem forte e saudável. Pode ser que seja, sim.

— Pois eu não acredito. De jeito nenhum.

— Por que fala com tanta certeza? Por que duvida de Cássia?

— Porque, como você mesmo já disse, ela é uma oportunista, que quer tirar proveito da situação garantindo seu futuro com a gorda mesada que, com certeza, Alberto dará para a criança.

— Não é mesada, Maísa, é pensão alimentícia.

— Ora, Jaime, tanto faz! Dá tudo no mesmo. Hoje virou moda as mulheres engravidarem para fazerem da gravidez um meio de vida, quando o pai é um homem rico.

— É, mas você se esquece de que existe o exame de DNA, que aponta sem margem de erro quem é ou não o pai.

— Acha que Alberto pedirá esse exame?

— Não sei. Mas se não pedir, eu sugerirei que o faça. É mais seguro. Pelo menos ele não correrá o risco de criar o filho de outro.

— Tem razão.

Maísa ficou pensativa. Jaime, conhecendo-a muito bem, quis saber:

— O que foi? Conheço este seu semblante. O que está passando em sua cabeça? Vamos, diga-me.

— Tenho motivos para suspeitar de Cássia, Jaime. Minha intuição me diz que ela tem alguém. Que ela trai Alberto.

— O que está dizendo é sério, Maísa. Aconteceu alguma coisa que sugere essa suspeita?

— Aconteceu!

— Então, conte-me.

Maísa se calou por instantes, como se estivesse coordenando as idéias. Por fim, seguiu em frente:

— Certa tarde, quando estávamos todos tomando chá em uma cafeteria de Roma, o celular de Cássia tocou. Assim que ela atendeu, Alberto perguntou-lhe quem era. Muito desconcertada, ela respondeu que se tratava de uma amiga. Então, levantou-se e saiu dizendo que ia conversar um pouco com essa amiga, e logo retornaria. Lembro-me de que Alberto fez um comentário dizendo que essa amiga de Cássia era muito inconveniente, pois ligava sempre em horas inadequadas. Achei estranho que uma amiga fizesse uma ligação internacional em um celular apenas para conversar. Assim que Cássia saiu, fui até o toalete. Ao entrar, eu a ouvi ao telefone. Cássia dizia-lhe para o interlocutor não ligar mais, porque Alberto acabaria desconfiando. Que a pessoa podia ficar tranqüila, pois tudo o que haviam combinado ela estava cumprindo, e acreditava que tudo daria certo. Cássia falava sempre no feminino. Assim que terminou o assunto, disse-lhe que estava com saudade e mandou-lhe um beijo. Quando ela me viu, desfiou um rosário de desculpas dizendo que a tal amiga era muito só e dependia muito dela. Em vista disso, ela se armava de toda a paciência para escutá-la. Confesso, Jaime, achei tudo aquilo muito estranho. Ninguém deixa o homem que ama em uma cafeteria de Roma, em plena viagem de férias, para ir consolar uma amiga que se sente só, e a procura no celular em uma ligação internacional. E o que é pior: por que ir atendê-la no banheiro, e não perto de Alberto? Logo depois veio com essa história de gravidez. Não acha esquisito?

Jaime ficou impressionado.

— Tem razão, Maísa. Isso é muito estranho.

— Uma coisa eu lhe digo, Jaime: vou pesquisar e tirar isso a limpo. Se ela estiver jogando sujo com nosso amigo, vou desmascará-la, eu juro.

— E como vai fazer isso?

— Ainda não sei, mas vou descobrir um jeito.

— Posso lhe dar uma sugestão?

— Lógico!

— Contrate um detetive particular.

— Jaime! Você acha que deveria?

— Por que não? Por um amigo como Alberto, que conheço há anos, eu faço o que puder. Principalmente se for para salvá-lo de uma vigarista.

— Está bem. Vou pensar.

Alberto conversava com os filhos. A festa chegara ao fim, e, na residência, permaneceram apenas seus familiares, assim como seus netos, que se distraíam com os presentes recebidos.

Todos o pressionavam para que explicasse sua fisionomia preocupada, tão diferente do habitual, em especial quando se encontrava junto de sua família.

Sentindo vontade mesmo de desabafar, Alberto se entregou ao questionamento e resolveu se abrir:

— Pois bem, o que houve foi o seguinte...

E narrou-lhes todos os desentendimentos que tivera com Cássia, a pressão para que ele concordasse em casar-se com ela, enfim, nada omitiu.

— A minha decepção foi grande demais! — exclamou.

Alberto viu todos se entreolhando, como se quisesse dizer: "Nós avisamos".

— Sei que vocês me preveniram, que nunca aceitaram o meu envolvimento com ela. Hoje posso entender o porquê de não gostarem de Cássia. Vocês estavam certos, ela é de fato uma oportunista. Pois bem, devo admitir que errei em minha avaliação. Cássia só quer o meu dinheiro, a posição que alcançaria ao se casar comigo. Hoje tenho plena certeza de que nunca teve o menor sentimento de amor por mim.

Seus filhos ficaram comovidos, porque constataram o sofrimento do pai. Deise, como toda mulher, mais sensível, aproximou-se do pai, abraçou-o e lhe disse, carinhosa:

— Pai, não se magoe tanto. O senhor é um homem forte, saudável e muito simpático. Cássia não merece que o senhor sofra por ela. Garanto que encontrará outra pessoa que o ame e o respeite de verdade. O senhor conseguirá realizar seu sonho de encontrar uma boa companheira. É só não se precipitar e saber escolher com cautela.

— É verdade, pai, Deise tem razão. Termine o quanto antes seu caso com Cássia, é o melhor a fazer.

— Não posso!

— Não pode?! — perguntaram todos ao mesmo tempo.
— Por que não?

— Cássia disse-me que espera um filho meu.

A notícia caiu sobre todos como uma bomba.

— Um filho! Cássia está grávida do senhor?

— Sim. Quando lhe disse que terminaríamos tudo assim que chegássemos, ela me contou a novidade. Disse-me que eu não tinha o direito de deixá-la naquele estado e que deveria assumir minha responsabilidade.

Todos ficaram mudos. Ninguém sabia o que dizer. Foi Alberto quem falou primeiro:

— Perdoem-me, meus filhos, mas pela primeira vez na vida não sei o que fazer.

Júnior, falando em nome de todos, acalmou Alberto:

— Papai, não se desgaste assim. Temos um meio de saber se na realidade esse filho é mesmo seu. O teste do DNA existe justamente para tirar dúvidas sobre a questão da paternidade. Assim que essa criança nascer, antes de registrá-la, o senhor pedirá para fazer o teste.

Armando, mais impetuoso, afirmou:

— Pode apostar que vai dar negativo!

— E o que faço até lá, filho?

— Como se diz popularmente, vá levando em banho-maria.

— Isso mesmo, papai. Evite escândalos. Deixe Cássia pensar que vai se casar com ela depois do nascimento do bebê. Até lá, muita coisa pode acontecer.

Alberto sentia-se envergonhado. Caíra como um patinho nas mãos de Cássia.

— Depois de viver mais de trinta anos com sua mãe, em um casamento feliz, como fui me meter nessa enrascada? Que tolo eu fui!

— Perdoe-me, sr. Alberto, mas o senhor foi muito ingênuo — disse-lhe a nora. — A diferença de idade entre vocês dois é muito grande, não tinha a mínima condição de dar certo.

— Eu sei... eu sei... — repetia Alberto, cada vez mais constrangido.

— Calma, pai. Nada está irremediavelmente perdido. Se o teste afirmar que o senhor é mesmo o pai, conte conosco, nós o apoiaremos. Nesse caso, registre a criança, porque ela não tem culpa de nada. Mas só a criança; da mãe dela queremos distância. Porém, se der negativo, o senhor se afastará de Cássia de vez.

— Nós não deixaremos que ninguém o faça de bobo.

— Obrigado, meus filhos, muito obrigado mesmo. Vocês são maravilhosos, frutos de uma mulher de valor e muito caráter, que foi sua mãe, a quem eu amei durante todo o tempo em que estivemos casados.

— Pai, vou lhe dizer de novo: não fique assim tão abatido, o senhor não precisa disso. Não sofra por alguém que não o merece.

— Desculpe-me, filha, eu sou um tolo. O que está me deixando mais chateado é que meus amigos Jaime e Leandro devem ter percebido que Cássia é uma farsante. E por que não me disseram? Embora Leandro tenha me sugerido dizer a Cássia que eu me casaria com separação total de bens, e assim o fiz.

— E ela, o que disse?

— Mostrou-se indignada e falou que preferia ficar assim como estávamos. Todo o resto vocês já sabem. É por isso que me considero um idiota. Agi como um adolescente com seu primeiro amor.

— Não, pai, o senhor agiu apenas como um homem solitário à procura de uma companhia; só não conseguiu acertar na escolha.

— É verdade, pai. Júnior tem razão. Futuramente, procure alguém com mais calma, alguém com idade próxima à sua, que seja parecida com você na maneira de agir e de pensar. Alguém que, como o senhor, também deseja um companheiro, para caminharem juntos.

— Tem razão, filho, irei encontrar — concordou Alberto.

Capítulo VI

Do sonho à realidade

A rotina de todos foi novamente estabelecida. Leandro não desistira da idéia de fazer alguma coisa que beneficiasse os mais humildes. A cena que presenciara tempos atrás não lhe saía do pensamento. Acreditava firmemente que agir para minimizar a intensa frustração dos jovens da periferia era algo que estava fundamentado em sua história de vida.

"Tenho de tomar uma atitude", pensava. "Aquelas crianças e aqueles adolescentes apenas conhecem um campo de futebol sujo, exalando mau cheiro por estar próximo ao córrego, que, na verdade, tornou-se mais um esgoto a céu aberto do que propriamente um córrego. E esse tipo de campo é sua única diversão. É um ambiente propício à violência e às drogas. Tem de haver alguma coisa que lhes desperte o interesse e os afaste da rua e da ociosidade."

Nas suas horas de folga, Leandro começou a percorrer as áreas mais carentes da cidade e descobriu lugares que, a bem da verdade, pareciam nem existir no mapa, tal o abandono em que se encontravam.

Nos olhos opacos das crianças via-se o desejo de uma vida melhor, o sonho de serem incluídos no contexto da sociedade. Mas também exibiam a desesperança por não acreditarem mais no futuro. Eram os excluídos, que sem terem nenhuma chance de escolha, se envolviam com traficantes e com a violência. Eram pequenos marginais, que, na certa, acalentavam o sonho de ser somente crianças.

— É preciso incluir os excluídos — Leandro dizia para si mesmo. — Preciso achar um jeito de fazer isso. Eles não possuem um lugar decente onde possam desenvolver suas aptidões. É necessário que as vielas que cheiram a esgoto e drogas sejam refeitas para que exalem esperança e vida. Como tirá-los da rua, meu Deus? Quero fazer isso, mas como?

Certa tarde, ele pegou o carro com o intuito de percorrer os lugares mais carentes e tentar encontrar uma solução por meio da observação do problema. Parou em um bar próximo a uma comunidade onde se podia ver a total falta de estrutura que propiciasse o mínimo de higiene e condição de vida. Pediu um copo de água, e aliviava-se do calor com a água gelada e refrescante quando uma garotinha, aparentando seis anos, aproximou-se dele, dizendo:

— Tio, o senhor tem uma moedinha para me dar?

— E para que você quer uma moedinha?

— Ora, tio, para comprar alguma coisa para comer. — A menina notou o ar indeciso de Leandro e, com graciosidade, falou: — Olha, tio, eu sei dançar. Se eu dançar para o senhor, ganho a moedinha?

O coração de Leandro se apertou. Lembrou-se dos seus filhos, notando a distância que os separava daquela garota malvestida, com o rosto sujo e querendo dançar para ganhar uma moeda.

— Está bem. Se dançar bem bonitinho eu lhe dou mais que uma moeda: dou-lhe uma nota. Combinado?

A menina não esperou mais tempo. Começou a rodopiar fazendo gestos delicados, que causava impacto devido à aparência sofrida que ostentava.

Leandro a observava com curiosidade. Assim que a pequena terminou, aproximou-se dele, estendeu as mãos e perguntou-lhe:

— Gostou, tio? Mereço a nota que o senhor falou?

Leandro se emocionou. Nunca poderia supor que um dia se emocionaria com pessoas que mal conhecia. "O que está acontecendo comigo?", perguntava-se.

Angustiou-se ao ver o esforço daquela garotinha para impressioná-lo e ganhar uma nota, que, com certeza, para ela seria um grande prêmio.

— Como você se chama?

— Talita!

— Que nome bonito! Você dança muito bem, Talita.

— Obrigada, tio.

— Você vai à escola?

— Não! Eu queria muito ir, mas não posso.

— E por que não pode?

— Porque tenho de tomar conta do meu irmãozinho de dois anos, enquanto minha mãe trabalha.

Leandro se admirou em ver aquela criança tão pequena tomar conta de outra menor ainda.

— Diga-me, quantos anos você tem?

— Sete.

— Imaginei que tivesse cinco ou seis.

— Todo mundo pensa que tenho menos. É que sou muito magrinha.

— Você não gosta de comer?

— Gosto, tio. Gosto muito, mas nem sempre a gente tem muita coisa para comer.

"Como sou imprudente... É claro que ela deve gostar, e muito de comer. Não deve ter é comida em casa, isso sim."

— Não é muito pequena, Talita, para tomar conta de seu irmão, menor ainda que você?

— Sou. Mas mamãe precisa trabalhar, e não tem ninguém para cuidar dele.

— Por que ela não o coloca em uma creche?

— Porque não conseguiu vaga. Então, tio, o senhor vai me dar a nota que prometeu?

O coração de Leandro se apertou ainda mais em seu peito. Novamente lembrou-se de seus filhos, que possuíam muito mais que o necessário. Para falar a verdade, quase tudo era supérfluo; entretanto, para aquela criança de apenas sete anos era dada uma responsabilidade muito pesada para sua pouca idade.

Tirou a nota prometida e estendeu para Talita, que, com os olhinhos brilhantes pegou-a e agradeceu.

— Posso lhe dar um beijo, tio?

— Sem dúvida. Vou ficar muito feliz em ganhar um beijo de uma menina tão bonita e que dança tão bem.

— Eu queria aprender a dançar!

— Gosta tanto assim de dançar?

— Gosto. O senhor já sonhou, tio?

— Já! Muitas vezes. E você?

— Eu também.

— E qual é o seu maior sonho?

— Ser uma grande bailarina, dançar no teatro e todo mundo me aplaudir.

— Que sonho bonito!

— Mas acho que nunca vou conseguir realizá-lo...

— Por quê?

— Minha mãe disse que é muito difícil, porque nós não temos dinheiro. O senhor já realizou o seu?

Inexplicavelmente, Leandro experimentou uma sensação muito forte, um desejo enorme de fazer alguma coisa por aquela criança. Sentia como se alguém lhe falasse: "Você é o caminho". Pensava que, como Talita, inúmeras outras crianças viviam a mesma situação.

"Meu Deus, essa menina será apenas mais uma que terá seu sonho desfeito."

— Tio, eu perguntei qual é o seu sonho e se o senhor já o realizou.

— Alguns eu realizei, outros não. Mas vou fazer algo para que você realize o seu. O que acha?

— Não estou entendendo o que o senhor está falando. Vai me dar o meu sonho?

— Não posso lhe dar o seu sonho, porque ele já é seu, mas posso ajudá-la a realizá-lo, e você o alcançará pelo seu próprio esforço.

— Continuo não entendendo o que o senhor está falando.

— Não faz mal. Daqui a um tempo você vai entender. — Leandro abaixou-se e deu um abraço em Talita. — O tio tem de ir embora agora, mas vai voltar para conversar com sua mãe, tá bom?

— O que o senhor vai falar com ela?

— Que o tio quer ajudar você a realizar o seu sonho.

— Qual dos dois? O da escola ou da dança?

— Se nosso Pai que está no céu ajudar, os dois.

— Os dois sonhos?! Mamãe nem vai acreditar!

— A sua mãe trabalha aos domingos?

— Não.

— Então, diga-lhe que domingo que vem virei conversar com ela, entendeu?

— Entendi. Agora, tio, eu preciso ir. Meu irmão deve ter acordado.

— Até logo, Talita. Não se esqueça de avisar sua mãe. Até lá, vou ver o que posso fazer. Tudo bem?

— Tudo bem, tio. — E saiu correndo em direção à sua casa.

O senhor que servia no balcão do bar ouvira toda a conversa que Leandro tivera com a menina. Meio sem jeito comentou:

— Desculpe me intrometer onde não sou chamado, senhor, mas não pude deixar de ouvir o que dizia à menina. Não o conheço, mas tenho receio do que pode ter causado a essa criança; mais esperanças que não se realizam, mais sonhos que serão desfeitos... Se não podemos cumprir, não devemos prometer, ainda mais quando se trata de uma menina tão sofrida como Talita. Conheço-a desde que nasceu, e a mãe dela também. Não gostaria de vê-la sofrer mais do que já sofre.

— Entendo sua preocupação, senhor...

— Tião.

— Pode ficar tranqüilo, sr. Tião, porque não estou enganando Talita. Meu intuito não é esse, e, sim, ajudá-la realmente. Vim até aqui justamente para observar e ver o que esta comunidade mais precisa. Tenho a melhor das intenções, acredite.

— O senhor é político?

— Não. Não sou, nem tenho a pretensão de ser. O meu interesse é espontâneo, não estou visando a nenhum benefício próprio, nem político, nem financeiro.

— Como assim? Poderia explicar melhor?

— Claro!

E Leandro explicou a Tião o seu projeto. A vontade que tinha de poder, de alguma forma, contribuir para que aquela comunidade carente fosse beneficiada. Finalizou dizendo:

— Sr. Tião, até minutos atrás eu não tinha idéia do que poderia fazer de útil, mas agora, conversando com aquela criança de apenas sete anos, mas que leva nas costas uma responsabilidade que só cabe a um adulto, veio-me a resposta.

— E qual seria?

— Vou lhe dizer, e gostaria até que me desse sua opinião, já que mora aqui e com certeza conhece quase todos os moradores. Imagino que deve saber o que seria mais útil para a população, em especial às crianças.

— Diga-me o que tem em mente.

— Imaginei instalar aqui, no centro desta favela, uma creche para que as mães deixassem seus filhos aos cuidados de pessoas capacitadas. Isso permitiria que os irmãos mais velhos freqüentassem a escola, que é um direito de todos. Anexa a essa creche haveria uma oficina, onde os jovens teriam acesso a cursos, como informática, dança, e esportes em geral. O que acha?

— Para lhe ser sincero, um sonho; e sonhos não são realidade.

— Mas poderá ser se nos esforçarmos para isso.

— Muitos já vieram com essa conversa, e tudo ficou só nas palavras, logo esqueceram.

— Sr. Tião, eu estou sendo sincero. Não possuo todos os recursos para a realização desse projeto, mas tenho amigos empresários, políticos... enfim, vou batalhar com eles para ver se se incorporam neste projeto. Vai levar um tempo, eu sei, mas o importante é não desistir. Quando se quer de verdade, se consegue.

— Mas todos desistem. O povo daqui já está acostumado a sofrer e não se ilude mais.

— Eu não vou desistir. Sei que pode demorar, mas insistirei até realizar isso que o senhor chamou de sonho. Um dia veremos a realidade desse sonho.

— Não sei por que, mas confio no senhor. E quanto a Talita, terá de esperar todo esse tempo?

— Não. O caso dela é diferente. Posso resolver por mim mesmo, tenho condições para isso. Se a mãe dela concordar, vou colocá-la em uma escola particular e me responsabilizarei por seu estudo e pelas aulas de dança. A solução para Talita é imediata, porque depende só de mim.

Estendendo a mão para Leandro, Tião lhe disse:

— Conte comigo, como um amigo.

— Obrigado, sr. Tião. Bem, agora preciso ir. Domingo próximo nós nos veremos novamente.

— Até lá.

Leandro saiu acompanhado de sua esperança e de seu desejo de alguma coisa fazer e contribuir para uma vida melhor e mais digna para aquela comunidade tão sofrida.

"Vou conversar com Andréia. Tenho certeza de que ela me apoiará. Afinal, já estou com esse pensamento há meses; chegou a hora de agir."

Assim que chegou em sua casa, Leandro chamou a esposa em seu escritório e colocou-a a par de tudo o que acontecera, enfatizando o enorme desejo que tomou forma em seu coração. Como esperava, Andréia o apoiou.

— Estarei a seu lado, querido, em tudo o que quiser fazer. E quanto à garotinha, vou com você conversar com a mãe dela. Vamos ajudá-la, sim, a se tornar alguém. Às vezes atrás dessa inocência se esconde um grande talento.

— Quanto a Talita, não existe problema algum, mas quanto ao resto, o projeto propriamente dito, sei que encontrarei algumas barreiras.

— Nós venceremos.

— Quero conversar com algumas pessoas importantes que conheço, e ver se consigo encontrar quem se identifique com esse projeto e queira participar. Estamos com nossa situação financeira definida, sólida, mas o que podemos dispor não é o suficiente para uma idéia desse porte.

— Como pretende fazer?

— Primeiro gostaria de falar com Alberto e Jaime. O que acha?

— Alberto até acho ser possível, mas Jaime, sinceramente, duvido.

— É, talvez tenha razão. Mas se não tentar, não ficarei sabendo sua opinião.

— Quer que eu vá com você?

— Claro, Andréia. Telefonarei hoje mesmo para Jaime e marcarei um encontro na casa dele. Você sabe como ele é, cheio de etiquetas...

— Faça isso.

Leandro sentiu-se fortalecido. Alegrou-se com o entusiasmo de Andréia ao ouvir sua explanação sobre o projeto que ocupava lugar em sua mente.

Maísa entrou no quarto onde Jaime, instalado em uma confortável poltrona, lia seu jornal, tendo à frente magnífica paisagem.

— Jaime, tem visto Alberto e Leandro?

— Alberto, não. Há algum tempo não falo com ele. Mas com Leandro falei ontem. Telefonou-me marcando uma hora comigo amanhã ao entardecer.

— O que ele queria?

— Para ser franco, nem imagino. Espero que não me venha com a mesma conversa sobre aquele projeto social. Não sei o que deu nele, parece que resolveu consertar o mundo, como se isso fosse possível.

— Será? Acho que não; aquilo foi uma bobagem dele. Nem deve se lembrar mais desse assunto.

— Torço para que você tenha razão. Vai ser muito desagradável se Leandro voltar a falar daquilo, pois é algo que absolutamente não me interessa.

No dia seguinte, na hora combinada, Leandro e Andréia chegaram à mansão de Jaime. Foram recebidos com alegria e o requinte condizente com a vaidade de Jaime e Maísa.

— Então, meu amigo, o que tem feito desde que chegamos de viagem?

— Trabalhado muito, Jaime. Estamos envolvidos com a construção de um grande hospital, e você sabe como é: só preocupação.

— Trabalhar com operários não é fácil. Eles custam a entender as ordens que recebem e, quando entendem, mesmo assim agem errado. Não sei o que passa na cabeça dessas pessoas que não conseguem compreender o óbvio.

— Não penso assim. A preocupação a que me refiro não é tanto com os empregados, que a bem da verdade cumprem bem suas tarefas, mas com o projeto em si. Hospital é sempre mais complicado.

— Diga-me, Leandro, aquela questão que você levantou lá no navio, é coisa esquecida, não? Imaginei que seria assim, você é muito sonhador, meu amigo.

— De forma alguma, Jaime. Agora mais do nunca tenho certeza do que devo fazer. Convicção mesmo.

— Não me diga! E por que tanta convicção?

Leandro, muito à vontade e sem se preocupar com a reação do amigo, expôs detalhadamente o projeto que planejava para melhorar as condições desfavoráveis em que viviam aquelas crianças e jovens. Relatou, entusiasmado, o seu encontro com Talita; sua ausência da escola e o seu sonho de se tornar uma bailarina.

— Leandro, caia na real! O que você pode fazer? Isso é coisa do governo. Os dirigentes da nação, aqueles que possuem o poder, é que têm a responsabilidade e o dever de olhar pela população, e não nós, empresários.

— Concordo com você quando diz que é responsabilidade dos governantes, que fazem promessas para conquistar um lugar de destaque. Mas nem por isso devemos fechar os olhos e fingir que não sabemos o que acontece nos bairros mais pobres, mais acentuadamente nas favelas.

— O que acontece nós vemos todos os dias nos jornais: violência, drogas, seqüestros. É um submundo, Leandro, no qual não devemos nos envolver. Jamais conseguiremos mudar o mundo, meu amigo, não se consegue modificar essa situação.

Leandro pensou e, com eloqüência, defendeu seu ponto de vista:

— Jaime, é bem verdade que não podemos mudar o mundo, porque para que isso aconteça é necessário mudar o homem. Isso será possível a longo prazo, se investirmos nas crianças, que serão os adultos de amanhã; nos jovens, tirando-os das ruas e proporcionando-lhes áreas de lazer, esportes, teatros, cultura de um modo geral. Investir na sua educação, mostrar-lhes um outro lado desconhecido para eles, que só conhecem a miséria, o preconceito e as diferenças sociais. Se despertarmos neles, por meio de atividades culturais e esportistas, o sentimento do bem e da vida saudável.

— Está delirando Leandro? Como pensa fazer isso, com que verba?

— Pensei em formar uma associação com empresários, pessoas que realmente se preocupem com o bem-estar do semelhante, e fazer uma parceria com órgãos do governo. Desse modo, construir e manter uma escola, isto é, levar até a comunidade carente, além do que já foi exposto, palestras que tragam conhecimentos e orientações sobre os diversos aspectos da vida.

Jaime e Maísa não esconderam a sensação que as palavras de Leandro lhes causaram.

— Está sonhando? Ficou maluco?!

— Não, Jaime. Nunca estive tão lúcido como agora. Queria muito que você compreendesse e se unisse a mim para que essa idéia se torne uma realidade.

— Nós vivemos em um mundo mau, meu caro.

— Mas para anular o mundo mau, necessário se faz construir o mundo bom.

— De jeito nenhum! — Jaime estava quase colérico. — Não conte comigo. Você enlouqueceu, e eu não tenho nada a ver com essa sua loucura. Acha mesmo que jogaria meu dinheiro pela janela?!

— Jaime tem razão — disse Maísa, apoiando o marido, como sempre fazia. — Você se esquece de que as mesmas pessoas que ajudarmos vão nos seqüestrar ou assaltar mais tarde. Será que não entende que não podemos fazer nada para modificar esse estado de coisas?

— Vivemos em um país miserável, no terceiro mundo, e não somos nós que faremos a diferença.

— Mas, como cristãos, temos o dever de cumprir a lei da caridade, do amor e do trabalho — respondeu Leandro.

— Desculpem-me, mas vocês não estão sendo justos — Andréia interveio. — Nós nos encontramos em uma situação privilegiada; eles, não. Temos muito, eles nada têm. E, além do mais, é importante ressaltar que a violência é, em muito casos, gerada na frustração, na revolta com as diferenças sociais, com a total falta de oportunidade para progredir; pela fome que se passa e pelos barracos fétidos e úmidos em que moram. Enquanto sofrem necessidades básicas, eles vêem os ricos fazendo exposição da sua fortuna em coisa surpérfluas, da sua "felicidade", enquanto dentro de seus corações só há tristeza e rancor pelo fato de presenciar a carência de seus filhos. Mas os ricos desperdiçam o que para eles é o necessário. A discriminação e o preconceito, ou porque são pobres, ou porque são negros, ferem a alma a tal ponto que pode gerar, sim, a violência pela própria revolta do ser.

— O seu discurso é muito bom, Andréia, mas para ser falado nos palanques dos políticos, não para seus amigos, que conhecem a vida como ela é e os homens como são.

— Mas, Jaime, eu...

— Por favor, Andréia, gostaria de encerrar esse assunto de uma vez por todas e deixar bem claro que não vou me meter com essa gente. Essas pessoas não me dizem respeito por um fato muito simples: não preciso delas. Pela posição que ocupo, eu me basto. Pago para ser servido, é isso o que importa. Dinheiro não me preocupa. Em conseqüência disso, sempre serei servido. Amizade eu recebo das pessoas com as quais convivo, e não de subalternos.

— Jaime, estou impressionado com você. Imaginava-o frio e distante das questões sociais, mas não a esse ponto!

— Sinto muito, Leandro, mas não espere minha colaboração para essa loucura que acometeu você, e tenha a certeza de que não darei um centavo sequer para essa insanidade.

Leandro e Andréia se olharam e compreenderam que era hora de se retirar, antes que Jaime partisse para as ofensas pessoais.

— Desculpem-nos pelo incômodo — falou Leandro.

— Não se preocupe, Jaime, jamais tocarei nesse assunto com você novamente. Agora, se nos derem licença, vamos indo.

— Vocês serão sempre bem recebidos por mim e Maísa, desde que não venham com esse papo novamente, porque ele nos desagrada sobremaneira.

Sentindo um leve mal-estar diante da colocação de Jaime, Leandro se despediu.

— Boa noite!

— Boa noite, Leandro, até outro dia.

Assim que alcançaram a rua, Andréia disse ao marido:

— Não desanime, querido. Perdemos apenas a primeira batalha, e isso deve nos motivar ainda mais para ganhar a guerra. Estarei ao seu lado sempre e vou ajudá-lo a alcançar seu objetivo.

— Nunca imaginei que fosse tão difícil!

— Mas o que é isso? Desânimo na primeira negativa? Por favor, Leandro, nada se faz sem esforço. Desanimar só porque uma pessoa lhe virou as costas? Se assim fosse, não existiriam obras maravilhosas como tantas que conhecemos. Você conhece muitos empresários, um deles há de apreciar sua idéia.

— Tem razão, Andréia, estou me comportando como um fraco, e fraco não realiza nada.

— Não vai ser fácil, bem o sei, mas sei também que é possível, e é nisso que devemos acreditar.

Alberto caminhava de um lado para o outro, em seu apartamento. Acabara de atender uma ligação de Cássia, e nunca esperara um total descontrole da parte dela.

"Não posso compreender por que ela cismou que tem de morar comigo. Tantos anos juntos e só agora teima em regularizar uma situação que se arrasta há tempo!"

Cássia, orientada por Lucas, pressionava Alberto para casar-se, ou então pelo menos morarem sob o mesmo teto. Acreditava que dessa forma teria mais segurança quanto à criança e sua própria vida.

— Precisamos desta pensão, meu amor — dizia Lucas, sem o menor escrúpulo; sua intenção não era outra senão viver à custa de Alberto.

Alberto espaçava cada vez mais seus encontros com Cássia, e, quando eles aconteciam, seu interesse era somente saber com estava indo a gravidez. Cássia sentia que cada vez mais perdia terreno, notando a distância de Alberto e sua falta de carinho e atenção para com ela. Nada fazia lembrar o amante apaixonado de antigamente.

"Fui precipitada", pensava. "Perdi a confiança dele e seu amor. Nosso relacionamento era baseado no meu interesse em sua fortuna e no desejo dele pelo meu corpo e minha juventude. Mas, mesmo assim, nós nos dávamos bem, nos entendíamos e nos divertíamos muito. Agora, por causa da minha precipitação e tolice em querer forçar um casamento, só vejo decepção e mágoa em seus olhos. Não devia ter dado ouvidos a Lucas, ainda mais nessa questão da gravidez. Tanto ele insistiu que deveria arranjar um filho para prender Alberto a mim que acabei cedendo. Entretanto, o feitiço virou contra o feiticeiro: perdi Alberto e vou perder a generosa mesada que ele me dá. Além disso, sei que não terá volta quando Alberto descobrir que o filho não é dele. Sou mesmo uma tola!

Em um de seus encontros com Alberto, Cássia perguntou-lhe:

— Querido, sinto-o tão distante... Não vejo em você nenhum interesse maior por mim. É a minha gravidez que o intimida?

— Não, Cássia, não é sua gravidez, mas o fato de você agir de modo dissimulado comigo. Sinto alguma coisa em você que me incomoda. Não sei bem o que é, mas não me sinto mais à vontade a seu lado. Meu encanto se quebrou.

— Diga-me o que foi que eu fiz para perdê-lo justo no momento em que viajávamos, que estávamos felizes.

— De fato, aquele foi um momento feliz. Mas você conseguiu pôr tudo por água abaixo com suas palavras ásperas, ferindo meu ego. Bem, não preciso repetir nada, você sabe muito bem o que disse.

— O que disse a seu respeito eu falei sem pensar, precipitadamente, você não pode levar tão a sério.

— Posso, Cássia; posso e devo. Naquele momento, você falou o que realmente pensa de mim. Talvez tenha sido a única vez que usou de sinceridade comigo, e foi aí que despertei e vi que você nunca teve o menor sentimento de amor ou carinho em relação a mim. Seja franca de novo e diga que só se interessa pelo meu dinheiro.

Naquele instante, Cássia compreendeu que perdera de forma irremediável o amor de Alberto, e, em conseqüência disso, qualquer possibilidade de se dar bem financeiramente. Sua única chance era o filho que esperava.

"Tenho de convencê-lo de que o filho é mesmo dele e impedi-lo de fazer esse maldito teste de DNA!" E mais uma vez foi vítima de sua própria ira e precipitação.

— Quer saber de uma coisa? Tudo o que lhe falei é a mais pura verdade. Você não passa de um velho sem nenhum atrativo físico, a não ser o dinheiro que tem! Olhe bem para mim, sou jovem, bonita e elegante. Mesmo com a barriga já aparecendo, sou uma mulher atraente. E você? O que tem para atrair uma mulher? Nada, a não ser sua conta bancária!

Alberto ficou arrasado. Não conseguiu emitir nenhuma palavra. Não entendia como pudera ter se enganado tanto em relação a Cássia.

"Que mulher é essa? Parece uma máquina calculadora, só pensa em dinheiro! Meus filhos tinham toda a razão, sou mesmo um idiota."

— Quero que vá amanhã à empresa para acertar suas contas, Cássia. Não a quero mais trabalhando lá. Ou melhor: não quero mais vê-la.

— Não quer me ver até o bebê nascer, não é, querido? Não se esqueça de que é o pai!

— Isso nós veremos mais tarde.

Cássia entendeu que seria muito difícil enganá-lo quanto à paternidade.

"É melhor tentar conseguir alguma coisa agora...", pensou.

— Está bem, Alberto. Amanhã passarei no departamento de pessoal para acertar minhas contas. Não se esqueça de que estou grávida e você não pode me mandar embora, tenho o apoio da lei. Mas, se me der uma boa recompensa, eu mesma pedirei demissão e darei o caso por encerrado. Não o incomodarei mais até a criança nascer, para que seja registrada e combinarmos a pensão que ela receberá de você por direito.

Alberto cada vez mais sentia-se deprimido, abatido com toda aquela situação. Reunindo suas forças, ainda disse.

— Cássia, eu vou pedir o teste de paternidade; quero ter certeza de que este filho é meu.

Ela tentou uma última cartada para impedir o teste:

— Pois peça. Para mim não terá problema algum, pois o filho é seu, Alberto. Se você preferir passar por este constrangimento, passe. Se não se importa de colocar na cabeça de seus amigos e filhos que desconfia de uma possível traição, vá em frente. Mas não se esqueça de que quem ficará mal será você. Por mim, como já disse, tudo bem. Sei que o bebê é seu, porque nunca o traí. E, para ser sincera, jamais pensei que duvidasse assim de mim, porque se soubesse teria terminado nosso caso há muito tempo. Não suporto desconfianças e muito menos sofrer injustiça.

Nada poderia ter causado efeito maior em Alberto. Guiado pela emoção, ele respondeu:

— Acalme-me, Cássia, não vou fugir das minhas responsabilidades. Estou me separando de você, não do meu filho. Passe amanhã na empresa e cuidaremos de tudo.

Alberto não pôde ver a satisfação estampada no rosto de Cássia.

"Consegui", dizia a si mesma, "consegui enganá-lo! Acho que agora tudo sairá como eu sempre quis. Ele vai desistir desse maldito teste".

Separaram-se. Cássia, feliz, foi direto encontrar-se com Lucas para contar-lhe a novidade. Sentia-se dona da situação.

"Tudo deu certo. Não posso nem acreditar que mais uma vez consegui enganar Alberto."

Alberto, por sua vez, entregava-se aos seus pensamentos: "Meu Deus, que mulher é essa que tive ao meu lado durante quatro anos? Como não enxerguei a pessoa mesquinha e dissimulada que é? Mas em uma coisa ela tem razão: não posso negar que este filho seja meu; estivemos juntos durante muito tempo, não tenho o direito de desconfiar dela, seria muito injusto.O pior é que estarei ligado a Cássia para sempre, pois não posso deixar faltar nada para meu filho."

E dirigiu-se à casa de Jaime. "Será bom conversar um pouco com eles. Maísa é uma pessoa muito esperta, decidida, saberá aconselhar-me."

Enquanto isso, Leandro e Andréia voltavam felizes e realizados da casa de Talita. Conversaram com a mãe da menina, e tudo ficou acertado para que ela fosse para a escola. Leandro conseguira, por meio de um conhecido, vaga para o irmão menor em uma creche pública. Quanto a Talita, foi matriculada em uma escola particular, sob a responsabilidade financeira de Leandro, assim como num curso de dança, em que a menina poderia dar vazão ao seu talento e realizar o sonho de se tornar uma bailarina.

— Andréia, não posso esquecer o brilho dos olhos daquela garotinha ao saber que estudaria dança. Talita tem mesmo muito talento.

— É, Leandro, eu percebi. E percebi também as lágrimas de sua mãe pela oportunidade de a filha poder estudar.

— Por enquanto é o que posso fazer, Andréia, mas não vou desistir do meu projeto. Não vou mesmo. Viu quantas crianças nas vielas, sem ter o que fazer, aprendendo somente coisas ruins, entregues à própria sorte, não tendo nada que as motive a viver com alegria, a ter o coração cheio de esperança? É preciso ensiná-las a conquistar um espaço digno na vida, com honestidade e caráter. Acredito que com amizade e apoio, paciência e perseverança poderemos conseguir bons resultados.

— Sinto muito orgulho de você, Leandro. Tudo o que puder fazer para ajudá-lo nesse seu projeto, pode contar comigo.

Sempre achei você um homem de bem, mas não podia imaginar que tivesse uma alma tão florida assim.

— O que é isso, Andréia? Gostaria que não exagerasse. Sou uma pessoa comum, quero apenas dar um sentido mais nobre à minha riqueza. Até agora ela só nos satisfez, é tempo de aprender a dividir. Percebeu que essas pessoas não têm nem o essencial para viver? Entretanto, nós possuímos mais que o necessário, isto é, temos o supérfluo.

— Sem contar que é um bom exemplo para nossos filhos!

— Exatamente!

— Você pretende procurar Alberto?

— Pretendo. Alberto é diferente de Jaime. Pode ser que ele queira nos ajudar.

— Leandro, eu li em algum lugar um pensamento que imagino que cabe muito bem em tudo isso que você quer fazer.

— Que pensamento é esse?

— "Se não podemos abraçar Deus, coisa que não vamos conseguir, abracemos a pessoa que está ao nosso lado: é a mesma coisa."

— Que lindo, Andréia!

— É, também acho. Faremos exatamente isso: abraçaremos as pessoas que estão ao nosso lado.

Os dois deram-se as mãos e, felizes, sorriram.

Capítulo VII

Dois projetos diferentes

Assim que Cássia separou-se de Alberto, foi imediatamente ao encontro de Lucas. Seus sentimentos misturavam-se entre receio e satisfação, por acreditar que mais uma vez enganara Alberto.

"Lucas gostará de saber da minha encenação perante Alberto. Bobagem minha temer um teste de DNA, porque ele não vai pedir, tenho quase certeza disso. Ficou abalado com o que lhe disse e da maneira como disse, chorosa, voz entrecortada. Deve ter acreditado realmente que é o pai", falava para si mesma.

Em menos de uma hora, estava aninhada nos braços de Lucas.

— Então, amor, conseguiu convencer o velho?

— Tenho a impressão de que sim, Lucas. Tive muita presença de espírito, fiz colocações que mexeram com seu emocional.

— Mas o que disse a ele?

— Que não me importaria de fazer o teste de paternidade porque tenho certeza absoluta de que o filho é dele, pelo fato de nunca ter cometido uma traição. Mas, se ele fizesse questão e quisesse se submeter a esse papel ridículo, eu concordava, porque nada tinha a temer. Sei lá, Lucas, falei tanta coisa que só sei que ele ficou abalado.

— Muito bom, meu amor, você é mesmo genial. Com essa história, vamos nos garantir por muito anos, quiçá pela vida inteira.

— É, Lucas, mas tem uma questão que me incomoda e preocupa.

— Diga, Cássia, o que é?

— Alberto tem um casal de amigos, Jaime e Maísa, que exercem muita influência sobre ele.

— E o que isso tem a ver com o caso?

— Tem a ver que Maísa não me suporta, ou melhor, nunca me suportou. Sabe essas coisas de olhar e não gostar? Pois é, foi isso o que aconteceu conosco; nos olhamos e não nos suportamos.

— Diga-me o que tem isso a ver!

— O meu medo é que ela possa interferir na decisão de Alberto, ou seja, para me atingir, Maísa seria capaz de influenciá-lo para que exija o exame de DNA.

— Mas por que faria isso? Ela sabe da nossa relação?

— Se sabe, não sei, imagino que não, mas posso jurar que suspeita.

— E por que você pensa assim?

— Lembra quando estávamos em Roma e você me telefonou?

— Claro que me lembro.

— Pois bem, fui conversar com você no toalete. Quando terminamos o telefonema, eu me virei para sair e a encontrei lá. Maísa me olhou de uma maneira que me incomodou. Eu lhe disse que era uma amiga, e, tenho certeza, ela fingiu que acreditou. Sou capaz de apostar que ouviu nossa conversa.

— Mas isso nada quer dizer, Cássia, poderia mesmo ser uma amiga.

— Sim, poderia e foi o que eu disse.

— Então?

— Aposto que ela não engoliu minha explicação. Meu receio é Maísa se lembrar desse fato e contar a Alberto, insinuando uma possível traição.

Lucas pegou as mãos de Cássia e lhe falou, de maneira carinhosa.

— Querida, relaxe. Não vamos nos preocupar com pessoas que não têm a menor importância para nós. Devemos nos concentrar no fato de que ficaremos juntos, nós três: eu, você e nosso filho. Juntos e com uma gorda pensão.

— Isso se Alberto registrar mesmo a criança, Lucas.

Por alguns instantes, Lucas ficou pensativo.

— Em que está pensando? Ficou quieto de repente.

— Sabe, Cássia, a única coisa que me entristece e incomoda é que nunca poderei dizer para meu filho que sou seu verdadeiro pai. Ele carregará para sempre o nome de outro em seu registro.

— Lucas, tudo tem um preço, e o seu é esse. Eu fiz o sacrifício de aturar Alberto todo esse tempo, até chegar o momento de darmos o golpe; agora temos de ir em frente. Mas acho que não deve ficar triste, quem estará acompanhando o seu desenvolvimento, vendo-o crescer, quem estará perto dele durante todo o tempo será você, e não Alberto. Ele o amará como a um pai, querido.

— Espero que sim.

— Eu me encarregarei de ensiná-lo a amar você, mais que ao próprio Alberto, que, para a sociedade, será o pai.

— É, vamos ver. Espero que tudo aconteça como estamos planejando.

Alberto chegou à casa de Jaime e Maísa.

O casal, assim que o viu, notou seu abatimento.

— Amigo, que desânimo é esse? — perguntou Jaime. — Algum problema com suas padarias?

— Não, Jaime, meus negócios vão muito bem. Não me causam nenhuma preocupação. Meus filhos aprenderam como levar o negócio e estão se saindo muito bem.

— Se é assim, o que está causando esse ar tão abatido em você? — Maísa quis saber.

— Estou com um problema que, sinceramente, não sei como resolver. Ou melhor, sei como devo agir, mas não é o que gostaria de fazer.

— Nossa, amigo! Diga-nos de uma vez. Que problema tão grande é esse que o deixou desse jeito?

— É o meu caso com Cássia.

— Vocês terminaram?

— Sim!

— Ora, amigo, isso é briga de namorados, logo estarão juntos novamente.

— Você não entendeu, Jaime, nós terminamos de uma vez por todas, sem volta e sem amizade.

— E é por isso que está assim tão abalado?

— Não, Maísa, não é por isso. Ao contrário, foi um alívio separar-me de Cássia. Ela é falsa, dissimulada e não respeita os sentimentos alheios, principalmente os meus.

— Então, Alberto, não estou entendendo o que está acontecendo.

— Como vocês já sabem, Cássia está grávida. Por conta dessa gravidez, estarei preso a ela. Afinal, é meu filho, e ele não terá culpa nenhuma dos desentendimentos de seus pais. Hoje assumo que errei, errei muito, Maísa, em não dar atenção ao que meus filhos falavam. Fui um tolo, essa é a verdade.

— Desculpe-me pelo que vou lhe dizer Alberto — disse Maísa —, mas existe uma esperança de você não ficar preso a ela; é só procurar a verdade quanto a esta paternidade. É tão simples...

— Você quer dizer o exame de DNA? — perguntou Jaime.

— Claro, todo mundo faz isso quando tem suspeita. Você não seria diferente, Alberto. Isso é cautela.

Alberto, meio sem jeito, disse, quase num sussurro:

— Cheguei a pensar nisso, Maísa, mas Cássia ficou tão ofendida! Julgou-se injustiçada, caluniada, sei lá. Apesar de muito triste, concordou em fazer o teste, afirmando ter certeza de que sou o pai, porque jamais me traiu. Ela ficou de um jeito que acabei sentindo-me mal perante sua reação.

— E você confiou plenamente na afirmação de ela nunca tê-lo traído?

— O que é isso, Maísa? Assim você ofende Alberto! — exclamou Jaime.

— Deixe-a, Jaime, não estou ofendido. Acredito, sim, Maísa, na fidelidade de Cássia. Garanto que ela jamais me traiu.

— Bem, você é quem deve saber, não é, Alberto? Mas aconselho-o a pensar bem, filho é coisa séria e para sempre. Perdoe-me mais uma vez, mas nunca confiei em Cássia.

— Sei muito bem disso. Concordo que ela é uma interesseira dissimulada, mas quanto a traição, acho que está sendo sincera.

— Tudo bem, Alberto, se está seguro disso, não há motivo para ficar tão perturbado; é abrir os braços e receber seu filho. Você deve estar bem consciente do que fez.

Ninguém percebeu o tom irônico de Maísa. Dando vazão aos seus pensamentos, falava para si mesma: "Ela pode enganar Alberto, mas a mim, não. Sou capaz de apostar que tudo não passa de um golpe sujo, o filho não é de Alberto. Deve ser daquela "amiga" que ligou para ela em Roma. Vou procurar Júnior e perguntar-lhe se não se incomoda que eu investigue esse caso. Se ele concordar, farei o que Jaime me sugeriu: procurar um detetive. Não deixarei nosso amigo entrar nesse rolo".

— O que foi, Maísa? Ficou quieta de repente.

— Nada, não. Apenas pensava que nosso amigo, com essa idade, vai ser papai de novo.

Jaime, como de costume, não gostava de prolongar nenhum assunto mais sério. Assim, levantou-se e foi até o bar. Pegando uma garrafa, ofereceu:

— Aceita uma bebida, Alberto? Chega dessa conversa, vamos nos alegrar um pouco.

— Aceito, sim, Jaime. Obrigado, amigo.

Mais tarde, assim que se despediu dos amigos e entrou em seu carro, Alberto pensava: "Imaginei que Maísa fosse acalmar-me, aconselhar-me quanto a essa questão. Entretanto, deixou-me mais angustiado, pois percebi claramente que ela não tem nenhuma dúvida quanto a Cássia estar me enganando. Parece ter certeza de que não sou o pai dessa criança. Não posso desconfiar de uma pessoa que esteve ao meu lado durante tanto tempo".

Alberto fazia conjecturas, porém não conseguia se acalmar a ponto de esquecer o assunto. Nunca imaginara viver tal situação e muito menos separar-se de Cássia, tão acostumado estava com sua companhia. Sentia-se aturdido com tudo o que vinha lhe acontecendo.

— Maísa, você foi longe demais com Alberto. Ficou óbvio que duvida de Cássia.

— Mas, Jaime, duvido mesmo! Acho que Alberto vai entrar numa jogada suja. Eu já disse a você em outra ocasião que não creio que Alberto seja o pai da criança que Cássia está esperando. Aí tem coisa, Jaime, pode acreditar; mas vou descobrir e livrar Alberto da astúcia de Cássia.

— O que pretende fazer?

— Vou conversar com Júnior. Ele é o filho mais velho de Alberto, e, se ele não se importar, farei o que você já me sugeriu.

— E o que foi que sugeri?

— Já esqueceu? Que contratasse um detetive particular. Não permitirei que nosso amigo de tantos anos seja enganado dessa maneira, em uma trama tão sórdida.

— Maísa, o que a faz ter tanta certeza quanto à infidelidade de Cássia?

— Ora, Jaime, vamos dizer que é intuição feminina. Nunca gostei dela, nunca acreditei em suas palavras, que sempre soaram falsas. Você sempre soube disso.

— Isso é verdade!

— Apenas durante todo esse tempo fui juntando as falhas, lendo as entrelinhas, observando as marcas que ela deixava sem perceber, e cheguei a essa conclusão. Se o objetivo dela era só o dinheiro de Alberto, devia ter agido como eu, que nunca o enganei, fui clara e sincera o tempo todo. — Aproximou-se mais do marido e lhe disse ao ouvido. — Só não contava que meus sentimentos mudariam. Nunca imaginei que fosse gostar tanto de você.

Jaime gostou do que ouviu. Animado, respondeu:

— Nem eu de você!

Nem Maísa nem Jaime se davam conta do quanto eram apaixonados um pelo outro.

Leandro entrou, ofegante, em casa.

Andréia auxiliava os filhos com as questões escolares, e levou um susto quando o marido chegou, tão apressado.

— O que houve, Leandro? Por que está assim?

Leandro sentou-se ao lado da mulher e lhe disse:

— Andréia, você não imagina o que aconteceu!

— Como não faço a menor idéia, que tal você me contar?

— Fui conversar com um amigo meu, dono de uma grande empresa multinacional. Assim que terminamos o assunto pelo qual fui procurá-lo, ele me convidou para tomarmos um cafezinho, e na conversa contei-lhe sobre o nosso projeto.

Andréia animou-se.

— E ele, o que achou?

— Ficou muito entusiasmado e pediu que eu esclarecesse melhor o assunto, o que fiz, não esquecendo nenhum detalhe. Inclusive contei-lhe sobre o caso de Talita.

— Meu Deus, e aí?

— Aí que ele quer ser um dos patrocinadores do projeto!

— Você está brincando, Leandro!

— Não, querida, é a mais pura verdade. Disse-me que eu podia contar com ele, que sua empresa patrocinaria porque acreditava que os empresários deveriam, sim, colaborar nos projetos sociais sérios. Pediu que, quando eu tivesse tudo esquematizado no papel, com definição de como seria, tornasse a procurá-lo.

Andréia estava maravilhada. Vibrava de alegria ao ver o entusiasmo de seu marido e a coragem com que vinha lutando pelo seu objetivo.

— Meu amor, estou muito feliz por você! Lembra que eu lhe disse para não desanimar quando ouvir um "não"? Devemos considerar a negativa como um estímulo para lutar, e não para desanimar. Deus guiará seus passos até encontrar as pessoas certas, dispostas a colaborar para uma sociedade mais feliz. Os governantes devem olhar pela população e dar-lhe condições mais favoráveis para viver com dignidade, com mais saúde, educação e segurança. Mas nós, o povo, precisamos também ter consciência de nossas obrigações perante a vida e nosso semelhante. Todos nós fazemos parte desse todo que é a humanidade.

— Tem razão, estou com minhas esperanças renovadas.

— Você precisará de quantos patrocinadores para desenvolver esse projeto?

— Depende muito de quanto cada um deles poderá dispor, da maneira como tudo será posto em prática... Enfim, é necessário calcular tudo muito bem, inclusive a manutenção.

— Por que não vai providenciando isso, Leandro? Você é engenheiro, é o mais indicado para idealizar a planta, elaborar tudo como imagina. Sem dizer que com o projeto no papel será muito mais fácil esclarecer e convencer as pessoas.

— Você está certa, já havia pensado nisso. Realmente fica uma coisa mais concreta.

— Faça isso, amor, tenho certeza de que conseguirá realizar esse sonho mais rápido do que imagina.

— Você acredita mesmo?

— Acredito mesmo!

Leandro sentia-se tão feliz que, jogando-se no chão, iniciou uma "luta" com seus filhos, divertindo-se com as gargalhadas que ecoavam na sala.

Andréia, observando a alegria das crianças e do marido, intimamente agradeceu ao Criador pela felicidade alcançada.

"Confúcio", pensava, "o grande filósofo chinês, tinha razão quando disse: 'Nem todos os homens podem ser ilustres, mas todos podem ser bons'. Leandro, para mim é o exemplo disso. Tem dinheiro, é verdade, mas não é ilustre, e, principalmente, não se deixou contaminar pela prepotência que o dinheiro dá a quem o possui. Ao contrário, continuou a ser o homem que conheci anos atrás, e é por meio dessa bondade e desse caráter com os quais convivo que conquistei minha felicidade.

Leandro notou o ar pensativo da esposa e chamou-a:

— Vem cá, mulher, hoje não é dia para melancolia, junte-se a nós. Vamos ser crianças, com nossas crianças. Veja o sorriso delas!

Sem esperar um segundo chamado, Andréia abriu os braços e incorporou-se a brincadeira.

Após dois dias desses acontecimentos, Maísa, toda elegante, despedia-se de Jaime.

— Posso saber aonde minha mulher vai assim tão bonita?

— Claro que pode. E, se quiser, pode vir comigo. Telefonei para Júnior e marquei com ele, agora, às quinze horas, em seu escritório.

— Pretende falar sobre Cássia?

— Isso mesmo. Quero saber a opinião dele e colocá-lo a par do que quero fazer. Se Júnior concordar comigo, amanhã mesmo vou contratar um detetive. Você não quer me acompanhar?

— Se não se importar, prefiro ficar. Daqui a pouco vou até a empresa resolver um assunto que exige minha presença.

— Não me importo, Jaime, sei que tem muitos compromissos. Nós nos encontraremos mais tarde. — Beijou o marido e dirigiu-se ao encontro programado.

Júnior a esperava, ansioso por saber de que se tratava o assunto que ela colocara como urgente. Assim que Maísa chegou, foi encaminhada à sua presença.

— Como vai, Júnior? Deve estar estranhando minha vinda aqui e, principalmente, o motivo dela, não?

— Eu vou muito bem, dona Maísa, e devo admitir que realmente estou surpreso com seu telefonema. Não imagino que assunto poderíamos ter em comum, mas tenho muito prazer em recebê-la. Sente-se.

— Obrigada. — Sentou-se e, sem rodeios, foi direto ao ponto. — Júnior, o que me traz aqui é a minha preocupação com seu pai. Ele é nosso amigo há anos, e tanto eu quanto Jaime estamos temerosos do que possa vir a acontecer com ele.

— Por quê? Papai está doente e nós não sabemos?!

— Não. Não se trata de doença, graças a Deus. Trata-se de uma suspeita que temos de que Alberto poderá cair em uma armadilha preparada por Cássia.

— Explique-se melhor, dona Maísa.

— Vocês já estão sabendo da gravidez de Cássia, não?

— Sim, ele nos inteirou de tudo o que está havendo entre ele e Cássia. O que a aflige?

— Júnior, não gosto de Cássia e nunca confiei nela. Por conta disso, não creio que Alberto seja mesmo o pai dessa criança.

— A senhora desconfia de que ela esteja mentindo?

— Não só desconfio como não tenho medo de afirmar que sou capaz de jurar. Meu receio é que seu pai, por ingenuidade, entre nessa trama de Cássia.

— Mas o que a faz ter tanta convicção de que Cássia está mentindo?

Maísa, com calma, contou a Júnior algumas posturas de Cássia, inclusive o telefonema de Roma.

— Ela recebia telefonemas em horas impróprias, e sempre se afastava para atender. Nunca o fazia perto de Alberto, ou então, quando não era possível se afastar, sussurrava, falando em monossílabas e deixando claro seu cuidado para que nenhum de nós ouvisse. Ao ser interrogada por Alberto, vinha sempre com a mesma resposta: "É aquela minha amiga que vive sozinha e precisa muito de companhia". Ora, Júnior, que amiga é essa que faz uma ligação internacional só porque se sente sozinha? Não acha estranho?

— Acho, dona Maísa. Acho muito estranho. Para lhe ser franco, nós também questionamos essa paternidade e dissemos a papai, exigindo que ele fizesse o teste de DNA, e ele, para nossa surpresa, concordou. Achamos que assim tudo ficaria mais fácil em razão do esclarecimento que não deixa dúvida.

— Aí está o ponto, Júnior. Alberto esteve há dois dias lá em casa. Chegou abatido e desanimado. Questionado, desabafou sua preocupação e disse-nos que não fará o teste, porque confia na fidelidade de Cássia, e, se fizesse, estaria sendo injusto com ela. Admitiu todas as outras questões relacionadas ao caráter, enfim, tudo o que vocês já sabem, mas crê ser realmente o pai.

— Será que ele não está certo?

— Não, Júnior, não está. Meu Deus, não custa nada ter certeza! É uma questão muito séria. Qual o problema em querer a confirmação?

— E por que a senhora tem tanto interesse nesse tema?

— Porque não suporto tramas e muito menos ver um amigo de tantos anos ser enganado dessa maneira. Ela só quer garantir pensão, Júnior, como meio de vida. Se você acha que tenho outra intenção senão essa, vamos parar por aqui. — Levantou-se e fez menção de sair.

Júnior, demonstrando preocupação, pediu-lhe:

— Por favor, dona Maísa, sente-se. Não quis ofendê-la, desculpe-me. Apenas fiquei um pouco nervoso, acho tudo isso uma loucura. Veja a senhora, dissemos a papai que se o teste confirmar que o filho é mesmo dele, aceitaremos de braços abertos. Mas queríamos primeiro ter certeza, porque a palavra dela para nós não significaria nada. Meu pai concordou, e agora a senhora vem me contar que ele não quer mais fazer o teste. Não sei o que fazer.

— Pois é, Júnior, essa é a causa da minha aflição. Como disse a Alberto, filho é para toda a vida, é necessário conhecer a verdade.

— O que a senhora sugere?

— Exatamente por isso vim falar com você. Alberto precisa ter prova de que Cássia o traiu e o está enganando.

— E como vamos provar isso, dona Maísa?

— Gostaria de tomar uma atitude sugerida por Jaime.

— Qual?

— Contratar um detetive, sem que o seu pai saiba, para não trazer-lhe mais desgosto sem prova. Se realmente ela estiver enganando Alberto, contaremos a ele, porque teremos meios de provar e, conseqüentemente, desmascará-la. O que acha?

— Excelente idéia! Faça isso, dona Maísa. Tem o nosso consentimento, meu e de meus irmãos.

— E se eles não concordarem?

— Afirmo que concordarão, pois estão tão preocupados quanto eu e também querem a verdade.

— Não existe outro jeito de sabermos se Cássia está sendo franca ou blefando. O detetive descobrirá, e se acontecer da maneira como suponho, Alberto terá a prova de que necessita para pedir o teste sem sentir culpa nenhuma, pois terá certeza da traição. É preferível que tenha uma decepção agora do que ser obrigado a suportar para o resto da vida a desconfiança de que poderá não ser o pai.

— A senhora tem razão. Contrate o detetive e depois mande-nos o montante dos honorários. Faço absoluta questão de assumir essa despesa.

— Veremos isso depois, Júnior. O que eu queria era conseguir a sua autorização.

— Meu pai disse-me que amanhã Cássia virá aqui no escritório para resolver sua questão e receber seus direitos.

— Seu pai a dispensou?

— Sim. Não há mais clima para ela trabalhar aqui.

— Mas ele pode mandá-la embora, estando grávida?

— Parece-me que ela combinou com papai que, se ele registrasse a criança sem causar nenhum problema, ela pediria demissão. Mediante, é claro, o recebimento de generosa gratificação. Assinaria todos os papéis isentando a empresa de qualquer dívida com ela. Falou-lhe que, como papai teria de dar pensão para a criança, não lhe causaria nenhum problema, desde que fosse generoso financeiramente.

— Júnior, diga a Alberto que não questione mais nada com Cássia, que a deixe pensar que tudo está bem e que ninguém mais fala em teste de paternidade.

— Tudo bem, dona Maísa. Nós avisamos tanto para ele prestar mais atenção a essa Cássia, mas ele nunca nos deu ouvidos! A diferença de idade entre eles é muito grande, não tinha a menor condição de dar certo esse relacionamento. Até que durou muito.

— O que importa agora é resolver os problemas atuais; o que passou não volta mais.

— A senhora está certa.

Maísa ficou de pé.

— Bem, Júnior, vou indo. Mandarei notícias assim que tiver.

— Faça isso, dona Maísa, mantenha-me informado.

— Com certeza, Júnior, terá acesso a todo o relatório.

Maísa despediu-se. Assim que ganhou a rua, dispensou o motorista dizendo que gostaria de andar um pouco e que chamaria um táxi quando quisesse ir para casa.

Andou até uma confeitaria e entrou. Sentou-se próxima à janela e, enquanto esperava ser atendida, distraiu-se olhando para a rua. De repente, viu sua amiga Andréia passando rente à vidraça. Bateu no vidro para chamar sua atenção, o que de fato aconteceu. Andréia a viu e entrou para cumprimentar a amiga.

— Sente-se, Andréia, vamos tomar um chá.

— Vamos, sim, Maísa, o dia hoje está propício. Este friozinho sugere mesmo um chá bem quente. — Sentou-se. — O que faz por estes lados?

— Fui até o escritório da empresa de Alberto para falar com Júnior.

— Algum problema com Alberto?

— O que já conhecemos, Andréia.

Em poucas palavras, Maísa colocou Andréia ciente de tudo o que acontecera.

— É, você tem razão, Maísa. Essas questões precisam ser bem resolvidas. Mas se Deus quiser tudo se esclarecerá da melhor maneira para Alberto.

— Se Deus quiser e eu agir, não é, Andréia?

— Como queira. Prefiro acreditar que será como Deus quiser.

— E, por falar em Deus, como está Leandro em relação àquele projeto maluco?

— Ele está muito bem, e de maluco o projeto dele não tem nada, Maísa. Desculpe-me, mas tanto você quanto Jaime precisavam rever seus conceitos, tomar posturas diferentes, ou seja, ficar mais próximos da realidade do país em que vivemos.

— O que é isso, Andréia? Está falando como Leandro.

— Estou me esforçando para isso, Maísa. A cada dia percebo qualidades diferentes em meu marido e o admiro cada vez mais.

— Quer dizer que ele continua com aquele sonho absurdo?

— Claro que continua, Maísa, não é um sonho descartável, é um sonho real. Agora, em suas horas de folga, Leandro trabalha na elaboração do projeto; coloca no papel exatamente como imagina, incluindo também os custos da manutenção, número de funcionários, despesas... essas coisas todas que envolvem um trabalho desse porte. Ele acredita que assim será mais fácil conseguir patrocinadores, porque passa a ser algo mais concreto.

— E já conseguiu algum? — perguntou, irônica.

Fingindo não perceber a ironia da amiga, Andréia respondeu:

— Já, Maísa, já conseguiu um, que se interessou e se prontificou a patrocinar.

— E quem é? Posso saber?

— Claro! O dr. Jorge.

— Você está me dizendo que o dr. Jorge, um dos empresários mais importantes do nosso país, acreditou em Leandro e se juntou a ele?! Não é possível!

— Exatamente ele, Maísa. Existem ainda muitas pessoas boas neste mundo; gente consciente da importância de cada um de nós na sociedade. São essas pessoas que fazem toda a diferença.

— Quando contar isso para Jaime, ele não vai acreditar.

— Quem sabe ele não muda de idéia e se junta a nós...

— Andréia, se eu conheço bem Jaime, isso nunca acontecerá. Ele é muito radical quanto a essas questões.

— Maísa, "nunca" é uma palavra muito forte. Quem sabe, um dia... Não se pode dar nada por encerrado sem antes analisar todos os itens da questão.

— É, mas no caso de Jaime, acho que ninguém poderá mudar os seus conceitos.

— Quem sabe a vida não pode!

— O que quer dizer, Andréia?

— Nada de especial, apenas que, muitas vezes, esquecemos de regar e cuidar da nossa alma. Então vem a vida com toda a sua sabedoria e trata de mudar o canteiro onde deveríamos ter plantado as flores que nos levaria à felicidade. O vento vem forte açoitando-nos de todos os lados e quando ele passa leva consigo as ervas daninhas, o ranço e o mofo que muitas vezes deixamos entrar em nosso coração. E aí, a vida lentamente vai, bem aos poucos, florescendo a nossa alma, embelezando-a com o perfume suave do amor universal.

Maísa estava impressionada com o que acabara de ouvir de Andréia.

— Nunca a ouvi falar assim! Por quê?

— Porque nos nossos momentos de convívio só damos vazão às futilidades que preenchem nosso coração, e acabamos não percebendo o quanto tudo isso é inútil.

— E quem está ajudando você a perceber e se modificar tanto assim?

— Leandro! Comecei a ver a inutilidade de determinadas coisas ou posturas e estou permitindo que minha inteligência entre em movimento. A partir daí, comecei a enxergar tudo sob um novo angulo.

— Muito bem, amiga, estou impressionada com você. Esse seu lado eu não conhecia.

— Para ser sincera, tempos atrás nem eu me conhecia. Ou, como diz Leandro, não queria me conhecer. Porque tudo isso estava aqui, dentro de mim, esperando apenas que eu me assumisse como realmente sou.

Capítulo VIII

Um coração empedernido

Jaime esperava Maísa com ansiedade. Assim que a esposa entrou, disse-lhe:

— Estava ficando preocupado com você, Maísa; não imaginei que fosse demorar tanto.

— Desculpe-me, Jaime, realmente demorei mais do que previa.

— Correu tudo bem no seu encontro com Júnior?

— Muito bem, da maneira que eu esperava. Ele concordou com a contratação do detetive e faz questão de assumir as despesas. Tivemos uma conversa muito boa, Jaime, usamos de franqueza um com o outro. Júnior ficou muito preocupado, pois não sabia que o pai desistira de investigar a paternidade. Essa é um exigência dos três filhos, e Alberto havia aceitado e concordado em fazer.

Maísa relatou ao marido toda a conversa que tiveram, omitindo apenas que Júnior, por um momento, questionara seu interesse em ajudar Alberto. "Ele pode não gostar dessa atitude de Júnior", pensou, "por isso é melhor que não saiba".

— Jaime, sabe quem encontrei e fez-me companhia para tomar um chá?

— Nem imagino. Quem?

— Andréia. Estou impressionada com ela.

— Por quê?

— Nunca imaginei que tivesse idéias tão definidas quanto ao trabalho social.

— Como assim, Maísa?

— Você precisava escutá-la falar do projeto de Leandro. Entusiasmada, convicta, sabendo exatamente do que estava falando. Acredita que até sugeriu que precisávamos rever e mudar nossos conceitos?

— Leandro continua com sua obsessão social?

— Continua, e pasme: encontrou um patrocinador.

— Quem é este louco?

— Louco?! Nada mais, nada menos que o dr. Jorge, um dos empresários mais importantes do país, dono de uma multinacional.

— Dr. Jorge! Não posso acreditar, Maísa.

— Pois foi o que ela me disse.

— Quer dizer que Leandro está levando isso a sério mesmo.

— E como! Soube também que ele apadrinhou uma menina da favela.

— Continue.

— Colocou-a em uma escola particular e em uma academia para aprender dança. E comprometeu-se a custear seus estudos até que se forme.

— Leandro enlouqueceu, só pode ser isso.

— Vou ser muito sincera com você, Jaime. Ouvindo Andréia falar com tanta alegria e carinho daquele projeto do marido, cheguei a pensar que ela pode ter razão.

— Por favor, Maísa, não me venha com essa conversa e não traga essa loucura para dentro de nossa casa. Já disse e vou repetir: não quero me meter com essa questão. Não sou culpado de haver tanta miséria no país e por isso não me envolverei neste assunto.

— Não precisa se irritar, Jaime, falei só por falar.

— Gostaria que não tocasse mais nesse tema.

— Está certo, já esqueci. Diga-me onde devo procurar o detetive, mas um que seja realmente bom e confiável. Não quero esses que ficam atrás de clientes, verdadeiros pés-de-chinelo.

— Pode deixar que amanhã mesmo providenciarei isso para você. Agora vá se trocar, quero ir jantar fora, dançar, enfim, vamos nos divertir.

— Estarei pronta em um instante. — E Maísa subiu as escadas.

Enquanto esperava pela esposa, Jaime serviu-se de uma bebida. Sentou-se, pegou uma revista deixada por Maísa em cima da mesinha e, distraidamente, saboreava a bebida e folheava as páginas.

Pedindo licença, Gregório aproximou-se.

— Poderia lhe falar um instante, senhor?

— Claro, Gregório, o que deseja?

Meio sem jeito e temendo a reação do patrão, que conhecia tão bem, respondeu:

— Senhor, estou com um problema. Ou melhor, não é meu problema, mas sim do filho de uma conhecida de vários anos.

— E daí?

— Eu pensei que o senhor poderia ajudar a amenizar um pouco o sofrimento dessa senhora. Ela já tem idade e cada vez fica mais difícil e complicado conseguir dar ao filho um pouco de alegria na sofrida vida que leva.

— Gregório, você mesmo disse que o problema não é seu. Não venha agora dar uma de Leandro e querer que eu resolva os problemas alheios, tão alheios que não tenho nem idéia de quem seja.

O mordomo sentiu sua face enrubescer. Acreditando ainda na possibilidade de o patrão se sensibilizar e ajudar, insistiu:

— O senhor não quer saber do que se trata?

— Gregório, preste atenção: saber ou não saber não vai interferir ou influenciar minha decisão. As pessoas se envolvem em questões, se metem em enrascada e, não conseguindo resolver seus assuntos, julgam que os outros têm o dever de solucionar e consertar seus erros.

— Mas, sr. Jaime, é algo muito sério e independe da vontade dos envolvidos, porque cumpre a vontade de Deus.

— Por favor, Gregório, chega disso. Suba e apresse dona Maísa.

Desapontado, o mordomo disse:

— Pois não, senhor.

Gregório afastou-se, levando a decepção em seus olhos e em seu coração. Pensou: "Ah, sr. Jaime, o senhor não sabe nada da vida, nem das pessoas e muito menos de Deus. Vive em um mundo só seu e é incapaz de enxergar além de seu próprio egoísmo. Muito além do horizonte existe uma vida, a verdadeira, e o senhor cada dia se distancia mais dela".

Naquele mesmo instante, Jaime também fazia suas considerações: "Esses empregados julgam que nós, patrões, somos

obrigados a resolver todos os seus problemas. Não se cons-
cientizam de que cada um tem de cuidar da própria vida.
Ainda bem que não dei chance para que ele desfiasse todo o
rosário de lamentações".

— Estou bem? — escutou a voz de Maísa.

Jaime a olhou com admiração. Realmente era uma bela
mulher, elegante e sofisticada. Possuía tudo o que ele sempre
sonhara encontrar em uma esposa.

— Estar bem é muito pouco para você, Maísa. Está mesmo
admirável, belíssima.

— Obrigada, Jaime, você é sempre gentil. Por causa disso
faço sempre questão de me apresentar o melhor possível, para agradá-lo. Vamos?

Jaime se aproximou da esposa, ofereceu-lhe o braço e,
orgulhoso por ter ao seu lado uma bela mulher, respondeu:

— Vamos!

Gregório presenciara toda a cena.

— Será que eles nunca vão conseguir ver além de si
próprios? Afundam-se em futilidades; entregam-se levianamente aos próprios prazeres e são incapazes de enxergar
qualquer sofrimento alheio, mesmo que esteja a um palmo
de distância.

— O que é isso, Gregório? Falando sozinho?

Gregório assustou-se ao escutar a voz de Jacinta.

— Estou apenas pensando.

— É, mas dessa vez você pensou tão alto, que pude ouvir
seu pensamento pela sua voz, que soou bem forte.

— Não ligue para o que escutou, Jacinta, falei bobagem.

— Não, Gregório, você não falou bobagem, apenas a
verdade.

— Jacinta, é melhor pararmos com esta conversa. Não fica bem falarmos de nossos patrões na ausência deles. Eles são bons para nós.

— Não, Gregório, eles não são bons. Apenas cumprem a obrigação de pagar o nosso salário. E, a bem da verdade, não fazem mais do que isso; nem "bom dia" eles dão. Para aqueles dois, não existimos como gente.

— Deve ser o jeito deles. Vamos parar por aqui. Volte para os seus afazeres e eu volto para os meus.

Jacinta deu de ombros e afastou-se.

Gregório dirigiu-se para seu quarto, trancou a porta e, segurando um velho retrato de sua mãe, que guardava com o maior carinho, olhou-a e disse:

— Mãe, imagino o que a senhora deve ter passado, principalmente na época em que estava grávida de mim. Eu era muito criança ainda, e não me lembro muito bem, mas imagino que os pais do sr. Jaime deveriam agir com os empregados do mesmo jeito que ele, com arrogância, cheios de orgulho. Cresci nesta casa, minha mãe, mas parece que não faz a menor diferença. A importância desse fato é nula, pois tratam-me como um empregado que não merece nenhuma consideração maior.

Gregório embarcou em suas lembranças e permitiu que povoassem sua mente, enchendo seu coração de saudade da mãe querida.

Enquanto divagava em suas recordações, não pôde registrar a presença de um espírito que dele se aproximou. Trazia o semblante sereno e a vibração de paz que só possuem os espíritos que aprenderam a amar. Encostou-se em Gregório e lhe dizia, através da inspiração, palavras de conforto, mansuetude e fé: "Gregório, meu filho dileto, você se engana em seu julgamento. Nada sofri nesta casa, sempre fui respeitada pelos pais de Jaime, que tratavam-me com delicadeza e consideração. Eram pessoas ligadas ao trabalho e ao amor ao próximo. O filho em nada se parece com os pais. Compreenda-o, filho, tenha paciência com sua intransigência. Jaime aprenderá no momento certo. A vida, e sua própria história, se encarregarão de ensiná-lo a exercitar o amor solidário. Seja um bom amigo, antes de tudo, sem se importar com as atitudes equivocadas desse pobre espírito, que despertará para a caridade e para o amor fraternal por meio da dor. Ore a Jesus e aguarde. Não macule sua caminhada com mágoas ou maledicência, a verdade surgirá no momento programado para isso. Você e Jaime serão tomados de surpresa, e quando isso acontecer permita que seu coração seja grande o suficiente para que nele caiba o mundo. E perdoe-me. Fique em paz, meu filho amado. Que Jesus o abençoe agora e sempre".

Gregório nada percebia, mas, sem compreender, começou a questionar seus pensamentos. Sentia uma grande paz crescer dentro de si, e sua fé parecia se agigantar em seu peito.

"Mas o que estou dizendo?! Minha mãe sempre afirmou que era feliz trabalhando aqui. Gostava de seus patrões, era respeitada e tratada com consideração por eles. Brinquei tantas vezes com Jaime, apesar de sempre ser tratado por ele como o filho da empregada. Não posso pensar assim. Quero cumprir minha tarefa dentro desta casa com responsabilidade e gratidão. Afinal, o sr. Jaime jamais mencionou a possibilidade de me demitir, o que para mim seria um desastre, pois poucas pessoas podem, hoje em dia, ter um mordomo em casa, e eu só sei fazer isso. Creio mesmo que, à sua maneira, ele deve ter alguma amizade por mim."

Olhou novamente o retrato da mãe. Sem registrar que ela estava tão perto dele, orou:

— Mãe, onde a senhora estiver agora, que seja feliz. Eu a amo e amarei sempre. Sou agradecido por tudo o que fez por mim. Que Jesus a abençoe, dona Celeste.

"Que Jesus abençoe a humanidade", respondeu sua mãe, elevando suas palavras ao Criador.

A batida na porta do quarto fez com que Gregório voltasse a si.

— O que foi?

— Gregório, sou eu — respondeu Jacinta.

— Imaginei que fosse. O que quer?

— O sr. Jaime chama-o ao telefone.

Gregório se levantou rápido e abriu a porta.

— É melhor ir correndo, porque a voz dele não está de bons amigos. Ficou furioso por não encontrá-lo pronto para atender o telefone.

Gregório saiu, apressado. Pegou o telefone e verificou que Jaime havia desligado.

— Desligou... — disse a Jacinta.

— Eu lhe disse que ele ficou bravo. Espere, pode ser que ligue de novo.

Não demorou e o telefone tornou a tocar. A voz áspera e autoritária de Jaime se fez ouvir do outro lado da linha:

— Gregório, onde estava que não atendeu o telefone, obrigando-me a discar outra vez?

— Eu...

— Não diga nada, depois conversaremos sobre isso.

— O que deseja, senhor?

— Providencie para daqui a duas horas um jantar para cinco pessoas.

— O senhor não ia jantar fora?

— Se ia ou não, não é da sua conta. Você está aí para cumprir minhas determinações, e não para questioná-las.

— Desculpe, senhor. Algum prato especial?

— Não. Nada de especial, mas um jantar que esteja à altura do meu gosto, que, aliás, você conhece melhor do que ninguém.

— Pois não, senhor, tudo será providenciado a seu gosto.

— Faça isso! — E desligou.

Gregório foi até a cozinha transmitir as ordens a Jacinta.

— Meu Deus, isso são horas para começar a preparar um jantar?!

— Ora, não reclame, Jacinta. Você tem duas ajudantes nessa cozinha, as geladeiras e os *freezers* estão cheios. Em dois tempos esse jantar estará pronto.

Resmungando, Jacinta iniciou sua tarefa.

Jaime e Maísa haviam encontrado, por acaso, Leandro e Andréia. Mudando seus planos, Jaime os convidou para jantar em sua casa. Ao aceitar o convite, Leandro sugeriu convidar Alberto, o que Jaime fez com um breve telefonema.

— Ele ainda está na empresa, mas disse que chegará em quarenta minutos.

— Querido, enquanto aguardamos Alberto, vamos tomar um aperitivo aqui mesmo — disse Maísa.

— Aprovamos a idéia — concordaram ao mesmo tempo Leandro e Jaime.

Sentaram-se e, como dissera, Alberto chegou exatamente quarenta minutos depois.

— E aí, Alberto, com estão as coisas?

— Sem novidades, Jaime. Ou melhor, a única novidade é que finalmente consegui entrar em um acordo com Cássia, e ela já se desligou da empresa.

— Mas por que demorou tanto, Alberto?

— Leandro, cada vez que Cássia ia até lá para resolver, mudava de idéia quando tudo estava pronto, faltando apenas sua assinatura. Negava-se a assinar, alegando que se sentia lesada em seus direitos. Enfim, ontem chegamos a uma conclusão satisfatória. Isso depois de Júnior falar mais grosso com ela e exigir que colocasse um ponto final nessa história.

— Ela tem um temperamento difícil, não, Alberto?

— E como, Andréia! Hoje consigo ver tudo com mais clareza. Enxergo coisas que não conseguia ver antes. Anteriormente minha única preocupação era me divertir com Cássia, exibi-la para os amigos e, nessa displicência, não prestei atenção ao quanto ela me explorava. Hoje tenho consciência de que não se relacionava comigo, mas com o meu talão de cheques.

— Imagino que Cássia deve ter recebido uma boa quantia para ter assinado sua demissão dando total quitação à sua empresa, não?

— Com certeza, Jaime. E não poderia ser diferente. Cássia só assinou depois de fazer seus cálculos e consultar uma amiga que é advogada e a ajuda nessas questões.

Maísa olhou para Jaime, e os dois se entenderam.

— Deve mesmo ser uma grande amiga, não, Alberto? Está sempre por perto para protegê-la...

— O que quer dizer com isso, Maísa?

— Nada de especial, Alberto, apenas admiro uma amizade assim.

— Você conhece essa amiga? — perguntou Andréia.

— Não tive oportunidade, mas Cássia sempre falou bem dela.

— E porque não a apresentou para você? — indagou Maísa.

— Todas as vezes que marcamos para que eu a conhecesse houve um imprevisto e ela não pôde comparecer. Mas também nunca fiz questão de ser apresentado a ela.

— É compreensível — disse Maísa, com ironia.

— Agora isso não tem a menor importância — considerou Andréia. — O que conta é que tudo foi devidamente solucionado de maneira satisfatória.

— Para ela, sem dúvida — disse Alberto. — Com a soma vultuosa que recebeu será de admirar se não estiver satisfeita.

Jaime, como de costume, cansou-se do assunto, que para ele não tinha a menor importância, nada representava. Dirigindo-se a Leandro, perguntou-lhe:

— Fiquei sabendo que conseguiu um grande empresário para compor o quadro de patrocinadores do seu projeto mirabolante. É verdade, Leandro, ou uma jogada de *marketing*?

— Jogada de *marketing*, Jaime? Acha mesmo que eu brincaria com um assunto tão sério como esse? Evidente que é verdade.

— Estou surpreso. Como pode alguém tão importante e inteligente como o dr. Jorge envolver-se com uma loucura dessas?

— Jaime — disse Leandro ao amigo —, justamente porque é inteligente ele compreendeu a necessidade de se fazer alguma coisa por pessoas tão sofridas. O projeto precisa de gente importante, mas que não se prende no egoísmo.

— Do que vocês estão falando? — quis saber Alberto, que ainda não se inteirara do assunto.

— Estamos falando a respeito daquele projeto que comentei em nossa viagem, meses atrás, lembra?

— Lembro, sim, parece-me que você queria se dedicar a alguma obra social, não é isso?

— Exatamente.

— Achei que tivesse esquecido, Leandro, que fosse coisa passageira.

— Nem pensar, Alberto; ao contrário, está ficando cada dia mais concreto.

— Fale-me sobre isso, Leandro, conte-me mais detalhes.

Leandro, ignorando o ar enfadado de Jaime, expôs a Alberto tudo a respeito do que ambicionava fazer. Nada omitiu.

Seu entusiasmo contagiou o amigo. Alberto pensou no quanto havia gastado todos aqueles anos só para satisfazer a vaidade e a ambição de Cássia. E fizera isso sem nada questionar. Em compensação, agora sofria as conseqüências do seu erro. Constatou que tudo acabara sem deixar rastro algum de nobreza, a não ser a expectativa de um filho, que, a bem da verdade, tinha de admitir, não tinha plena certeza de que de fato era seu.

Tudo passava em sua mente como um filme, enquanto Leandro, com convicção, relatava-lhe tudo o que pretendia fazer e as providências que já estava tomando para que o sonho se tornasse realidade o mais rápido possível.

Assim que Leandro terminou, Alberto disse:

— Leandro, você precisa de mais patrocinadores, não?

— Claro, Alberto, é um projeto dispendioso, reconheço, e para colocá-lo em funcionamento é necessário um grupo coeso, forte e realmente interessado, para que tudo aconteça da maneira prevista. É como se diz popularmente: "É necessário vestir a camisa".

— Pois então pode contar com mais um, meu amigo. Ficarei feliz em colaborar com você, com esse projeto humanitário e com essas pessoas que, como você diz, pouco ou nada possuem de seu. Conte comigo!

Leandro olhou para a esposa. Mal acreditava no que acabara de ouvir. Levantou-se, abraçou o amigo e disse, emocionado:

— Obrigado, Alberto, muito obrigado mesmo pela sua generosidade.

— Mais tarde, mostre-me o projeto e fale-me dele com mais detalhes.

— Farei isso.

Jaime, como sempre impetuoso, e percebendo não ser naquele momento o centro do universo, sentiu-se excluído. Assim, falou com sua arrogância de sempre:

— Por favor, chega disso. Vocês não vão consertar o mundo, nem hoje nem nunca. A propósito, não estamos aqui para solucionar as dificuldades alheias, de gente que nem sequer conhecemos. — Olhou o relógio. — Já passa das vinte e duas horas, é melhor jantar aqui mesmo — decidiu, demonstrando claramente seu mau humor.

Maísa, conhecendo muito bem o marido, disse-lhe, suavemente:

— Querido, Gregório já deve ter providenciado o jantar que você pediu. Deve estar com tudo pronto.

— Isso não é problema. — Pegou o telefone e discou para sua residência. — Gregório, sou eu.

O Preço da Ambição 131

— O que deseja, senhor?

— Cancele o jantar. Mudei de idéia e resolvemos jantar aqui mesmo.

— Senhor, já está tudo pronto!

— Você parece que não me entendeu. Eu disse para cancelar tudo e, por favor, perca essa mania de questionar minha ordens!

— Mas o que faço com tanta comida?

— O que você quiser. Coma ou dê para os cachorros. — E desligou.

Um forte mal-estar tomou conta do ambiente. Jaime não se importou com o espanto de seus amigos e de sua própria esposa. Todos estavam chocados em presenciar a atitude tão deselegante, grosseira e leviana de Jaime. Maísa também ficou impressionada com a maneira que seu marido agiu. Notando o clima tenso que envolvera a todos, Jaime tentou em vão restaurar a harmonia entre o grupo, o que não conseguiu, em razão do choque que causou em todos suas últimas palavras.

Os três amigos se levantaram, e despedindo de Jaime, disseram:

— É melhor irmos, já está ficando tarde.

— Mas por que não vão ficar para o jantar? — perguntou Jaime, caindo em si.

Foi Leandro quem respondeu:

— Jaime, não quero julgar ninguém, mas aproveite esses momentos com Maísa e conversem sobre sua total intransigência com as pessoas que o cercam. Todos cometem erros e acertos. Feliz daquele que consegue enxergar no outro seus acertos e, se os erros aparecerem, ajudá-los com compreensão e paciência. Boa noite, Jaime e Maísa, até outro dia.

Andréia aproximou-se de Maísa e lhe falou:

— Lembra-se do que lhe disse na confeitaria?

— Claro, Andréia.

— Pois era exatamente isso o que queria lhe dizer. Vocês precisam rever seus conceitos e mudar suas atitudes. Boa noite, amiga. Nós nos falamos outra hora.

Alberto saiu dizendo apenas boa noite.

Gregório, assim que desligou o telefone, pediu a Jacinta que embalasse com cuidado toda aquela comida e, decidido, foi à procura de um necessitado, vindo a saciar a fome de inúmeros irmãos que jaziam jogados nas ruas da cidade, tentando dormir para enganar o estômago vazio.

Celeste, ainda presente, tocada na pureza de seu sentimento, elevou o pensamento ao Alto e orou ao Criador:

"Senhor, Criador de todas as coisas, de todas as formas de vida neste imenso universo de amor que criastes, tenha compaixão por Vosso filho Jaime, que está se perdendo na imprudência do egoísmo e da vaidade excessiva. Dê-lhe o despertar do entendimento, para que compreenda a importância de se caminhar paralelo às leis divinas. Que possa, através da Vossa luz, entender que todos nós precisamos merecer a glória divina como conseqüência natural das flores que plantarmos ao longo de nossa caminhada terrena. Que, a cada dia vivido, Vossos filhos possam, antes de encostar a cabeça no travesseiro e se entregar ao sono reparador, perguntar a si mesmos: 'Que criança amparo? Existem tantas chorando, por que não seco suas lágrimas? Quantos irmãos morrem de fome e frio... O que me impede de saciar-lhes a fome e agasalhar seu corpo? E aqueles que vivem em trevas, por que não sou capaz de levar-lhes um pouco da luz divina? Talvez porque não a tenha ou então por querê-la só para mim'. Nesses momentos, Senhor, que possam Vossos filhos pensar na grandiosidade do Vosso amor e, sentindo-se tocados pela Vossa paz, possam se agigantar e se transformar em um mensageiro do bem, e, em se transformando, compreender que a fé no mundo maior é que os ajudará na caminhada cheia de lágrimas e sorrisos; justiça e ingratidão; segredos e incertezas, que é a vida no planeta Terra. Assim seja!"

Em volta de Celeste caíam flocos de cor violeta, energizando o ambiente daquela casa, que seria, em futuro próximo, palco de lágrimas e lamentações até que as flores pudessem ressurgir florescendo a alma de seus moradores.

Capítulo IX

Quase uma injustiça

No dia seguinte, Maísa acordou cansada. Não dormira o suficiente, por não conseguir esquecer o acontecimento da véspera. Chocara-se com a atitude grosseira do marido, e as palavras que Leandro dissera não lhe saíam do pensamento, pois foram as mesmas que Andréia proferira enquanto tomavam chá na confeitaria.

Experimentou certo mau humor, principalmente ao perceber que Jaime não estava mais no quarto. Chamou a empregada e pediu-lhe que providenciasse seu desjejum e o levasse ao quarto, pedido esse que foi prontamente atendido.

— O sr. Jaime está lá embaixo? —perguntou. — Não o vi se levantar.

— O sr. Jaime saiu bem cedo, dona Maísa — respondeu a criada.

— Que estranho! Ele nunca sai tão cedo assim. Deixou algum recado para mim?

— Não, senhora, disse apenas que virá para o almoço no horário de costume.

— Está bem. Pode ir, deixe a bandeja sobre a mesa. Mais tarde, assim que eu descer, venha buscá-la.

— Sim, senhora.

Maísa mergulhou em profundos pensamentos. Sem querer, viu-se ponderando sobre as palavras da amiga. "Será que somos mesmo assim tão alheios à vida lá fora, às coisas que não nos dizem respeito? Nunca pensei mais seriamente sobre isso, e pode ser que de fato seja o momento de nós dois nos interessarmos mais por essas questões sociais."

Ficara realmente impressionada com a atitude do marido em relação a Gregório. "Talvez Andréia e Leandro tenham razão", dizia a si mesma. "Pode ser que seja uma boa aprender a auxiliar as pessoas que nada possuem."

Sua mente divagou, levando-a a lembrar-se de sua infância e adolescência; enfim, recordou sua vida antes de conhecer Jaime, e constatou que nada tivera de supérfluo, naquela época. Vivia apenas com o básico para não morrer de fome e ter o mínimo de dignidade.

— Nem me lembrava mais de como minha vida era sofrida. Tanto que jurei a mim mesma que me casaria com um homem rico para nunca mais sofrer humilhações ou preconceitos e, acima de tudo, para não passar tantas dificuldades. Isto eu consegui! — exclamava, vitoriosa.

No mesmo momento, Celeste inspirava-a por meio de sua consciência e com sabedoria. Amparada pelos ensinamentos do Mestre Jesus, lhe dizia:

"Se conhece tão bem o lado mais triste da existência, as necessidades, as aflições e as humilhações pelas quais passam aqueles que se vestem pobremente e que não ostentam riquezas ou poder, por que não minimiza essa dor e alivia as frustrações de tantos corações desesperançados? Você já conheceu a dor, os sonhos desfeitos e os desejos não realizados. Conheceu o último lugar no mundo dos homens e, agora que ocupa um lugar invejado por tantas mulheres, por que esquece o passado e finge não possuir uma história ligada a essa posição social? Por que não permite que nada a atinja e permanece alheia a tudo e a todos que não podem trazer-lhe mais glamour? Reconsidere sua postura perante o mundo, minha irmã, e aprenda a administrar melhor os embaraços que a vida apresenta ao nosso próximo, porque muito em breve esses mesmos embaraços estarão presentes em seu caminho. Se não aprendemos a lição através do amor, aprenderemos através da dor. Que Jesus a proteja."

Esses pensamentos povoavam a cabeça de Maísa, trazendo-lhe angústia ao mostrar-lhe a verdade que tanto procurava esconder de si mesma. Desesperada, tentava encontrar uma justificativa para sua vida cheia de vaidade e ostentação.

— Não poderei mudar o mundo. E, depois, Jaime jamais permitiria que eu fizesse algo nessa sentido. É melhor eu ficar quieta e prosseguir minha vida como sempre foi. Não quero desapontar Jaime, que tudo faz para me agradar. Andréia e Leandro sonham demais, é melhor mesmo eu não me envolver com eles. São uns sonhadores, como bem diz Jaime.

Levantou-se e foi direto tomar uma ducha. Assim que retornou ao quarto, com os cabelos enrolados em uma toalha, deparou se com Jaime sentado na cama do casal, esperando-a.

— Jaime! Achei que só voltaria para o almoço, no entanto, já está aqui antes mesmo que eu tivesse descido. O que aconteceu para você sair tão cedo sem me avisar?

Percebeu o olhar sério do marido. Insistiu na pergunta:

— Diga-me querido, o que você tem? Aconteceu alguma coisa que eu não saiba?

— Aconteceu. Aconteceu, sim.

— E o que foi de tão grave para você estar assim desse jeito? Parece transtornado...

— Logo cedo recebi um telefonema da empresa solicitando minha presença. Arrumei-me rápido e fui até lá.

— Por que não me acordou?

— Você dormia como um anjo, Maísa. Não achei justo acordá-la sem nenhuma necessidade.

— Tudo bem, mas diga-me por que chamaram você tão cedo.

— Aconteceu um fato muito desagradável, Maísa. Um dos nossos funcionários sofreu, junto com a esposa, um assalto, no instante em que deixavam um supermercado.

— Meu Deus, e daí?!

— Ele não sofreu nada de grave, mas a mulher, levada pelos assaltantes como refém, foi encontrada algumas horas depois pela polícia, em um estado lastimável. Foi estuprada e agredida pelos bandidos, que eram dois. Após satisfazerem seus desejos sórdidos, bateram nela e deixaram-na jogada em um matagal.

— E quem a achou?

— Dois sitiantes que passavam pelo local ouviram seus gemidos, encontraram-na e chamaram imediatamente a polícia, que a encaminhou para um hospital da rede pública, e os médicos constataram que era necessária uma internação.

138 ✐ *Sônia Tozzi / Irmão Ivo*

— E o marido dela, seu funcionário, como está?

— Esse é o meu problema, Maísa.

— O que quer dizer?

— No desespero, ele pediu que transferissem sua mulher para um hospital particular a fim de que recebesse o melhor atendimento possível. Para que efetuasse a internação foi necessário deixar um depósito alto, até que o plano de saúde autorizasse, o que demoraria mais ou menos quarenta e oito horas. Após a autorização, devolveriam o cheque depositado.

— Até aí não vejo nada que pudesse deixá-lo assim tão nervoso.

— O meu nervosismo está ligado à atitude insana desse paspalho do meu funcionário. Em vez de passar um cheque dele, foi até a empresa, retirou do caixa a quantia necessária e deixou um bilhete dizendo que no máximo em três dias devolveria a quantia retirada, e assinou embaixo. Isso é coisa de pessoa irresponsável, Maísa.

— E o que fez com ele, que decisão tomou?

— A única possível: despedi-lo. Só não o fiz hoje porque ele se encontra no hospital com a mulher, mas amanhã, com certeza, vou demiti-lo.

Maísa, inspirada, por Celeste, lembrou-se das palavras de Andréia: "Vocês precisam modificar seus conceitos".

Celeste continuava a inspirar-lhe pensamentos de amor e solidariedade:

"Irmã, pense em Jesus e aja com compreensão e fraternidade."

Maísa tomou coragem e disse ao marido:

— Jaime, acha mesmo necessário despedi-lo?

— Evidente que sim, Maísa. Ele deu um desfalque, e isso é muito grave, tenho de puni-lo.

— Não vejo por esse lado, Jaime. Que desfalque é esse que o autor deixa um bilhete e assina embaixo? Considero mais um empréstimo feito de maneira errada, por alguém completamente desesperado.

Jaime espantou-se.

— Não posso acreditar no que estou ouvindo. Minha esposa questionando uma atitude minha relacionada à minha empresa! E o que mais me admira, indo contra seu próprio marido!

Maísa não entendia a si própria. Nunca interferira em decisão alguma do seu marido. Mas, com uma determinação que não sabia onde estava encontrando, continuou:

— Não estou indo contra você, Jaime, estou tentando compreender a atitude, errada, sim, de uma pessoa. Ou melhor, de um marido que devia estar no auge do desespero; tão absolutamente desesperado que nem cogitou deixar um cheque seu, mesmo que não tivesse fundos. Para mim, isso não passa de um gesto impensado, precipitado e fruto de um sofrimento muito grande. Se a intenção dele fosse dar um desfalque, não deixaria nada que o incriminasse e, principalmente, não colocaria o próprio nome. Pense nisso, Jaime, para que não cometa uma injustiça que poderá levá-lo a um mal pior.

Jaime calou-se. Começou a perceber e pensar que Maísa poderia ter razão.

— Então, diga-me que atitude deverei tomar, dra. Maísa. O que me sugere?

— Que chame esse funcionário, faça-o entender que agiu errado, que deveria ter ligado para você ou para seu gerente, colocando-os a par do que estava acontecendo. Esclareça que sua atitude foi imprudente e perigosa, pois colocou em risco seu emprego. Enfim, Jaime, creio que você saberá o que fazer. Diga-lhe tudo o que ache necessário dizer, mas não o demita, dê-lhe nova oportunidade, principalmente nesse momento de tanta aflição.

Jaime se pôs a andar de um lado para o outro, ponderando sobre as palavras de Maísa.

— Acho que você anda conversando muito com Andréia, está falando como eles.

— Sou muito diferente deles, mas em um ponto devo admitir que os dois têm razão. Realmente precisamos rever nossos conceitos em relação às pessoas que possuem menos que nós. Somos muito desligados das questões sociais, e começo, sim, a acreditar que isso é um erro.

— Um erro que não consigo enxergar. Por que devemos nos preocupar com o comportamento dos outros? Fazer isso imagino que seja intrometer na vida alheia.

— Para ser sincera, Jaime, não sei lhe responder, porque também não consigo entender direito o pensamento das pessoas que vivem se preocupando com os outros e tudo fazem para ajudá-los, achando isso a coisa mais natural do mundo.

— E por que está me contradizendo em relação ao meu funcionário?

— Porque nesse caso vejo uma lógica baseada na aflição que ele deveria e deve estar sentindo. No bilhete que ele deixou se identificando e prometendo devolver o dinheiro em no máximo três dias. Você há de concordar que é um caso *sui generis*; está claro que ele não tinha a intenção de furtar, foi movido pelo desespero e não raciocinou, acabou agindo dessa maneira imprudente.

— O que acha que devo fazer?

— O que já disse. Chame-o, mostre-lhe o erro que cometeu e dê-lhe nova oportunidade de trabalho.

— É, pode ser que você tenha razão. Vou pensar no assunto.

— Faça isso, querido, pense. Acredito que se sentirá melhor.

— Bem, deixe isso para lá. Enquanto você termina de se arrumar, vou tomar um banho.

Assim que Jaime se ausentou, Maísa sentou-se em sua cama. "Não estou me reconhecendo. De onde fui tirar toda essa conclusão para este caso? E o que é pior, sugerir como Jaime deveria se comportar... Jamais fiz isso em toda a minha vida de casada. Será que o que fiz é realmente o certo?", perguntava-se.

Celeste e Jacob, que a tudo presenciaram, agradeceram ao Pai Maior pelo fato de Maísa ter sido sensível às inspirações de Celeste e impedido que Jaime demitisse seu funcionário.

"Deus seja louvado, irmã", disse Jacob a Celeste. "Pela graça divina, conseguimos, através de Maísa, modificar a atitude de Jaime para que agisse de forma fraterna e compreensiva com esse irmão que agiu impensadamente, movido por um grande desespero. Realmente, em seu coração não havia a intenção de furtar e prejudicar o patrão, foi a dor excessiva que o induziu a agir sem pensar."

"Como agradeço ao Pai pela oportunidade de ter sido útil a esse irmão que poderia sofrer muito, vítima de sua própria imprudência! Se ele fosse despedido, irmão Jacob, o que poderia acontecer?"

"Ele entraria na miséria mental da inconformação, e através da insanidade que o desespero provoca, acabaria com a própria vida."

"Essa atitude era esperada na sua proposta de vida?"

"Não, Celeste, não faz parte da sua trajetória terrena. Ele atualmente é um espírito bom, que muito se preparou para esta encarnação e deverá cumprir com coragem e fé a rota traçada antes de reencarnar, quitando, assim, uma dívida que tanto ele quanto sua esposa contraíram no pretérito."

"Poderia explicar-me melhor, Irmão?"

"Em reencarnação passada, esse irmão, apaixonado por uma donzela e não sendo por ela correspondido, contratou um amigo, hoje sua esposa, para que a raptasse uma semana antes de contrair matrimônio com um jovem camponês e a violentasse. Esse procedimento vil e infame deixou-a em estado mental tão lastimável que a infeliz moça foi abandonada pelo noivo, que não conseguiu mais ver a possibilidade de formar a família tão sonhada. Hoje, ele sofre a mesma dor que causou; e sua esposa, o amigo de outrora, reencarnou em corpo feminino para que fosse possível passar pela prova escolhida e amargar a mesma atitude infeliz e desumana que provocou a perturbação mental da moça em questão. É a presença da Lei de Causa e Efeito, Celeste. Esse sofrimento para esses dois espíritos será de suma importância para a evolução de cada um. É necessário prestar muita atenção às ações que se pratica, porque a reação nunca falha, e um dia, mais cedo ou mais tarde, teremos de ajustar nossas contas com as leis divinas."

"Mas, irmão Jacob, e a moça que sofreu este atentado, perdoou os dois algozes?"

"Para que haja o perdão sincero e aconteça a união verdadeira entre esses espíritos, ela vive junto aos seus desafetos do passado. É a filha mais velha desse casal, menina problemática, cheia de conflitos e que necessita de uma dose muito grande de amor e compreensão."

"E eles estão conseguindo cumprir essa tarefa de resgate?"

"Estão, Celeste; com a graça divina, estão. Foram preparados durante muitos anos até que estivessem prontos para novamente reencarnar e vencer nessa prova que assumiram, que é a de reeducar esse espírito que tanto prejudicaram e que receberam como filha com a incumbência de fazê-la novamente acreditar no sentimento do amor. Essa é a razão pela qual nos foi permitido inspirar Maísa, interferindo na atitude de Jaime para que não o despedisse, o que provocaria uma reação que não estava prevista. Hoje eles são espíritos bons, seguidores das leis divinas, e mereceram essa interferência espiritual para que sua trajetória não fosse quebrada por uma atitude impensada; atitude essa sem a menor intenção de fazer o mal ou prejudicar o próximo, no caso, seu patrão. Hoje ele é um homem bom e generoso, que cumpre sua tarefa alicerçado na Doutrina Espírita, e essa tarefa se faz necessário que ele cumpra até o dia do seu desencarne, seguindo a vontade de Jesus. A sua ingenuidade caracteriza sua boa-fé."

"Os encarnados precisam pensar bem antes de interferir na vida de alguém, não é mesmo, irmão Jacob?"

"É verdade, Celeste. Todas as atitudes em relação ao próximo devem ser pensadas e repensadas antes de serem adotadas. Pode-se mudar a rota de uma vida quando se age levianamente, e acontecem mudanças que surpreendem até a nós, espíritos."

"Já estou sabendo que esta casa será palco de muitas lágrimas, é isso?"

"Quando o sofrimento chega, sempre quer mostrar e dizer alguma coisa a quem o sofre. Alguns irmãos compreendem primeiro o significado da lição que a vida está lhe passando; outros necessitam ir até o fundo do poço para conseguir enxergar. Nesse caso, Deus coloca bastante peso no mergulhador para que ele possa encontrar a pérola da evolução, e Jaime será um daqueles que precisam ser empurrados até o fundo para que seja possível encontrar o que não conseguiu na superfície. A sua própria vida florescerá sua alma, e, através da dor, aprenderá a amar."

Os dois espíritos seguiram rumo à espiritualidade, deixando Maísa ainda procurando respostas para sua conduta. Para ela, inexplicável. A chegada de Jaime tirou-a de suas reflexões.

— Querida, afinal, como está o caso de Alberto em relação a Cássia? O detetive já apresentou algum relatório?

— Sim, mas nada que tivesse algum significado maior. O que realmente interessa ainda não aconteceu.

Alberto, em seu escritório, andava de um lado para o outro, preocupado com o fato de não ter tido mais nenhuma notícia de Cássia desde o dia em que ela estivera em seu escritório acertando sua demissão.

Júnior, entrando na sala de seu pai, perguntou-lhe:

— Pai, por que fica andando de lá para cá, sem parar? Da minha sala escuto os seus passos. O que o senhor tem, por que está tão ansioso, preocupado?

— Nada, filho.

— Como nada! Não para de andar. Alguma coisa o está afligindo, conheço-o muito bem. O que é?

— Está bem. Realmente estou apreensivo por causa de Cássia.

— E o que foi que ela fez agora, pai? Qual é a novidade?

— Novidade nenhuma, filho, é isso o que está me preocupando. Há tempos ela não dá notícia.

— E o que tem isso? Não me diga que está tendo uma recaída!

— Que recaída que nada, Júnior! Estou preocupado com a criança. Afinal, ela está esperando um filho meu.

— Pai — disse Júnior, com cautela para não ofender ou magoar o pai —, não entre de cabeça nessa gravidez. Vamos esperar a criança nascer e depois veremos o que se pode fazer para solucionar o caso.

— Solucionar o que, meu filho? Você continua ainda duvidando dela, é isso?

— Pai, não vou negar nem mentir para o senhor: duvido, sim, duvido muito dela, e não sou só eu quem duvida. Armando e Deise também pensam como eu. Não cremos que esse filho seja mesmo do senhor; ao contrário, temos forte impressão de que não é.

— Então vocês acreditam que ela me traiu?

— É mais prudente não tirarmos conclusões precipitadas. Nós esperamos a criança nascer, o senhor pede o teste de paternidade e tudo fica definitivamente esclarecido.

— Escute bem o que vou lhe dizer, Júnior, e é bom que diga também aos seus irmãos: eu não vou pedir nenhum teste de DNA, porque acredito que Cássia nunca me traiu. Por mais defeitos que tenha, infiel ela não é. Vamos parar com esse assunto!

Júnior, com receio de desentender-se com o pai, concordou em encerrar a conversa, receoso de deixar Alberto mais nervoso ainda.

— Está bem, pai, vamos aguardar. Se a verdade está escondida, com o tempo ela aparecerá. Estarei em minha sala; se precisar, é só me chamar.

— Obrigado, meu filho.

Assim que Júnior se retirou, Alberto colocou o rosto entre as mãos e disse para si mesmo:

— Meu Deus, onde é que fui me meter? Ajude-me a resolver essa questão com justiça. Não quero prejudicar Cássia, e muito menos a criança.

Leandro e Andréia conversavam animadamente sobre o projeto tão sonhado, que vinha tomando forma mais concreta.

No papel, estava praticamente pronto. Leandro optara por construir uma oficina com cursos profissionalizantes; aulas de educação física, jogos, música e teatro, satisfazendo, assim, às aptidões de cada um. Acreditava que com essas atividades conseguiria tirar das ruas os menores, dando-lhes chance de melhorar suas vidas. Incluíra palestras de profissionais da área da educação para orientá-los, direcionando-os para o caminho do bem e do trabalho, dando-lhes suporte emocional e introduzindo lentamente a presença de Deus em seus corações pequenos, mas já sofridos.

— Leandro, tudo isso me parece um sonho! — exclamou Andréia. — Pensei que fosse algo mais simples, entretanto, o que você me apresenta considero grandioso demais.

— Querida, de fato parece um sonho, mas vou lutar para torná-lo realidade. É grandioso, concordo com você, também acho; mas não adianta fazer uma coisa para meia dúzia de crianças e deixar as outras do lado de fora da cerca. Temos de lutar para abranger o maior número possível de crianças e adolescentes.

O Preço da Ambição 147

Lutar para tirá-los das ruas, das drogas, dos perigos, mostrando-lhes uma alternativa e uma possibilidade de vida melhor.

— Penso exatamente como você, Leandro, mas algo me preocupa: como vamos fazer para conseguir o dinheiro que este projeto exige?

— O dinheiro virá dos sócios. Vou atrás dos empresários ricos, e conheço muitos deles que, acredito, se sensibilizarão. Como lhe disse, a idéia é formar uma associação cuja função dos sócios será unicamente contribuir com a manutenção do projeto.

— E você acha mesmo que conseguirá?

— Estava conversando com um amigo, e ele me falou algo que me deixou confiante.

— E o que foi?

— Que eu não desanimasse, porque, quando o trabalhador está pronto, o trabalho aparece.

Andréia cada vez mais admirava o marido, sua força, aliada à coragem e à fé.

— Ele tem razão, Leandro, não se pode desanimar. Se tiver de ser, será. Se for trazer mesmo benefício para os jovens, se for para se tornar um trabalho sério, edificante, sem nenhum outro interesse senão o bem do próximo, Deus abrirá os caminhos. O tempo de espera será o necessário para você se preparar e amadurecer.

— A primeira preocupação será a compra do terreno, que terá de ser próximo à população carente.

Andréia levantou-se e beijou o marido.

— Esse terreno virá. Confie em Deus, que ele virá.

— Como você disse, o que tiver de ser, será. — E Leandro retribuiu o beijo da esposa.

Andréia levantou-se e foi atender à solicitação de seus filhos. Assim que se viu sozinho, Leandro voltou às suas conjecturas. "A primeira medida que devo tomar é, sem dúvida nenhuma, comprar um terreno", pensava. "E Tião poderá ajudar-me, pois conhece todos ali. Acredito que deve saber melhor sobre a possibilidade de adquirir um terreno naquelas imediações."

A idéia amadureceu e, na manhã seguinte, antes de ir para seu escritório, Leandro foi falar com Tião. Ele, assim que o viu, alegrou-se e disse-lhe, bem à vontade:

— Dr. Leandro, que surpresa agradável, o senhor sumiu! Cheguei a pensar que havia se esquecido de nós.

— Como vai, Tião? — cumprimentou-o Leandro, também com satisfação. — Realmente dei uma sumida, mas não foi esquecimento; ao contrário, estive muito ocupado com meu trabalho e, paralelamente, procurava pessoas que se interessassem pelo projeto. Mas tenho uma surpresa, Tião, olhe!

Empolgado, Leandro abriu os projetos em cima de uma mesa e foi explicando a Tião como tudo seria. Tião, em sua simplicidade de homem acostumado às dificuldades da vida, mal acreditava no que ouvia e via.

— Dr. Leandro, isto é fantástico! Será mesmo verdade que o senhor conseguirá realizar este trabalho? Deve ficar muito caro.

— O dinheiro para construir eu tenho, Tião. Preciso agora é conseguir mais pessoas que colaborem na manutenção da oficina.

— E qual será o primeiro passo para isso?

— Foi para isso que vim, Tião. O primeiro passo é a compra de um terreno aqui nas proximidades, o que facilitará a ida e vinda das crianças, que não precisarão pagar condução, pois bem sei não terão condições de arcar com esse gasto. Além do mais, quero um lugar que fique aberto até as vinte e duas horas. Desse modo, acredito eu, os jovens passarão o tempo que hoje é ocioso aprendendo e recebendo orientação segura.

Tião chegou a ficar emocionado.

— Que Jesus abençoe o senhor! Até hoje, ninguém se interessou por nós dessa maneira e sem querer nada em troca, nem voto.

Leandro sorriu e respondeu:

— Pode ficar sossegado que nem voto vou querer, não me meto em política. Quanto a Jesus me abençoar, Ele já me abençoou, Tião, ao permitir que tivesse uma família unida e saudável e dando-me dois filhos perfeitos e inteligentes. Apenas quero retribuir os benefícios que recebo distribuindo um pouco do muito que tenho. Se essas crianças não puderem ter tudo o que meus filhos têm, pelo menos que tenham um pouco mais de orientação e dignidade.

— Pessoas como o senhor existem poucas! — exclamou Tião, cada vez mais impressionado com a atitude de Leandro.

— Mas vamos voltar ao que realmente interessa: o terreno. Você conhece alguém que possua algum por aqui e queira vender?

Tião pensou um bocado. Coçou a cabeça e de repente lembrou-se de um terreno que ficava próximo dali, como Leandro queria, e acreditava que havia muitas chances de Leandro conseguir comprá-lo.

— Lembrei-me de um que poderá dar certo. Não é muito grande, mas imagino que será o suficiente para comportar seu projeto.

— Sabe a quem pertence?

— Claro. Pertence à dona Josefa, uma das primeiras moradoras dessa região. Todos a conhecem. Seu marido morreu vai completar um ano; desde então está sem nenhuma serventia para ela, pois ele tinha um depósito de ferro-velho nesse terreno. Dona Josefa decidiu vendê-lo e ir morar com a filha em outra cidade. Mas está muito difícil para ela fazer o negócio, porque quem mora aqui não tem dinheiro, e quem tem não quer vir morar aqui de jeito nenhum.

— Seria possível irmos até lá para que eu pudesse vê-lo?

— Sim, podemos ir agora se quiser.

— Gostaria muito, Tião.

— Então, vamos.

Tião, com um grito, chamou a esposa, pedindo-lhe que ficasse na venda enquanto acompanhava Leandro.

Dona Josefa recebeu-os bem e não tentou disfarçar sua alegria e ansiedade em aparecer alguém interessado em sua propriedade. Era um terreno de quinhentos metros quadrados e ficava localizado em uma parte mais alta da favela — o que o protegia das constantes enchentes —, bem próximo ao asfalto, o que facilitaria levar água encanada e luz.

Leandro gostou e realmente interessou pela compra. Após verificar que os documentos e a escritura estavam em ordem, acertaram o preço e combinaram para que o contrato de compra e venda fosse efetuado nos próximos dias.

Tanto Leandro quanto Josefa ficaram satisfeitos com o transação. Cada um realizava ali seu desejo de dar novo sentido à própria vida. Josefa, desde que ficara viúva, sonhava em ir morar com a filha, e Leandro dava o passo inicial para a realização do seu objetivo.

Saiu acompanhado de Tião.

— Dr. Leandro, o senhor vai provocar uma reviravolta aqui nesta comunidade, que é tão esquecida que já perdeu a capacidade de sonhar. Todo mundo aqui conhece a história de Talita e o que o senhor fez e está fazendo por ela. Esse seu projeto trará de volta para as outras crianças a oportunidade de cada uma, de uma forma ou de outra, também realizar seu sonho e se sentir amparada.

— É, Tião, mas ainda há uma longa caminhada pela frente para que tudo isso aconteça da maneira como imagino e gostaria que fosse. Este foi só o primeiro passo.

— Mas os passos seguintes virão, dr. Leandro, e acontecerá mais rápido do que o senhor imagina.

— Deus o ouça, Tião. Bem, agora preciso ir trabalhar.

Despediram-se.

Ao chegar em casa, Leandro relatou a Andréia tudo o que acontecera. Seu entusiasmo contagiou a esposa, que apoiava o marido, comungando do seu ideal.

— Daqui a quatro ou cinco dias, mais ou menos, acredito que tudo estará resolvido. A partir daí, é só começar a batalhar para iniciar a construção da oficina.

— Desculpe-me por perguntar, Leandro, mas é você quem vai comprar sozinho o terreno?

— Sim, Andréia, sou eu. Você se importa?

— Absolutamente. Esse dinheiro não vai nos fazer falta. E depois, suas atitudes só me enchem de orgulho. Eu te amo, Leandro!

Leandro, emocionado, beijou a esposa e lhe disse ao ouvido:

— Também amo você, Andréia, muito. Agradeço a Deus por ter colocado em minha vida alguém tão especial como você.

Beijaram-se, extravasando todo o amor que os unia.

Capítulo X

A trama perversa por um fio

Cássia e Lucas tomavam um chá, acomodados a uma das mesas da cafeteria, que ficavam na calçada. Conversavam animadamente sem prestar maior atenção às pessoas que os rodeavam.

Lucas, por breves instantes, segurou as mãos de Cássia entre as suas e, olhando-a nos olhos, disse-lhe tentando acalmá-la:

— Querida, não entendo o seu nervosismo. É normal que Alberto não a procure mais. Afinal, o último encontro de vocês por ocasião de sua demissão não foi dos mais agradáveis.

— Não, Lucas, não concordo com você. O certo seria ele estar preocupado comigo, com a criança, sei lá. Esse silêncio me deixa nervosa e preocupada.

— O que importa, Cássia, não é a preocupação dele agora, mas a preocupação dele depois, ao reconhecer o filho que ele julga ser dele. Esse registro é que nos dará a autonomia que tanto esperamos.

— Mas é justamente por isso que estou preocupada. Tenho receio de que Alberto insista nessa tolice de teste de DNA. Se isso de fato acontecer, todos os nossos planos vão por água abaixo. De que terão adiantado os esforços que fiz por todo esse tempo? É duro perceber que nada valeu a pena. Acha que foi fácil andar com um velho que poderia ser meu pai só para conseguir solidificar nossa situação financeira?

— Eu sei, querida, deve ter sido mesmo muito difícil para você. Mas não se esqueça de que também foi para mim. Não foi fácil saber que estava com ele; ficava imaginando o que estariam fazendo, o que Alberto estaria lhe dizendo, enfim, tinha muito ciúme, você sabe disso.

— É, mas o plano foi seu; quem inventou tudo isso foi você.

— Não estou reclamando de nada, nem recriminando você, Cássia, só quero que saiba que foi difícil para nós dois.

— Só o que valeu a pena foi o dinheiro que consegui guardar e as jóias que Alberto me deu, que por sinal são muito valiosas.

Cássia e Lucas viam-se tão despreocupados e envolvidos que não perceberam um senhor sentado bem próximo a eles, que, como se fosse um turista, tirava fotos e mais fotos dos dois. Era Francisco, o detetive contratado por Maísa, que, com um gravador, tentava registrar a conversa que ouvia.

Lucas aproximou-se mais de Cássia e deu-lhe um beijo nos lábios, o que acabou sendo o desfecho que Francisco tanto esperava. Francisco, em um gesto audacioso, tentou ainda uma última prova da traição de Cássia. Levantou-se e dirigiu-se ao casal.

— Perdoem-me por incomodá-los, mas poderiam informar-me qual a direção do centro da cidade?

— Sou de fora e, para ser franco, estou completamente desorientado nesta cidade tão grande.

— Pois não — respondeu Lucas, gentil, ficando de pé para melhor dar a informação solicitada.

Francisco, demonstrando surpresa, comentou:

— Percebo agora que está grávida, senhora. Minha filha mais velha também está, logo serei avô. A senhora deve ter mais ou menos a idade de minha filha, é tão jovem quanto ela. Perdão por perguntar, mas o senhor é o pai?

Lucas, orgulhoso, afirmou:

— Sim, é o nosso primeiro filho e estamos ansiosos para tê-lo em nossos braços.

— Meus parabéns, vocês formam um casal muito bonito. Bem, estou tomando muito o tempo de vocês, desculpem-me. Poderia explicar-me como se chega ao centro?

— O senhor está de carro?

— Estou.

— Assim fica mais fácil — respondeu Lucas, que deu-lhe a explicação pedida.

Fingindo ter entendido, Francisco agradeceu e retirou-se.

— Simpático esse senhor — Lucas comentou. — Viu como ficou emocionado quando falou da filha dele, que também está grávida?

— Tem razão. Mas não sei por que senti uma coisa estranha perto dele.

— Não me venha com suas intuições, por favor, Cássia.

— Deixa pra lá. Coisa de mulher grávida — falou Cássia, sorrindo.

Francisco, em seu carro, pensava no que fizera. Questionava-se se tudo era válido para conseguir uma informação. Pela primeira vez, usara uma mentira para alcançar seu propósito, gravando para obter informação segura.

"Com esta gravação em que ele afirma ser o pai, o sr. Alberto não terá mais nenhuma dúvida quanto à traição da moça. As fotos falarão por si mesmas. Fiz uma coisa desprezível, mas também acredito que mais desprezível é o que esses dois estão tramando contra o sr. Alberto. Dona Maísa tem razão, não é justo deixá-lo cair nas garras dessa aventureira."

Fazia seu caminho e pensava em como sua profissão era difícil. "Mas é a única coisa que sei fazer", concluía. "Minha tarefa é conseguir as provas concretas que o cliente espera e tem direito, já que pagou por isso."

"Como as pessoas enganam umas às outras!", continuava com suas considerações. "Dissimulam seus sentimentos com o único intuito de conseguir algum benefício próprio. Não se importam com a dor que possam deixar em seu caminho e com os espinhos que cravam no coração dos outros. Tudo para essas pessoas é válido, desde que sejam beneficiadas."

Chegando em casa, imediatamente ligou para Maísa:

— Dona Maísa, como vai?

— Sr. Francisco — respondeu Maísa assim que ouviu a voz do detetive do outro lado da linha.

— Tenho novidades.

— Verdade?!

— Sim, e mais do que isso. Estou com provas contundentes de que a moça trai, sim, o sr. Alberto e que, pelo visto, esse relacionamento já existia desde o início do caso dela com o sr. Alberto, os dois corriam paralelos.

— Não me diga! — Maísa sentiu-se vitoriosa.

— Digo, sim, e afirmo que é a mais pura verdade. Gostaria de levá-las até a senhora para que avaliasse por si mesma. Poderia ser amanhã?

— Claro, mas não aqui na minha casa. Façamos o seguinte: eu telefono para o filho dele e marco uma hora para nos reunirmos e examinarmos todos juntos as provas que o senhor diz que tem.

— Faça isso, dona Maísa.

— Farei. Assim que tiver tudo acertado, ligarei para o senhor avisando.

— Tudo bem, estarei aguardando.

— Passe bem. — E Maísa desligou o telefone.

Jaime, entrando na sala onde a esposa estava, indagou:

— O que é isso, falando sozinha?

— Jaime, você não imagina o que houve.

— É melhor você me dizer, porque realmente não imagino.

— O sr. Francisco ligou e disse que já possui as provas de que Cássia trai Alberto.

— Verdade! Que coisa, hein? Mas o que garante que as provas são verdadeiras?

— Isso eu não sei, Jaime. Só estando com ele e verificando o que tem para nos mostrar. Acredito que não forjaria nada.

— É verdade, quem o indicou para mim disse que Francisco é um detetive muito sério, que trabalha com honestidade. Não ludibriaria ninguém.

— Eu não lhe disse, Jaime? Tinha certeza de que isso aconteceria. Cássia nunca me enganou; sempre a considerei uma pessoa falsa, dissimulada, e agora a prova está aí.

— Você, hein, Maísa?! Quero morrer seu amigo.

— Deixe de ser bobo, Jaime. Nunca ouviu falar que quem não deve não teme? Se você não tem nada a esconder, não tem com o que se preocupar.

— Garanto-lhe que nada devo, portanto, não perca tempo nem gaste dinheiro com detetive atrás de mim, pois ele nada achará.

Maísa abraçou o marido. Com jeito dengoso lhe disse:

— Quanto a isso, não precisa se preocupar, meu querido, porque o que mais me encanta no nosso relacionamento é justamente a franqueza, a transparência que existe entre nós dois. Sei que se um dia você não me quiser mais será sincero e me dirá. Ou estou enganada?

— Não, não está. Sempre agimos com lealdade um com o outro, não vejo por que haveríamos de mudar nosso comportamento.

Desviando completamente o rumo da conversa, Maísa inquiriu:

— Afinal, você não me disse o que resolveu a respeito daquele seu funcionário.

— Fiz o que você sugeriu. Chamei-o e, após uma conversa detalhada na qual coloquei todos os pontos da sua irresponsabilidade e imprudência, da proporção a que poderia chegar seu ato inconseqüente, dei-lhe nova chance para continuar na empresa.

— E qual foi a reação dele?

— Primeiro, chorou, sentiu-se envergonhado e tentou explicar que não tinha nenhuma intenção de dar um desfalque. Explicou que agira movido pelo enorme desespero que o acometeu, e por conta desse sofrimento não conseguiu raciocinar direito e acabou fazendo essa bobagem que poderia ter-lhe custado, na melhor das hipóteses, a perda do emprego de que precisa tanto. Por fim, se desculpou, pediu perdão e tudo saiu a contento. Aceitei suas desculpas, e ele continuou no seu cargo.

— E a esposa, sabe como ela está?

— Sei que já recebeu alta do hospital, mas, segundo ele, está tão abalada que vai necessitar de terapia para ajudá-la a superar o trauma.

— Você agiu muito bem, Jaime. Já basta o sofrimento pelo qual está passando, acrescentar mais um seria desumano.

— Bom, mas não quero ficar falando sobre isso; aconteceu, foi resolvido. Agora, tenho de ficar atento para que não aconteça de novo com outro empregado. Aliás, deixei isso bem claro para os outros funcionários: se tornar a acontecer, o responsável será rigorosamente punido, com a perda do emprego e um processo nas costas.

— Não vai acontecer outra vez, relaxe, Jaime.

Batendo à porta, Gregório entrou trazendo uma bandeja com fumegante cafezinho. Assim que viu o mordomo, Jaime olhou diretamente para ele e, inexplicavelmente, experimentou uma sensação incômoda. Nunca havia reparado em Gregório, a quem olhava como se fosse uma peça de decoração da casa. Não entendia por que, mas de repente observou-o com mais atenção.

— Está me olhando com um ar sério, senhor. Incomodo-o em alguma coisa?

— Não, Gregório, não me incomoda em nada. Apenas achei-o semelhante a alguém, e não consigo lembrar quem possa ser. Mas deixe isso para lá, não é nada importante. Sirva-me o café.

— Pois não.

Maísa, atentando ao que dissera o marido, reparou também em Gregório para ver se o achava parecido com algum conhecido.

— Engraçado... Há tantos anos você trabalha aqui, Gregório, e é a primeira vez que o observo mais demoradamente.

Sabe o que acho? Jaime tem razão, você realmente lembra alguém, mas não sei quem é.

— Deixe isso para lá, Maísa, é coisa sem importância, como já disse. Pode ir, Gregório.

— Com licença, senhor.

Assim que o mordomo saiu, Maísa dirigiu-se ao marido:

— Agora me dei conta de que nunca havia reparado em Gregório, foi a primeira vez que o olhei com atenção. Como pode uma pessoa morar em nossa casa todo esse tempo e nós nem termos reparado em seu rosto?

— É esquisito, não? Geralmente os empregados se tornam uma presença ausente, quer dizer, passam a ser apenas serviçais sem maior influência em nosso dia-a-dia, a não ser para nos servir.

— Isso até que passemos a precisar muito deles. Aí, percebemos o quanto são leais a nós.

Maísa lembrou-se de Andréia.

— Sabe, Jaime, talvez estejamos mesmo precisando prestar mais atenção às pessoas a nossa volta.

— Por favor, Maísa, não comece com a sessão Leandro e Andréia.

— Desculpe-me. — Maísa se calou, mas seu pensamento foi novamente de encontro à amiga e às coisas que ela lhe dissera.

"Por que estou sempre pensando em Andréia e em tudo o que ela me fala?", dizia a si mesma. "Alguma coisa dentro de mim está mudando, e não consigo definir o que seja realmente. É melhor parar de pensar nisso. Se Jaime desconfiar, será briga na certa."

Alberto não agüentou mais a ansiedade e ligou para Cássia. Ao atender, Cássia percebeu que ainda o tinha nas mãos devido à maneira como ele se dirigiu a ela:

— Você desapareceu, Cássia, está tudo bem com você e a criança?

— Conosco está tudo bem. E com você, Alberto?

— Vou caminhando, trabalhando muito, enfim, seguindo minha vida da melhor maneira possível.

— Alegro-me em saber que está tudo bem com você.

— Fale-me sobre sua gestação. Está fazendo o pré-natal?

— Óbvio que sim, Alberto. Não me descuidaria com uma questão tão importante, que é o meu filho! — exclamou, com a intenção de provocar Alberto, o que conseguiu.

— Seu filho?! Você quer dizer nosso filho, não?

— Quero dizer meu filho, sim. Você duvidou tanto de mim, queria provas de que esta criança é realmente sua, que achei melhor considerá-la só minha.

— Por que essa amargura, Cássia? Lembro-me de ter pedido desculpas a você.

— É que certas coisas magoam tanto, Alberto, que muitas vezes não temos outra saída senão dar por encerrado o assunto. Para mim, este filho é só meu, não quero obrigá-lo a nada. Vou criá-lo com o maior amor do mundo, sozinha, sim, mas tudo farei para que nada lhe falte. Nós dois nos bastaremos.

Alberto sentia-se constrangido. "Não devia ter duvidado dela", pensava. "Sei que Cássia está falando a verdade, preciso fazê-la acreditar que quero essa criança."

— Escute, Cássia, tire essa mágoa do coração. Passamos momentos muito felizes juntos, pelo menos para mim, e não entendo até hoje como tudo foi acontecer, desmoronar de uma hora para outra, em plena viagem de férias. Você não está me obrigando a nada, e eu faço questão de participar efetivamente da chegada e da vida do meu filho. Aliás, é por causa disso que estou lhe telefonando.

— Como assim, o que você quer dizer?

— Quero que você me diga a data provável do parto, o hospital, tudo, enfim. Faço questão de acompanhar de perto o nascimento desse bebê para ter certeza de que nada lhes faltará. Quero que tenham tudo de melhor e, estando perto, poderei me certificar disso.

— Obrigada, Alberto, mas não quero lhe trazer transtorno, incomodar você.

— Cássia, desde quando o nascimento de um filho é transtorno para seus pais? Deixa disso, não é pelo fato de termos nos separado que vou me separar de meu filho. Faço questão absoluta de estar presente.

— Está bem, Alberto. Vamos fazer assim: quando chegar a hora, eu aviso e você virá me buscar, está bem?

— Está. Eu fico aguardando. Você sabe onde me encontrar. Não esqueça.

— Não esquecerei, pode ficar tranqüilo. Mas não faça nada antes que eu o chame.

— Está bem.

— Então, até outro dia, Alberto, preciso desligar, depois a gente se fala.

— A gente se fala.

Assim que desligou, Cássia soltou uma gargalhada tão sonora que Lucas surpreendeu-se e perguntou:

— O que é isso, Cássia? Por que está rindo dessa maneira? Alberto contou alguma piada?

— Estou rindo porque nossas dúvidas... ou melhor, minhas dúvidas e meus medos terminaram.

O Preço da Ambição 163

— Como assim?

— Lucas, ele não tem intenção de pedir teste algum, porque não tem a menor suspeita de que esta criança não seja dele. Nunca conheci ninguém tão ingênuo. Podemos ficar tranqüilos, querido, nosso futuro está definitivamente garantido.

— Está falando sério?

— Lógico!

— E por que tem tanta certeza?

— Dei uma de ofendida, mexi com o emocional dele, disse-lhe que não queria obrigá-lo a nada. Alberto não se conformou, quer estar presente na chegada e na vida do filho dele. Não quer que nada nos falte. Você ouviu bem o que eu falei: Alberto não quer que nada nos falte, e eu vou cuidar para que realmente seja assim.

— Só tem um problema, Cássia.

— Qual?

— Ele vai querer ir com você para a maternidade, não é isso?

— Exatamente.

— Só que eu também faço absoluta questão, e não abro mão de estar com você nesse momento. Vamos receber nosso filho, juntos. Não me peça o contrário, Cássia.

— Quanto a isso, meu bem, não existe o menor problema.

— Por quê?

— Porque fiquei de chamá-lo no momento de ir para a maternidade e frisei bem para que Alberto aguarde meu telefonema. Só, meu amor, que eu telefonarei um dia depois; assim, teremos tempo de curtir nosso filhinho. Só nós dois e nosso bebê.

— Entendo. E como explicará o fato de não tê-lo chamado?

— Ora, muito simples. Direi que me senti mal, fui levada pela minha vizinha até a maternidade e, como ela trabalha, deixou-me lá após minha internação, voltando só no dia seguinte. Como não estava me sentindo bem e entrei em trabalho de parto, apenas no dia seguinte, quando ela voltou, foi que pedi para que telefonasse para ele. Garanto que Alberto achará tudo normal e não questionará nada.

— Puxa! Você pensa em tudo, hein? Mas só tem uma detalhe.

— Qual?

— Quem vai ligar para ele se passando por sua vizinha? Alberto sempre soube que você não se relacionava bem com a maioria dos moradores do prédio.

— Você vai ligar para ele.

— Eu?!

— Sim, Lucas. Dirá que é o marido dela. Como a vizinha estava comigo na maternidade, pediu a você que ligasse.

— E Alberto não achará estranho não ter telefone nessa maternidade?

— Conhecendo Alberto como conheço, nem se dará conta desse pormenor. Porém, se for preciso, na hora invento qualquer desculpa.

— Você é quem sabe. A mim só importa estar a seu lado na hora do parto.

— E estará — Cássia garantiu.

Maísa, atendendo ao pedido de Francisco, ligou para Júnior marcando para a tarde seguinte uma reunião, para a qual pediu que tanto Deise quanto Armando estivessem também presentes. Diante do temor de encontrar com o pai e acon-

O Preço da Ambição 165

tecer algum incidente desagradável, Júnior achou melhor realizar o encontro em sua própria casa, com o que todos concordaram.

— No escritório papai poderia aparecer e desconfiar de alguma coisa e, por enquanto, não quero aborrecê-lo — dissera.

Cada um guardava dentro de si a expectativa e a ansiedade natural em casos como esse.

— Não quer me acompanhar amanhã, Jaime? — Maísa perguntou ao marido.

— Prefiro ficar fora disso, Maísa. Alberto é meu amigo. Receio que com o que será mostrado possa ficar indignado, e você sabe que sou esquentado. É melhor que eu não vá.

— Entendo o seu receio. Quando voltar contarei tudo em detalhes.

Maísa calou-se e deixou sua insegurança à solta. De repente, falou ao marido:

— Jaime, estou pensando que, se o que todos nós imaginamos for realmente verdade, se tudo se confirmar a respeito da traição de Cássia, como vamos dizer isso a Alberto?

— Isso quem vai decidir são os filhos dele, Maísa. Só eles poderão definir como querem usar a revelação. É evidente que, se tudo for como vocês imaginam, o golpe será muito duro para Alberto. Será necessário pensar, avaliar as conseqüências e ter muita diplomacia para não magoá-lo ainda mais.

— É isso o que me preocupa, Jaime. Alberto, além de magoado, acredito eu, ficará envergonhado perante os filhos.

— Pode ser. Mas o que precisamos ressaltar é que os filhos de Alberto querem muito bem ao pai e o respeitam muito. Creio que saberão agir com prudência, sem machucá-lo ainda mais.

— Espero que você tenha razão. Júnior sempre foi o mais comedido, mas Armando é mais estourado, às vezes, temo a reação dele.

— Não pense nisso, Maísa, tudo correrá bem.

— Leandro, você não vem se deitar? — perguntou Andréia, preocupada com o marido, que há horas fazia e refazia contas.

— Já estou indo, Andréia. Só um instante e já termino estes cálculos.

— Mas que contas são essas, Leandro? Algum problema no escritório?

— Não, nada com o escritório, que está indo muito bem, graças a Deus.

— Então o que é, querido, o que está preocupando você?

— Escute, Andréia: o dinheiro para a compra do terreno nós temos, e, fora isso, podemos dispor de mais alguma quantia sem que isso afete nosso patrimônio de uma maneira significativa. Estou acrescentando a quantia que os três sócios me passaram e que vou poder dispor todo mês para a manutenção da oficina.

— É muito pouco?

— Não, ao contrário, é uma soma considerável.

— Então?

— Então que mesmo assim não é o suficiente para a construção e a manutenção diária da oficina. Para que ela

O Preço da Ambição 167

funcione, necessito de mais ou menos duas ou três pessoas que queiram colaborar no patrocínio do projeto, ou alguém tão rico quanto Jaime que se dispusesse a integrar conosco.

— Leandro, às vezes fico pensando... Na cidade já não existem organizações suficientes mantidas pelo governo?

— Andréia, por mais organizações que haja, não são o bastante para amparar todos aqueles que necessitam. É preciso muito mais. Os ricos, aqueles que possuem em abundância o supérfluo, que na realidade não sabem nem como gastar tanto dinheiro e acabam gastando com mais supérfluos, deveriam entender que quanto mais esbanjam fortunas mais agridem aqueles que nada têm, que sofrem de fome e misérias de toda sorte. A violência, Andréia, nasce da inconformação com a desigualdade social. Enquanto a humanidade não entender isso, sofrerão as conseqüências dos próprios atos de egoísmo.

— E por que Deus dá a riqueza para alguns e a miséria para outros?

— Porque cada um nasce trazendo sua história, e a abundância do que precisam para promover sua evolução. Mas nem por isso devemos deixar de acolher os que necessitam e amparar os desvalidos. Na pobreza aprendemos a humildade e a resignação; e na riqueza livramo-nos do egoísmo se praticarmos a caridade e fizermos bom uso dos nossos bens. O que acontece na humanidade, Andréia, é que todos querem tudo maior para a própria vida, e o prudente, o sensato seria querer e se preparar para conquistar o maior amor do mundo, e dentro dessa grandeza abraçar o seu semelhante como seu próprio irmão.

Andréia estava surpresa com o marido. Jamais ele lhe falara daquela maneira.

— Leandro, estou impressionada com tudo o que você me disse, nunca o ouvi falar assim.

— Vou lhe contar um segredo: estou estudando a Doutrina Espírita, os livros básicos, e é de lá que estou tirando toda essa água cristalina que está lavando a minha alma.

— Que bom, querido! Gostaria de ler também. Já fui a tantas reuniões e nunca me dediquei à leitura.

— Mas é muito importante, é aprendendo que se tem discernimento para não cometer enganos.

— Leandro, voltando à conversa inicial, quando você disse que precisaria de alguém tão rico quanto Jaime... Acho melhor desistir se o seu pensamento é justamente conseguir o apoio dele. Acredito que não existe a menor possibilidade quanto a isso.

— Eu sei, mas não descarto por completo a idéia. Em todo caso, se não for Jaime, será outro que aparecerá no meu caminho; alguma porta se abrirá para nós.

— Penso assim também. Em breve espaço de tempo o prédio estará de pé, pronto, e daí a começar a funcionar vai ser mais rápido ainda. O importante é não perder a esperança e desistir, porque o seu sonho, meu amor, se tornará uma realidade.

— Sabe, Andréia, acredito mesmo que a grande chance para alcançarmos conquistas espirituais e deixarmos de ser pessoas mais ou menos e nos tornarmos pessoas inteiras, grandes e nobres, com capacidade de gerar amor e real fraternidade, é justamente esvaziarmos nossos corações do egoísmo e do orgulho, e abri-lo para a solidariedade e o amor universal.

— Leandro, sou obrigada a repetir: nunca o ouvi falar assim tão bonito e de uma maneira tão envolvente. Você não imagina como estou aprendendo com você.

— Alegra-me ouvi-la dizer isso, Andréia.

A noite cai.

A beleza do entardecer avisa o fim do dia.

Volto meus olhos para meu interior e me pergunto: o que fiz eu neste dia que finda para minorar o sofrimento alheio?

Será que contribuí o suficiente para retirar do mundo tanto egoísmo, exemplificando a fraternidade que compartilha?

Será que minhas lamentações são mais úteis que a coragem de lutar, que a esperança de acreditar que amanhã tudo poderá ser diferente se eu quiser e me esforçar para isso?

Temos à nossa frente uma imensidão de possibilidades para nos esforçarmos, tornando nossas atitudes coerentes com a simplicidade dos atos sinceros.

Sejamos o ombro amigo... as mãos laboriosas... e as palavras que incentivam.

Vamos dar força à generosidade que nos faz melhores, e assim sentir em cada fibra do nosso ser que Deus está presente em nós e que nos ama como só Ele pode amar.

Sônia Tozzi

Capítulo XI

A traição

Maísa pediu ao motorista que a deixasse a seis quadras da casa de Júnior.

— Não é muito longe para ir a pé, senhora?

— Não. Quero caminhar um pouco e admirar todo o encanto dessa tarde ensolarada. Pode ir. Assim que a reunião terminar, telefono e você vem me buscar.

— Pois não, senhora.

Maísa respirou fundo, como se querendo que toda aquela manifestação de vida da natureza entrasse em seu coração, possibilitando a ela sentir-se fazendo parte da criação divina.

Caminhava a passos lentos. Havia dias guardava para si a inquietação em descobrir o que de verdade existia além desta existência. Em seu último contato com Andréia, a amiga lhe falara da existência de um outro mundo; o mundo do qual todos nós viemos, ou seja, nossa verdadeira pátria.

"Tudo o que Andréia me disse parece-me irreal, fantasioso mesmo", dizia para si mesma. "Mas devo admitir que em tudo o que ela expôs havia muita coerência e lógica, que chegou até a me assustar."

Maísa avistou uma pequena praça e para lá se dirigiu. Sentou-se em um banco e, ao mesmo tempo que seus olhos procuravam a beleza das flores, seu coração cada vez mais se tornava ávido de saber, de descobrir e conseguir alcançar o raciocínio de Andréia.

Pensava: "Se realmente possuímos um espírito, como ela disse, e se esse espírito é eterno, quando morremos devemos ir para algum lugar que deverá ser bom ou de sofrimento, compatível com o que fizemos aqui na terra. Acredito que deva ser assim. Talvez seja por isso que tanto Leandro quanto Andréia falam tanto em amar o próximo. Deve ser esse o caminho que nos leva ao lugar bom e, conseqüentemente, à felicidade".

Lembrou-se de Jaime e da vida que os dois levavam, nada fazendo que não fosse satisfazer a si próprios. "Tentarei falar sobre isso com Jaime. Pode ser que ele concorde em ajudar Leandro na elaboração do seu projeto."

Celeste, sentada ao lado de Maísa, inspirava-lhe pensamentos de altruísmo e de amor. Encostando-se mais em seu corpo, disse-lhe:

"Irmã, não deixe que a semente do amor fraternal que foi plantada em seu coração desapareça. Ela está ainda muito frágil, mas cabe a você fortalecê-la e fazer com que produza bons frutos. Acredite nos planos de Leandro e se empenhe em ajudá-lo a realizá-los, pois é uma tarefa nobre. Pense nos benefícios que receberão crianças que nada possuem, mas que sonham como todas as outras; adolescentes que vivem espalhados nas ruas sem nenhuma direção segura, cometendo atos de violência contra os outros e contra si próprios. É preciso dar uma direção a esses irmãos para que retomem o caminho do bem. Esse é o caminho, irmã. Aprenda a trilhá-lo com alegria no coração; compartilhe o que tem demais com aqueles que pouco ou nada possuem. Mantenha seu pensamento em Jesus e verá facilmente o caminho."

Maísa nada registrava das palavras de Celeste. Mas uma sensação de paz e alegria tomou conta de todo o seu ser. Era como se uma porta se abrisse, permitindo que visualizasse a felicidade que espera aqueles que promovem a felicidade dos outros.

"Que sensação gostosa e estranha estou sentindo... Tenho a impressão de que adquiri uma força que não faço a menor idéia de onde vem. Estranho, mas o que sinto agora é um desejo enorme de lutar para que Jaime seja sensível ao apelo de Leandro e o ajude."

Olhando o relógio, percebeu que ficara ali mais tempo do que esperava.

— Estou atrasada para a reunião! — E, com passos rápidos, alcançou a casa de Júnior.

— Pensamos que não viesse mais — disse Júnior assim que a viu.

— Desculpem-me pelo atraso, foi involuntário. O sr. Francisco já chegou?

— Ainda não. Pelo visto, também se atrasou.

Mal Armando acabou de falar ouviu-se o som da campainha.

— Boa tarde — cumprimentou Francisco.

— Entre, por favor — disse Júnior, abrindo mais a porta e convidando-o a se sentar junto aos demais. Em seguida, dirigiu-se a Francisco. — Bem, sr. Francisco, gostaria que fosse direto ao assunto. Estamos todos muito ansiosos.

— Claro, sr. Júnior.

— Antes, poderia nos adiantar se é verdadeira a nossa suposição, se procede a nossa suspeita de que Cássia traía nosso pai?

— Dona Deise, a traição da senhora Cássia é evidente, e vocês poderão constatar por meio das provas que trago, porque são inquestionáveis.

— São provas tão claras assim? — perguntou Maísa.

— Sim, dona Maísa, muito claras.

— Então, vamos a elas — falou Armando, com impaciência.

Francisco, já acostumado com a premência de seus clientes, retirou as fotos de sua pasta e mostrou-as para os presentes. Cada um que olhava se indignava com a audácia de Cássia. Após examinarem demoradamente todas as fotos, Júnior argumentou:

— Não sei se essas fotografias podem ser provas de traição.

Todos se espantaram.

— Como assim, Júnior?

— Eles poderiam ter se conhecido após o rompimento do relacionamento dela com papai.

— Foi oportuna essa sua observação, porque eu também pensei assim. Tanto que providenciei outra maneira de comprovar de vez a traição.

— E qual foi?

— Enquanto eles conversavam sem se preocupar com quem estivesse perto, achei por bem gravar o que na verdade deixou-me admirado em ver tanta frieza nessa moça. A gravação não saiu muito boa, mas dá para entender, e o que ouvi foi mais que suficiente para afirmar que eles se relacionavam antes e durante o envolvimento com o sr. Alberto.

— Coloque então essa gravação.

— Só peço que me desculpem pela má qualidade, mas tenho certeza de que ficarão, como eu, impressionados.

— Por favor, seja um pouco mais objetivo, coloque de uma vez — novamente Armando se impacientou.

— Pois não. Gostaria apenas de dizer que o que fiz é um ato ilegal. Sei bem que não poderia gravar nada sem uma autorização judicial, mas o fiz assim mesmo para que constatassem a deslealdade dessa moça. Não sei se pretendem mostrá-la ao seu pai, mas, seja o que for que decidirem, destruam-na em seguida para que eu não corra o risco de um processo.

— Fique tranqüilo, sr. Francisco, não faremos nada que possa prejudicá-lo.

Francisco colocou a fita no gravador e logo todos ouviam a voz de Cássia e Lucas vangloriando-se do golpe que estavam dando em Alberto. Deise, mais sensível que os irmãos, sentiu-se incomodada e pediu a Francisco que desligasse o aparelho.

— Já escutamos o suficiente para tirarmos nossas conclusões — afirmou.

Francisco olhou para Júnior, que fez sinal para que continuasse.

— Já que começamos, vamos até o fim.

Depois que a gravação terminou, todos se mantiveram em silêncio. Ninguém ousava falar qualquer coisa a respeito, tal era a indignação que sentiam.

O clima tornou-se tenso, e tanto Júnior quanto Armando e Deise foram tomados por uma ira que mal conseguiam disfarçar. Maísa tentava amenizar a situação, mas sem o menor sucesso.

— Se eu pego esta golpista, não me responsabilizo pelos meus atos! — disse Armando, completamente nervoso e sempre impulsivo.

— Calma, Armando — falou-lhe Maísa —, é preciso ter muita calma num momento como esse, em que nossas emoções nos levam a agir precipitadamente. Violência não leva ninguém a lugar algum. Já temos o que queríamos, agora é preciso raciocinar para que possamos agir com cautela. Não podemos nos esquecer de que no meio de toda essa história está Alberto. Não é justo magoá-lo mais do que ficará quando souber de toda esta trama de Cássia.

— Dona Maísa tem razão — concordou Deise —, temos de pensar em primeiro lugar em nosso pai, no quanto ele vai sofrer, e poupá-lo o mais que pudermos.

Francisco, que até então mantivera-se calado, solidário com a dor daqueles filhos, achou por bem intervir. "Minha profissão é mesmo ingrata", pensava.

— Penso eu que não existe mais nenhuma dúvida quanto ao relacionamento paralelo que dona Cássia mantinha enquanto se relacionava com o sr. Alberto; mas é necessário que vocês usem a cabeça e ajam com bom senso e prudência, para não infligir mais sofrimento ao pai de vocês. É justo e natural que se sintam magoados e nervosos, porém devem se lembrar de que a impulsividade não é boa conselheira. Deixem a cabeça esfriar, a poeira baixar. Aí, então, mais calmos, poderão raciocinar direito e acharão uma maneira de colocar o pai de vocês ciente do acontecido de um modo mais equilibrado.

— O sr. Francisco tem razão — falou Maísa. — O importante é que essa trama sórdida foi descoberta a tempo de impedir que Alberto assumisse um filho que não é dele e viesse a sofrer muito mais depois.

— Isso é verdade — concordou Júnior. — O que me revolta é saber que aquela vigarista usou meu pai todo esse tempo só para se dar bem financeiramente.

— E ainda por cima, não satisfeita, quer garantir seu futuro com outro homem através da pensão de uma criança, sabendo quem na verdade é o pai. Isso para mim demonstra a total falta de carinho ou mesmo amizade pelo papai, que a sustentou e manteve seu luxo durante quatro anos, se não me engano — completou Armando.

— E talvez tivesse dado certo se dona Maísa não houvesse desconfiado e se empenhasse em descobrir a verdade. Nós lhe somos muito gratos por isso, dona Maísa.

— Não é necessário me agradecer. O que não podia admitir era ver nosso amigo se envolvendo na lábia de uma aventureira.

— Bem, se me derem licença, preciso ir. Tenho ainda alguns compromissos aos quais não poderei faltar. — Francisco levantou-se. — Espero que tenham ficado satisfeitos com o meu serviço, embora ele não seja dos mais agradáveis. Pensem no que lhes disse e tentem resolver tudo de uma maneira satisfatória, dentro da prudência.

Júnior adiantou-se.

— Sr. Francisco, causaria transtorno ao senhor passar amanhã em meu escritório para acertarmos as contas?

— De forma alguma. Qual o melhor horário para o senhor?

— Meu pai chega por volta das dez horas. Poderia ser às oito, ou, se preferir, no final da tarde, lá pelas dezoito horas. Fique à vontade e vá no horário que lhe for mais conveniente.

— Vou após as dezoito horas, está bem?

— Combinado, estarei lhe aguardando. Ficamos satisfeitos com seu trabalho e achamos até que resolveu em menor tempo do que esperávamos.

— Agrada-me saber. Infelizmente nem sempre trago notícias boas.

— Mas essa possibilidade todos os seus clientes devem saber e esperar.

Francisco despediu-se de todos e saiu satisfeito com o dever cumprido.

Maísa também ficou de pé, com a intenção de se retirar.

— Já vai, dona Maísa?

— Sim, Deise, tenho um outro compromisso à noite, e Jaime me espera.

— Mas ainda não resolvemos como contar tudo isso ao papai. Dar-lhe essa notícia, com todos estes detalhes, vai ser muito duro.

— Acredito que não será necessário relatar-lhe todo o caso em si, basta apenas convencê-lo a pedir a comprovação da paternidade.

— Mas se ele não souber o motivo e achar que é justo e conveniente, não pedirá comprovação nenhuma.

— Sendo assim, façamos o seguinte. Todos nós estamos fora do nosso equilíbrio usual. Vamos seguir o conselho do sr. Francisco e deixar as coisas se acentarem, se acalmarem. Aí, então, pensaremos no melhor jeito de dizer a ele. Nós nos encontraremos daqui a quatro ou cinco dias e resolveremos o que fazer. Você, Júnior, que trabalha e tem acesso a ele durante todo o dia, vá aos poucos preparando seu pai e, se houver oportunidade, vá colocando essa possibilidade em sua mente, para que Alberto possa pensar e, sem perceber, aceitar o fato.

— Farei isso, dona Maísa. A senhora tem razão, não faremos nada, por enquanto. Papai é hipertenso, temos realmente que agir com calma e não machucá-lo tanto.

Após todos concordarem, Maísa retirou-se. Ao chegar à rua, lembrou-se de que havia dispensado o motorista. Olhou à sua volta e notou um táxi vindo em sua direção. "Hoje foi um dia muito diferente para mim, e vou completá-lo fazendo outra coisa completamente oposta ao que faço sempre: tomarei um táxi.

Deu o sinal e imediatamente o táxi parou para que ela entrasse.

Enquanto isso, Alberto, alheio a tudo o que acontecia, remexia em seus papéis e documentos. Queria verificar como andavam seus negócios, visto que havia muito tempo era Júnior quem se mantinha à frente de sua rede de padarias.

"Júnior é um excelente empresário", pensava, satisfeito em ver como tudo estava em ordem. "Quero deixar tudo bem claro para que nenhum de meus filhos sinta-se prejudicado financeiramente, por conta da pensão que terei de dar para meu filho com Cássia. Essa criança não pode crescer sendo alvo de discriminação dos próprios irmãos, e nem sofrer prejuízo quanto à parte financeira. Afinal, queiram eles ou não, é meu filho, e o seu direito é igual ao de todos os outros."

Alberto divagava, empolgado que estava com a perspectiva iminente de se tornar pai outra vez. No fundo, não queria confessar, mas gostava da idéia e sentia-se mais jovem e mais completo.

— Ser pai quando já sou avô chega a ser emocionante — dizia para si mesmo.

Rememorava o tempo em que ele e Cássia estiveram juntos, viajando, passeando, se divertindo. Nunca imaginara que esse relacionamento terminaria assim, de uma hora para outra, e de uma maneira tão imprevista.

"Logo na viagem idealizada e esperada por nós foi acontecer nosso desentendimento e a conseqüente separação. Mas devo admitir que na realidade ela nunca gostou de mim, e é isso o que me deixa mais desolado: constatar o seu fingimento durante tanto tempo, fingimento esse que eu nunca percebi antes. Sabia que Cássia me explorava um pouco, mas achava normal, por ser ela ainda muito jovem, e eu bem mais velho. É, me perdi numa paixão e me dei mal. Agora, disso tudo só restou essa criança, que, não tendo culpa de nada, merece receber todo o amor do mundo, e se depender de mim ela terá."

Estava tão absorto que nem notou a entrada de Júnior em sua sala.

— Pai! — exclamou Júnior. — É a segunda vez que o chamo e o senhor parece nem ouvir. Está com algum problema?

— Desculpe-me, filho, mas estava conversando com os meus botões, como se diz.

— E em que pensava, papai, que o deixou tão ausente? Aliás, ultimamente tenho reparado que o senhor anda muito pensativo. Posso saber o motivo?

— Filho, não queria falar sobre esse assunto, mas estou, sim, muito preocupado.

— Então, fale, pai. Desabafe comigo. Quem sabe não poderei ajudá-lo?

— Sei que você e seus irmãos não gostam que eu toque nesse tema mas...

— Mas o que, pai?

— Estou pensando no filho que vou ter e fico muito apreensivo, temendo que ele venha a sofrer discriminação por parte de vocês, seus próprios irmãos.

Júnior sentiu o coração bater mais forte. Como dizer ao pai que o bebê não era dele sem deixá-lo ainda mais triste e preocupado? "O que devo fazer, meu Deus?", sua voz gritava em seu peito.

— Está vendo? — disse Alberto. — Foi só tocar no assunto e sua fisionomia se transformou. Por que não aceita os fatos como eles são, meu filho?

— Pai, nós já deixamos claro para o senhor que, se esse filho for mesmo seu, vamos aceitá-lo e o amaremos como nosso irmão. Mas o senhor há de considerar que o mais prudente é se certificar de que realmente é seu filho. É o que o bom senso manda fazer.

— Júnior, não posso ofender Cássia duvidando dela, tente me compreender. Quando falei a respeito, ela se ofendeu, e cheguei a me sentir mal com a minha dúvida. Pedir um teste de paternidade é a mesma coisa que dizer a ela que não acredito em sua fidelidade e que duvido até da sua moral.

— Pai, escute: se Cássia não tiver nada a esconder, não se importará em nos dar a prova que pedimos. Se ela se negar, torna tudo muito suspeito. Se Cássia ficou ofendida quando o senhor mencionou o desejo de pedir o teste de paternidade, e lhe disse coisas que fizeram o senhor mudar de idéia, ela apenas fez uma chantagem emocional. Cássia o conhece bem, sabe que o senhor é um homem correto e digno, e além disso se aproveitou da sua emoção de ser pai nessa idade. Já pensou nisso?

Alberto franziu as sobrancelhas. Júnior se condoeu da situação dele.

— Pai, não se ofenda com o que vou lhe dizer, mas acho que o senhor tem receio de tomar conhecimento da verdade, descobrir que foi enganado, traído por Cássia.

— Não sei, filho, pode ser. Afinal, ninguém gosta de ser enganado pela mulher que está com ele já algum há tempo. Traição dói muito.

— Mas vamos supor que isso tenha acontecido. O que isso representaria para o senhor?

— Não tenho ainda uma opinião formada, mas posso lhe garantir, e me desculpe por isso, que sofreria muito. Contudo, isso é só uma hipótese, e não vou me preocupar com hipóteses.

— Acho que deveria ir pensando nessa hipótese, pai.

— Por quê? — A expressão de Alberto mudou radicalmente. — Vocês estão me escondendo algo que descobriram e não querem me contar, é isso?

— Não, não sabemos de nada. Apenas achamos que um assunto sério e importante como esse deve ser tratado com muita cautela, para que você não venha a sofrer mais tarde uma decepção, prejudicando, assim, a própria criança. Pense nisso com cuidado, pai. Aja de uma maneira racional para não se arrepender no futuro.

— Está bem, Júnior, vou pensar no assunto mais detalhadamente. Fique tranqüilo e tranqüilize seus irmãos também.

— Pense em tudo com carinho, lembre-se e analise friamente o comportamento dela durante esse tempo em que estiveram juntos. Verifique se nada aconteceu que pudesse sugerir uma mentira de Cássia, algum fato de explicação duvidosa, enfim, se ela agiu sempre de modo transparente. Não receie magoá-la. Não esqueça que, se agir sem prudência, o magoado poderá ser o senhor.

— Esta bem, filho — disse Alberto, dando a entender ao filho que queria encerrar a conversa.

Mas, assim que Júnior saiu da sala, Alberto se perguntou:

— O que será que ele sabe que não quer me contar? A sua insistência para comprovar a paternidade é muito grande. Só pode ter conhecimento de algumas coisas a respeito de Cássia que eu não sei e ele reluta em me revelar. E, se bem conheço meus filhos, devem estar sofrendo com tudo isso. Vou fazer o que Júnior me sugeriu: pensar.

Jaime ficou indignado ao saber da traição de Cássia, e o que achava pior era a trama elaborada para extorquir dinheiro do seu grande amigo.

— Isso não se faz! — dizia ele a Maísa. — É uma conduta sórdida, de pessoa sem nenhum caráter e nenhuma moral!

— Também acho, Jaime. E por não concordar com essas atitudes infames, fui clara com você desde o início do nosso relacionamento. Pode não ser uma atitude nobre, concordo, mas pelo menos fui absolutamente sincera, não o enganei em nenhum momento. Se você me aceitou foi porque quis, teve a opção de decidir e escolher.

— Maísa, quantas vezes já lhe pedi para não tocar mais nesse assunto? São águas passadas e superadas. Agi com você de acordo com minha consciência. Você era e é a mulher que sempre quis ao meu lado como minha esposa. Sua lealdade me conquistou; ficar a seu lado foi e é uma opção minha.

— Obrigada, Jaime.

Diante do silêncio que se fez, Jaime perguntou à esposa:

— Ficou quieta de repente, o que foi?

— Estou pensando.

— Em quê? Posso saber?

— Sabe o que é, Jaime? Queria muito conversar com você sobre algo que não sai da minha cabeça. Para falar a verdade, nem mesmo eu compreendo o porquê de essa mudança estar acontecendo comigo e fazendo-me pensar cada dia mais sobre isso.

— Diga-me o que é!

— Tenho receio de que você fique irritado comigo.

— Se você não me contar, não saberá se ficarei irritado ou não. Diga.

— Às vezes vem a constatação do enorme poder aquisitivo que temos.

— E daí, Maísa? Não posso acreditar que voltará com aquela conversa de Leandro.

— Calma, Jaime, você insistiu para que eu falasse, agora me ouça.

— Tudo bem, continue.

— Como ia dizendo, temos um poder aquisitivo muito alto, ou melhor, muito além do que conseguimos gastar, e olhe que economia não é o nosso forte.

— E o que tem isso, Maísa?

— Não temos nem pretendemos ter filhos, e o que estou questionando há algum tempo é se estamos agindo certo, se é justo o que fazemos, vivendo em um país onde há tanta miséria.

— Maísa, pelo amor de Deus, o que fazemos de errado?!

— Não se trata do que fazemos, mas do que deixamos de fazer.

Jaime armou-se de toda a paciência e voltou a questionar:

— E o que deixamos de fazer de tão errado que a faz ficar assim tão preocupada?

— Veja, Jaime, usamos nosso dinheiro exclusivamente para nós, e na total maioria das vezes só com coisas supérfluas. Nem solicitações dos empregados, como já aconteceu com Gregório, atendemos. Não auxiliamos ninguém, não prestamos atenção nem nos incomodamos com nada que esteja afetando os outros, fazendo-os sofrer e passar dificuldades, geralmente graves. Penso que poderíamos usar nossa fortuna de um modo mais nobre. O que acha disso?

— Nunca pensei a respeito, portanto não acho nada.

— Gostaria que pensasse, Jaime. Dispor de algum dinheiro para amenizar o sofrimento ou melhorar as oportunidades de vida para os jovens carentes não vai nos deixar, com certeza, menos ricos.

— Estou estranhando muito você, Maísa.

— Eu também, Jaime, mas cada dia penso mais sobre isso.

Por alguns segundos, passou pela cabeça de Jaime que a esposa poderia estar certa. Mas logo retomou sua postura inflexível e lhe disse:

— O que você sugere?

— Por que você não auxilia Leandro, sendo um parceiro dele naquele projeto em que ele tanto sonha?

— Eu sabia! Tinha certeza de que Leandro estava envolvido nisso!

— Engano seu. Ele não sabe absolutamente nada do que se passa comigo. Acredite em mim, Jaime, eu não forço nada, mas parece que nasce dentro do meu coração como uma fonte de água cristalina jorrando, independente da minha vontade.

— Que coisa mais louca, Maísa! Tome cuidado, porque parece até coisa de espiritismo.

— E por que deveria tomar cuidado se está me fazendo bem? Se for inspiração espiritual, como dizem, posso, nesse caso, ficar tranqüila, porque se a inspiração é boa, o ser que a está produzindo só pode ser bom também.

— Vendo por esse prisma, você tem razão.

— Olha, Jaime, sinceramente não faço a menor idéia do que seja. A única coisa que sei é que está me fazendo um bem enorme, como já disse. Estou tendo um sentimento de fraternidade que, a bem da verdade, é novo para mim.

— Tudo bem, Maísa, mas não vá com muita sede ao pote, como diziam os antigos. Não quero que fique como Leandro e Andréia.

— E como eles são?

— Fanáticos!

— Não, Jaime, você está muito enganado. Eles não são fanáticos, são apenas bons.

Celeste elevou o pensamento ao Criador e orou:

"Senhor, Criador de todo o Universo, elevo a Vós o meu pensamento, agradecida que estou por ter podido presenciar, neste instante, o germinar da semente do bem no coração dessa irmã. Que essa semente transforme-se na grande árvore da fraternidade e da caridade sincera, produzindo frutos saudáveis e ceifando do coração dessa irmãzinha os sentimentos menores e mesquinhos do egoísmo e do orgulho, elevando-a na categoria de tarefeira de Jesus. Que o poder do Vosso amor ilumine seu coração, direcionando-a para o caminho seguro do bem, e que eu, Senhor, como Sua criatura e curvando-me diante da Vossa Grandeza, possa continuar minha tarefa junto desse casal, até o dia em que a verdade seja descoberta, e a vida, com sabedoria, possa florescer a alma de cada um. Assim seja, meu Pai."

Capítulo XII

O mal e o bem

Maísa, assim que acordou, lembrou-se de Andréia e sentiu um grande desejo de falar com ela. Cada vez mais se impressionava com as mudanças que se operavam em seu íntimo, mudanças essas que não conseguia entender. Reavaliava seus conceitos até então nunca questionados, por se sentir segura quanto a eles.

"Preciso conversar com Andréia. Ela deve ter alguma explicação para tudo isso; tem sempre uma palavra para dizer e a diz sempre nas horas certas. Surpreendo-me dando a maior importância, hoje, a coisas que para mim nada ou muito pouco significavam."

Seus pensamentos foram interrompidos pelo som da voz de Jaime:

— Maísa, por favor, venha até aqui um instante.

— Estou indo — respondeu, e apressou-se a atendê-lo.

Assim que a viu, Jaime disse-lhe:

— Querida, gostaria que não ficasse chateada comigo, mas terei de cancelar meus compromissos com você.

— Por quê?

— Preciso fazer uma pequena viagem que não poderei de forma alguma cancelar.

— Aonde você vai, Jaime?

— Necessito ir até o litoral resolver umas questões da empresa, mas no final da tarde estarei de volta e, se você quiser, poderemos jantar fora.

— Não se preocupe comigo, meu bem, vamos outro dia. O segurança o acompanhará?

— Não vi necessidade, por isso o dispensei e vou apenas com o motorista. É uma viagem de rotina como muitas que faço, você bem sabe.

— Está bem, Jaime, não precisa se preocupar comigo. Estarei bem.

— Pretende sair hoje?

— Vou tentar me encontrar com Andréia. Tenho muitas dúvidas que gostaria de compartilhar com ela, ouvir sua opinião.

— Você se afina muito com ela, não?

— É verdade, sinto-me bem com Andréia e confio muito no seu bom senso e discrição.

— Estará aqui quando eu chegar?

— Com certeza, Jaime, quanto a isso não tenha a menor dúvida.

— Então, vou indo!

— Que Deus o proteja, querido, faça boa viagem.

Jaime ia saindo quando, ao ouvi-la, voltou-se e lhe disse:

— Tenho notado que você ultimamente fala muito em Deus, Maísa. Lembre-se do que eu lhe falei.

— E o que foi que me falou?

— Para ter cautela e não ficar fanática como esses religiosos que andam por aí querendo doutrinar todo mundo.

— O que é isso, Jaime? — perguntou Maísa, admirada.

— Desculpe-me, querida, mas a coisa que menos quero é ter ao meu lado uma mulher carola, que vive presa à religião. Gosto e quero você como sempre foi.

— Se é essa sua preocupação, esqueça; nunca vou me tornar uma carola, estou apenas tentando me tornar uma pessoa um pouquinho melhor.

— Bem, depois a gente conversa sobre isso. Agora preciso ir.

Deu um beijo na esposa e se foi. Maísa, ao vê-lo entrar no carro, sem uma explicação plausível, experimentou uma sensação de aperto no coração.

— Meu Deus, o que será isso? Meu coração foi invadido por um temor irracional, como se alguma coisa fosse acontecer, e não tenho a menor idéia do que possa ser.

Balançou a cabeça, querendo afastar os maus pensamentos.

— É mais uma bobagem minha, só pode ser. O que poderia acontecer em uma viagem tão curta e que Jaime faz com freqüência? O motorista é bastante experiente, nada de ruim ocorrerá. Estou ficando mesmo muito tola...

Retornou ao seu quarto para acabar de se arrumar e fazer uma ligação para Andréia. Pegou o telefone e discou o número desejado.

— Andréia, tudo bem? Sou eu, Maísa.

— Olá, Maísa, que bom falar com você! Como estão você e Jaime?

— Estamos bem. E Leandro e as crianças?

— Graças a Deus, tudo em paz. Mas o que a faz telefonar-me logo pela manhã? Algum problema? Aconteceu alguma coisa?

— Não sei bem, Andréia, mas acho que sim.

— Então diga, amiga, posso ajudá-la?

— Creio que sim, mas não é uma assunto para ser tratado por telefone. Estou com algumas dúvidas e acho que você poderá me esclarecer; se não todas, pelo menos algumas delas. Poderíamos nos encontrar para conversar um pouco?

— Agora pela manhã tenho dois compromissos inadiáveis, mas no meio da tarde estarei livre. Se estiver bom para você, nós nos veremos.

— Combinado! Diga-me o horário e o lugar mais conveniente para você.

— Quinze horas, está bom?

— Está. Onde?

— Que tal naquela confeitaria onde tomamos chá, lembra?

— Claro. Para mim está ótimo.

— Então, até mais tarde. — E Andréia pôs fim à conversa.

Ao desligarem, cada uma se perguntava: "O que será que Maísa quer falar comigo?" "Será que Andréia terá respostas convincentes para sanar minhas dúvidas?"

A partir daí, as horas pareciam não ter fim para Maísa, que mal conseguia administrar sua ansiedade.

— Pareço uma criança tola — analisava-se.

Finalmente, o momento tão esperado chegou.

Maísa foi a primeira a chegar. Ocupou uma mesa e ficou esperando por Andréia, que, em menos de cinco minutos, também chegava ao local.

Após os cumprimentos das duas amigas, Maísa foi direto assunto:

— Andréia, em primeiro lugar quero pedir-lhe desculpas por ocupar o seu tempo, mas creio eu que somente você poderá esclarecer umas questões que vêm me atormentando.

— Por favor, Maísa, não me peça desculpas. É uma alegria poder, de alguma forma, ser útil a você. Isso se eu souber esclarecê-la, aliviando sua aflição. Não se sinta intimidada e fale-me à vontade, coloco-me à sua disposição.

Maísa encorajou-se.

— Andréia, de uns tempos para cá venho notando que, pouco a pouco, estou modificando o meu jeito de agir e de pensar. Isso está me incomodando.

— Mas você está mudando para melhor?

— Sim, para melhor. Penso em coisas que nunca exerceram a menor influência em mim. Entretanto, surpreendo-me pensando nelas, e o que mais me admira é o desejo que sinto de me envolver e tentar, de alguma forma, auxiliar.

— Que coisa são essas, Maísa? Explique-se melhor.

— Vou lhe dar um exemplo e logo você compreenderá. Ando pensando demais no projeto de Leandro, estou começando a achar que ele tem razão. Começo a crer que existe de fato uma necessidade de auxiliar quem possui tão pouco. Questiono se não seria prudente e oportuno que os mais favorecidos, donos de fortunas, prestassem mais atenção às pessoas que sofrem. Enfim, começo a perceber que ninguém fica mais pobre se for mais solidário, mais caridoso e mais justo.

Andréia mal podia acreditar no que ouvia. Seu coração gritava de alegria ao constatar a mudança que ia ocorrendo, aos poucos, com sua amiga, sempre tão volúvel.

— Continue, Maísa.

— Para você ter uma idéia, cheguei a interferir em uma situação que Jaime enfrentou com um de seus funcionários.

— O que você fez?

— Diante da decisão dele de demiti-lo, sugeri que o compreendesse e não o despedisse.

— Mas isso é maravilhoso, Maísa!

— É, pode ser, mas...

— Mas o quê?

— Acontece, Andréia, que tudo isso é completamente novo para mim; diria até incompreensível. Jamais em minha vida imaginei ter esse tipo de reação e, no entanto, do nada me vejo fazendo coisas que nunca imaginei fazer. O que você acha?

— Acho que, por um motivo que desconheço, mas que deve estar dentro da sua história, que deve ser justo e esperado, você está positivamente renovando seus conceitos, porque, auxiliada pela espiritualidade, amiga, você começou a tomar consciência do que seja realmente a vida fora das nossas maravilhosas mansões.

— Mas não entendo como isso começou a acontecer. Do nada?

— Não, Maísa, nada acontece do nada. Tudo o que atinge o nosso comportamento moral, social e espiritual nasce de uma causa existente aqui, neste presente, ou em um passado longínquo.

— O que quer dizer com isso, Andréia?

— Quero dizer que todos nós possuímos uma história que antecede à nossa vida presente, atual. É essa história que fomos escrevendo em diversas encarnações, por meio das experiências adquiridas nos nossos atos bons ou maus; na nossa justiça ou nos nossos enganos que geram uma causa, um

O Preço da Ambição 193

porquê de as coisas acontecerem. Por isso, Maísa, todos nós devemos ser prudentes nas nossa ações, porque sofreremos o efeito de cada uma delas. Entendeu?

— Coisa de espiritismo?

— Coisas explicadas pela Doutrina Espírita para que, através do esclarecimento, possamos ter uma chance maior de encontrar o caminho mais seguro para nossa evolução, como criaturas de Deus que somos.

— E onde eu me encaixo nisso? Não sou espírita. Aliás, para ser sincera, não professo nenhuma religião.

— Não se trata de religião, mas de fé Naquele que nos criou. O amor a Deus, Maísa, independe de religião. Ele deve apenas existir no coração do homem, e aquele que o sente passa, como conseqüência, desse sentimento nobre a se importar e auxiliar o próximo por meio da compreensão de que todos somos criaturas do mesmo Criador, Senhor absoluto do Universo e da Vida. Ao nos unirmos uns com os outros, estaremos praticando a fraternidade real, não a de palavras, mas a de ações.

— Jaime ficou preocupado e disse-me que deveria tomar cuidado com essas sensações que estão produzindo um efeito em mim, porque devem ser inspirações de algum espírito. Será, Andréia?

— Escute, Maísa, provavelmente você deve estar recebendo inspirações, sim, de algum espírito bom que deseja o seu bem, que está apenas cumprindo uma tarefa recebida, que é a de talvez lembrá-la de compromissos assumidos na Espiritualidade e esquecidos aqui na Terra.

— Isso é possível?

— Claro! Feliz do homem que tem um bom espírito como amigo, porque receberá interferências, através das inspirações, que poderão levá-lo, se ele aceitar, para o caminho do bem e da caridade, elevando-se a si mesmo. Os amigos espirituais que recebemos são aqueles espíritos que estão na mesma faixa vibratória que nós; ou seja: os bons e justos terão companhia de espíritos igualmente bons e justos; mas o contrário também é verdadeiro. Por isso é prudente cuidarmos de nossos pensamentos e ações, e lembrarmos sempre do que disse Jesus: "Orai e vigiai".

— Nunca pensei que existisse essa interferência na vida do homem.

— "A influência dos espíritos sobre vossos pensamentos e ações é maior do que supondes, porque muito freqüentemente são eles que vos dirigem. Os bons espíritos somente aconselham o bem, e feliz daquele que ouve as boas inspirações."

— Como você sabe de tudo isso, Andréia?

— Estudando *O Livro dos Espíritos*.

— *O Livro dos Espíritos*?! Que livro é esse, Andréia?

— É um livro no qual os espíritos responderam a diversas perguntas feitas com relação à vida futura, reforma íntima, reencarnação, enfim, a todas as questões relacionadas ao homem e à sua evolução. É o alicerce da Doutrina Espírita, a fonte de água cristalina onde o espírita encontra suas respostas e os porquês das situações conflitantes da nossa existência.

— Mas como podemos dar crédito ao que um espírito fala através de outra pessoa?

— Porque não foi um só espírito quem respondeu, mas diversos, com diferentes médiuns, de lugares diferentes e sem se conhecerem. As respostas foram coerentes umas com as outras, não houve contradição entre os espíritos envolvidos nesse trabalho. Em vista disso, outros livros foram surgindo, dando origem às obras básicas da Doutrina Espírita, codificada por Allan Kardec. São nessas obras que encontramos a essência da Doutrina Espírita, em toda sua pureza doutrinária, e é assimilando esses ensinamentos e vivenciando cada um deles com amor e fraternidade que promovemos nossa evolução.

Maísa estava impressionada com tudo o que ouvia de Andréia.

— E você acredita que eu possa estar sendo influenciada por algum espírito?

— Não diria influenciada, mas inspirada a praticar o bem por meio da caridade para com o seu semelhante. Devemos dar ouvidos às boas inspirações, porque através delas conseguimos extirpar o egoísmo e o orgulho que teimamos em abrigar em nosso coração.

— Mas sempre fui muito fútil, Andréia. Você sabe que sempre gostei de luxo, diversão... Ora, você me conhece bem.

— Concordo, mas apesar disso possui um coração bom, apenas não está sabendo usá-lo, com medo de parecer piegas. Muitas vezes as pessoas não agem de acordo com o coração por receio de parecer diferentes; mas se esquecem de que por meio de um gesto generoso pode-se fazer toda a diferença.

Maísa ficou quieta. Andréia dissera-lhe coisas em que nunca havia pensado.

— Devo concluir que você acha que devo seguir o que meu coração está tentando me dizer?

— Com toda a certeza. Ele está lhe mostrando um caminho novo, mas cabe a você decidir se quer segui-lo ou não. Porém, saiba que seguir o caminho do bem não quer dizer que terá de abdicar do seu prazer de viver. Precisará apenas perceber a importância de saber dividir.

— Acho tudo isso um pouco complicado.

— Engano seu, Maísa, não é nem um pouco complicado. É necessário apenas compreender que o fato de auxiliar nosso semelhante não significa que seja necessário abrir mão de tudo o que nos causa prazer e alegria.

— Você fala de um jeito que faz tudo parecer simples, e sabemos que não é.

— Mas é simples, Maísa. Aquele que aceitar que o planeta não foi criado para poucos, e sim para todos, respeitará o seu próximo, respeitando suas escolhas, suas crenças e seu livre-arbítrio. Todas as criaturas têm direito a um lugar ao sol. Isso é da lei divina, Maísa, e cabe ao homem respeitar.

Maísa cada vez mais se impressionava com a facilidade e a certeza com que Andréia expunha seu ponto de vista e sua crença. Sentia-se bem ouvindo-a falar com tanta tranqüilidade, apenas esclarecendo sem nada impor.

— Você é uma grande amiga, Andréia.

— Obrigada, Maísa, você também é.

— Estou tentando convencer Jaime a fazer parceria com Leandro nesse projeto, que antes eu achava uma verdadeira loucura, mas agora consigo perceber a importância de uma oficina dessa para a juventude mais carente.

Andréia mal podia esconder sua surpresa e satisfação.

— Está falando sério, Maísa? Faria mesmo isso: convencer Jaime a participar com Leandro desse sonho que ele acalenta há tanto tempo?

— Se eu não estivesse disposta a isso, não teria nem tocado no assunto. Não posso garantir que conseguirei, você sabe como Jaime é teimoso e irredutível em certos assuntos. Mas tentarei, e com o maior empenho. Não estou lhe falando que parece que me viraram do avesso?

Andréia não pôde deixar de sorrir diante da expressão de Maísa. Com sua calma costumeira, disse-lhe:

— Não concordo com você, esse não é o seu avesso. É o seu direito, o seu lado melhor, mais humano, e estou muito feliz que esteja acontecendo isso com você.

— Pois é. A vida dá muitas voltas!

Um pequeno silêncio se fez. Andréia, quebrando-o, perguntou à amiga:

— Tem estado com Alberto? Faz tanto tempo que não o vejo... Sabe como ele está?

— Não o tenho visto, mas estive com seus filhos há poucos dias.

— O caso dele com Cássia já foi resolvido?

— Vou lhe ser sincera. Resolvido mesmo, em definitivo, ainda não foi. Falta a questão da criança, saber se Alberto é mesmo o pai.

— Ele tem dúvidas quanto a isso?

— Alberto está certo disso, mas não deveria estar.

— Por que, Maísa, o que você sabe?

— Vou lhe contar, Andréia, e tenho certeza de que ficará estarrecida.

Maísa colocou Andréia ciente de tudo o que houvera. Falou sobre o detetive e o que ele fez para conseguir provar a traição de Cássia.

Andréia mal podia crer em tudo o que ouvia. Assim que a amiga terminou o relato de todos os acontecimentos, sem esconder ou disfarçar sua surpresa e indignação, Andréia falou:

— Maísa, é preciso ser muito desleal e falsa para armar uma trama dessa. Durante todo o tempo, ela só usou Alberto, apenas quis tirar proveito da situação financeira dele. É uma atitude indigna, ele não merecia isso. É um homem bom e generoso.

— É o que todos nós achamos. Seus filhos ficaram arrasados, principalmente porque haviam alertado o pai quanto à sinceridade de Cássia. Você se lembra de como nunca gostei dessa moça? Todo mundo achava que era implicância, mas eu tinha razão.

— É verdade, você nunca simpatizou com ela.

— Agora, o problema é: como dizer a Alberto sem magoá-lo mais ainda.

— Que situação, hein? Mas, se vocês pensarem com calma, agirem sem precipitação, movidos por um sentimento de carinho e respeito pela dor de Alberto, tudo dará certo. Acredito que ele vai compreender. É maduro o suficiente para saber que não se pode mudar as pessoas, e que cada um dá somente o que tem. Infelizmente, Cássia agiu com ambição, querendo tirar proveito da situação confortável de Alberto.

— É, mas vai se dar mal. Os três filhos já estão informados de tudo e não vão permitir que o plano dela se concretize. Eles adoram o pai, você sabe disso, e sempre o respeitaram. Não vão deixar que ninguém faça mal algum a ele.

— Penso que não seria justo com a própria criança, pois ia privá-la de saber quem é e de conviver com o pai verdadeiro.

Maísa olhou o relógio e constatou o adiantado da hora.

— Desculpe-me, Andréia, mas preciso ir. Nossa conversa estava tão envolvente que nem me dei conta do horário. Jai-

O Preço da Ambição 199

me deve estar quase chegando do litoral e sempre gosto de estar em casa quando ele chega.

— Também está na minha hora, Maísa. Ainda tenho de passar na casa de minha mãe para pegar as crianças.

Ao mencionar os filhos, Andréia notou em Maísa uma expressão de tristeza que nunca havia notado em sua amiga.

— É impressão minha ou você se entristeceu quando mencionei as crianças?

Como resposta, Maísa deixou que duas lágrimas caíssem por suas faces.

— Maísa! — exclamou Andréia. — Você está chorando? Eu nunca a vi chorar perto de quem quer que seja! O que foi? Falei alguma coisa que a magoou?

— Não, Andréia, você não disse nada. Não foi você quem me magoou; quem me magoa é a própria vida.

— Como assim? Explique-se melhor.

Maísa titubeou um pouco, como se procurasse dentro de si o melhor caminho: contar ou não o verdadeiro motivo de sua reação? Após breves instantes, optou por confiar mais uma vez em sua amiga:

— Andréia, vou lhe revelar o verdadeiro motivo desse meu sentimento, motivo esse que nunca revelei a ninguém, porque não suportaria comentários ou mesmo que tivessem pena de mim.

— Maísa... — Andréia já preocupada. — Que motivo é esse, tão sério?

— Eu sempre disse que não queria ter filhos para não deformar meu corpo ou mesmo ser impedida de levar a minha vida da maneira como gosto, ou seja, passear, viajar, me divertir. Mas o motivo real, Andréia, é que sempre quis ter filhos, mas infelizmente não posso. Nem todo o dinheiro que temos conseguiu fazer com que eu engravidasse. Tentamos o método artificial, mas nem assim conseguimos realizar nosso sonho de sermos pais.

Andréia condoeu-se e se emocionou com a sinceridade e a confiança que sua amiga demonstrara ter com ela. Segurou fraternalmente suas mãos e lhe disse:

— Maísa, o que está me dizendo faz cair por terra um conceito errado que tinha de você. Tenho aqui, na minha frente, uma mulher sensível, mas que impedia essa sensibilidade de aflorar revestindo-se de atitudes fúteis, sem nenhuma consistência. Hoje você ganhou a minha admiração, porque percebo claramente que seu coração está cansado de fingir ser o que não é. Se assim não fosse, você não aceitaria tão facilmente as inspirações que recebe e que a estão conduzindo para o caminho seguro da fraternidade.

Maísa, querendo aliviar suas emoções contidas havia tanto tempo, não se importou com o lugar nem com as pessoas que estavam à sua volta, olhando-a com curiosidade, e chorou.

Ao vê-la mais calma, Andréia lhe perguntou:

— Por que você e Jaime não adotam uma criança, uma vez que os dois sonham em se tornar pais?

— Eu adotaria, sem nenhum problema, Andréia, mas Jaime não quer.

— E qual é a razão que o faz agir assim?

— Ele diz que não deixará sua fortuna para filhos que não são seus. Jaime não está preparado para esse passo tão importante, pois só consegue amar o que supõe ser só dele.

Andréia não sabia o que dizer diante do que acabava de ouvir. Por fim, disse:

— Maísa, desculpe-me se nem sempre a compreendi, mas nunca eu ou Leandro poderíamos sequer imaginar que você pudesse estar vivendo um drama como esse.

— Não só vocês, mas ninguém poderia imaginar mesmo; não diante da minha postura costumeira. Sempre aparentando a todo-poderosa, dona do mundo, elegante, fina e culta. Só que tudo isso não pôde me dar a única coisa que queria depois de ter passado o encantamento de me tornar rica ao me casar com Jaime: ter filhos, ouvir alguém me chamar de mãe.

— Maísa, eu levantei a hipótese da adoção, mas quem vai adotar uma criança tem de saber muito bem o que seu coração está dizendo. Esse deve ser um ato de amor, e não uma tentativa de tapar um vazio que possa estar sentindo. O ser adotado necessita e merece o carinho real, o cuidado e o zelo de pais, não importa que sejam pais do coração, e não do útero. A responsabilidade é a mesma que teriam com filhos biológicos, enfim, a aceitação deve ser total. Passarão por todas as fases da criança: alegrias, doenças, preocupações e emoções. É preciso que se tornem verdadeiros pais, que tenham o maior amor do mundo para dar ao filho que seus braços recebem.

— Sei disso, Andréia, e é por esse motivo que não insisti com Jaime. Quando sentir que ele está preparado, voltarei a falar no assunto.

— Faz muito bem. Você reparou em como o rumo da sua vida está começando a mudar de direção? Sentimentos adormecidos estão aflorando pouco a pouco, e você já conseguiu colocá-los para fora. Isso é muito bom. Vejo como um sinal de que você começa a ficar preparada para enfrentar a vida como ela realmente é, e não cheia de fantasias, como você a criou.

— Andréia, me ajudaria nesse momento de transição, como você mesma disse?

— Claro, minha amiga! Só me faz bem saber que você confia em mim e que posso ajudá-la de alguma forma.

— Mas não posso esconder que tenho medo dessa mudança.

— Não tenha, Maísa, devemos temer o mal, e não o bem. A vida sempre dá um jeito de criar situações que nos fazem pensar e reavaliar nossas próprias atitudes. É como se diz: a vida floresce a alma daqueles que a compreendem, apesar das aflições, e se esforçam para seguir o caminho seguro que nos leva à evolução. Trabalhando para vencer suas imperfeições e aprender o que para o ser humano é o mais difícil: aprender a amar, encontrar a rosa sem se perder nos espinhos.

Maísa, não se contendo, levantou-se e abraçou a amiga, com carinho.

— Não sei como poderei agradecer-lhe, Andréia. Hoje foi um dia especial. Além de me posicionar e assumir os anseios do meu coração, encontrei uma grande amiga.

— Maísa, se para você foi um dia especial, para mim não foi diferente. A sua confiança, o seu desabafo e o desejo de solucionar suas questões para melhor se posicionar nesta existência só me causaram satisfação e confirmaram ainda mais a minha certeza de que Deus sabe sempre o momento certo de intervir. O seu momento chegou. Não sabemos o que acontecerá daqui para a frente, mas agora é necessário que preste atenção, para aprender cada vez mais com as situações que aconteceram a partir de agora. Mas não se

O Preço da Ambição 203

esqueça de que pode contar comigo em qualquer momento, para qualquer coisa que a aflija. Conte com minha amizade e minha discrição.

— Eu sei, Andréia, e lhe sou grata por isso.

As duas amigas se despediram e, cada uma com seus pensamentos, tomaram o rumo de suas casas.

Capítulo XIII

O acidente

Assim que Maísa entrou em casa foi logo perguntando a Gregório se Jaime havia chegado.

— Ainda não, senhora — respondeu o mordomo.

— Nossa, Gregório, que estranho! Já passa das dezenove horas... Não acha que ele está demorando muito?

Querendo evitar provocar nervosismo em sua patroa, Gregório disse, esforçando-se em aparentar calma:

— Não é caso ainda de preocupação, senhora.

— Mas Jaime nunca chegou tão tarde. Sempre que desce a serra chega antes das dezoito horas.

— Com certeza se atrapalhou com o trânsito, esta hora é sempre complicada.

— Talvez tenha razão. — Maísa encaminhou-se para seu quarto.

— A senhora vai jantar ou prefere esperar pelo sr. Jaime?

— Prefiro esperar, Gregório. Vou tomar um banho enquanto isso.

Subiu as escadas e dirigiu-se ao seus aposentos. Foi aos poucos desfazendo-se de seus adornos e guardando-os cuidadosamente. Enquanto isso, pensava em tudo o que conversara com Andréia.

"Havia muito tempo não desabafava da maneira como fiz hoje com Andréia. Ela é mesmo uma grande amiga, e de muita confiança. Estou me sentindo aliviada, ainda mais por ter dividido com ela o trauma da minha infertilidade."

Ao pensar nisso, novamente sentiu em si o peso daquele desejo não satisfeito e durante muito tempo guardado em seu coração.

"Meu Deus, como gostaria de ter uma criança ao meu lado, cuidar dela, abraçá-la e senti-la minha! Nunca me dei conta do quanto a minha vida é vazia."

Balançou a cabeça para afastar a tristeza. Ligou o som, colocou a música de sua preferência e entrou no chuveiro. Deixou a água refrescante cair em seus cabelos, seu rosto e todo o seu corpo, integrando-se naquele ambiente, naquele momento só seu.

Não se deu conta de quanto tempo ficou assim, esquecida de tudo. Voltou à realidade ao ouvir batidas na porta do quarto. Enrolou-se no roupão e, sem abri-la, perguntou:

— Gregório?

— Sim, senhora, sou eu.

— O que quer? Já não lhe disse que vou esperar Jaime para jantar?

— Sei disso, senhora.

— Mas então o que deseja?

— É que agora já está mesmo ficando tarde e o sr. Jaime ainda não chegou.

— Que horas são?

— Já passa das vinte e uma horas.

Maísa se assustou. "Não é possível que eu esteja há tanto tempo aqui no meu quarto sem ter notado o adiantado da hora!"

— Vinte e uma horas!

— Isso mesmo, senhora.

— Meu Deus, estou mesmo desligada, nem percebi o tempo passar. Gregório, ligue no celular dele e verifique o que está acontecendo.

— Já fiz isso, senhora.

— E o que ele disse?

— Nada. Ninguém atendeu; nem o sr. Jaime, nem o motorista.

O coração de Maísa bateu mais aceleradamente.

— Espere-me lá embaixo, Gregório, em cinco minutos estarei lá.

Assim o fez. Trocou-se rápido e sem demora estava com Gregório na sala de estar.

— O que terá acontecido, meu Deus? Jaime jamais retornou tão tarde, principalmente sem avisar. Ele sempre liga quando percebe que vai se atrasar.

— A minha intenção não é deixá-la mais nervosa senhora, mas também estou muito preocupado com essa demora.

— Vamos esperar mais um pouco. Caso ele não chegue, veremos que providências deveremos tomar.

— A senhora não quer comer alguma coisa enquanto aguarda?

— Não, obrigada. Perdi a fome, não quero nada, Gregório.

Maísa, aflita, andava de um lado para outro, enquanto esperava por Jaime. Sentava-se, levantava-se, olhava o telefone, enfim, não sabia o que fazer nem que atitude tomar.

Gregório e Jacinta conversavam na cozinha, demonstrando preocupação e receio pela demora do patrão.

— Estou com um pressentimento ruim — dizia Jacinta.

— Acredito — concordou Gregório —, eu também estou muito preocupado. Mas devemos nos esforçar para pensarmos somente em coisas boas, deixando os maus pensamentos de lado. O patrão deve ter se atrasado em seus compromissos, vai ver foi isso.

— É, pode ser. Ou melhor, tomara que seja — concluiu Jacinta.

A voz de Maísa soou, chamando por Gregório.

— O que deseja, senhora?

— Gregório, faça-me um favor. Telefone para Alberto e Leandro e peça-lhes que façam a gentileza de vir até aqui. Conte-lhes o que está havendo e que estou muito aflita, sem saber o que fazer.

— Com licença, senhora. — E Gregório afastou-se para cumprir a ordem recebida.

Alberto e Leandro, assim que tomaram conhecimento dos fatos, assustaram-se e imediatamente seguiram até a casa de Maísa. Assim que chegaram, encontraram a amiga à beira do desespero. No mesmo instante quiseram saber de tudo com detalhes.

— Estou ficando apavorada — dizia Maísa. — Jaime nunca fez isso. Não sei que atitude tomar, se aguardo, se chamo a polícia ou se vou percorrer os hospitais e o necrotério.

— O que é isso, Maísa? — disse Alberto. — Vamos manter a calma e pensar em qual a melhor atitude a tomar.

Leandro, de repente, lembrou-se da melhor maneira de iniciar o procedimento de busca.

— Telefonaremos para a polícia rodoviária para descobrir se houve algum acidente na estrada que leva à baixada santista.

— Excelente idéia! — aprovou Alberto. — Começaremos por aí.

— Não tenho coragem de ligar, Leandro. Faça isso você, por favor.

Leandro pegou o telefone e discou o numero desejado. Fez a pergunta e esperou alguns minutos para obter a resposta. Maísa e Alberto perceberam a palidez de seu rosto enquanto ouvia.

— O que foi, Leandro? — perguntou Maísa, quase aos gritos.

Sem responder, Leandro fez outra pergunta.

— O senhor tem conhecimento das placas dos carros envolvidos?

Diante da afirmativa do policial rodoviário, Leandro solicitou de Maísa caneta e papel e escreveu os números indicados.

— O senhor poderia me informar se houve vítima fatal? Desculpe-me, mas estamos aguardando há tempos um parente que vinha por essa rodovia. — Em seguida, Leandro desligou o aparelho e disse, tentando parecer o mais tranqüilo possível: — Houve, sim, um grave acidente na rodovia envolvendo um caminhão e dois carros de passeio. Todas as vítimas tiveram ferimentos graves, e uma delas morreu.

Maísa, empalidecendo, falou, descontrolada:

— Leandro, diga-me a placa dos dois carros para eu ver se um deles é de Jaime.

Leandro mostrou-lhe os números, e, antes que algum um deles pudesse fazer qualquer coisa, Maísa caiu desmaiada.

Gregório, com presteza, carregou-a, colocando-a em uma poltrona, e imediatamente ligou para o médico da família.

— Gregório, diga-nos se uma dessas placas é do carro de Jaime.

— Sim, sr. Leandro, é do carro do sr. Jaime.

— Precisamos ir até lá, Alberto.

— Vamos então, Leandro.

— Gregório, cuide de dona Maísa. Nós vamos até o local do acidente para saber mais notícias e ver o que podemos fazer.

— O senhor sabe o lugar exato do acidente?

— Sim. O guarda disse-me que é quase chegando à capital, a rodovia está interditada porque o caminhão tombou atravessado na pista.

— Podem ir sossegados, porque eu e Jacinta cuidaremos de dona Maísa. O médico já está chegando, é amigo do casal e mora a poucos quarteirões daqui.

Os dois amigos dirigiram-se ao local do acidente, que foi facilmente identificado pelas luzes piscantes dos carros da polícia, da ambulância e dos bombeiros, assim como pela barreira isolando os arredores e da grande aglomeração de curiosos.

Leandro e Alberto quase não puderam identificar naquele amontoado de ferros retorcidos o automóvel de Jaime. Aproximaram-se dos agentes rodoviários e, identificando-se, indagaram sobre as vítimas.

210 Sônia Tozzi / Irmão Ivo

— Já foram socorridas — disseram os agentes — e encaminhadas para o hospital mais próximo. Apenas o corpo da vítima fatal ainda não foi retirado do local. Estamos esperando o carro do I.M.L. para esse procedimento.

— O estado das outras vítimas é grave?

— Não podemos afirmar com precisão. Parece-nos que o estado mais grave é do passageiro do carro preto, que chocou-se de frente com o caminhão. Aliás, o que morreu estava dirigindo este carro.

Alberto e Leandro experimentaram um mal-estar, por causa do medo que sentiam de que o amigo pudesse estar morto.

— O senhor poderia nos fornecer os nomes dos passageiros desse veículo? — Leandro voltou a perguntar.

O policial retirou do bolso um documento e respondeu:

— Este documento estava naquele carro, entre as ferragens. Só não sabemos ainda ao certo se era do passageiro ou do motorista. Já que conhecem o dono do veículo, poderiam nos esclarecer a esse respeito.

— Qual deles morreu?

— O que dirigia.

— Podemos vê-lo, já que ainda não vieram resgatar o corpo?

— Evidente que sim. O reconhecimento do cadáver facilitaria muito nosso trabalho.

Alberto e Leandro dirigiram-se até onde estava o corpo sem vida do motorista de Jaime. Como ainda não sabiam se era Jaime ou não quem dirigia o carro, coisa que ele fazia com freqüência, aproximaram-se com o coração descompassado e com grande temor.

Assim que levantaram o lençol que cobria o cadáver, puderam constatar, apesar dos graves ferimentos no rosto, que se tratava realmente do motorista de Jaime. A emoção que sentiam variava entre consternação em ver aquele homem ali sem vida, deixando para trás esposa e quatro filhos menores, e alívio pela esperança de que o amigo ainda estivesse vivo.

— Esse é o motorista do nosso amigo; chamava-se Manuel, era casado e pai de quatro filhos. Podemos avisar sua esposa do acidente.

— Façam isso. Não encontramos nenhum número de telefone com o qual pudéssemos nos comunicar.

— Por favor, informe-nos agora a respeito do outro passageiro — pediu Leandro, nervoso.

— Ele foi levado para o hospital aqui do bairro. Está muito machucado, e seu estado, segundo os paramédicos que o atenderam logo após ter sido retirado das ferragens, parece ser muito grave.

— Mas foi levado ainda com vida?

— Sim.

— Obrigado pelas informações — disseram Alberto e Leandro. — Vamos telefonar avisando a família desse óbito e imediatamente seguiremos até o hospital para nos inteirar do estado do nosso amigo.

Despediram-se, entraram no carro e telefonaram para Gregório.

— Como está dona Maísa, Gregório?

— Foi atendida pelo médico, mas continua muito nervosa. E os senhores descobriram o que houve?

— Descobrimos, e infelizmente as notícias não são boas.

Leandro colocou-o ciente de todo o trágico ocorrido.

— Ligue para a esposa de Manuel e avise-a do acidente, mas, por favor, Gregório, saiba como falar. Lembre-se de que estará falando para uma jovem senhora que acaba de se tornar viúva, com quatro filhos pequenos para criar. Seria melhor até que fosse pessoalmente à sua casa. Creio ser mais prudente. Ela pode vir a precisar de alguma coisa. Dê-lhe toda a assistência, principalmente financeira, se ela precisar. Afinal, ele era um funcionário de muitos anos, e acredito que Jaime faria isso.

— Tudo bem, sr. Leandro. Mas ainda não me disse sobre o meu patrão. Como ele está?

— Estamos indo até o hospital saber de Jaime. Parece-nos que seu estado não é muito bom. Logo daremos notícias, mas não comente nada ainda com dona Maísa. Deixe-nos ter informações mais concretas sobre Jaime.

— Mas como farei para sair?

— Invente uma desculpa qualquer, e peça a Jacinta que fique ao lado de Maísa até você retornar. Ligarei para Andréia e pedirei que ela vá fazer companhia a Maísa.

— Está bem, sr. Leandro, já estou indo à casa de Manuel.

Leandro desligou o telefone no instante em que Alberto entrava no pátio do hospital. Subiram às pressas as escadarias que os levariam até a recepção e, ofegantes, solicitaram informações à recepcionista, que os atendeu com gentileza, pondo-os cientes de tudo o que estava acontecendo com Jaime, seu estado real, sua condição física precária, enfim, nada lhes foi omitido.

Por fim, eles pediram autorização para vê-lo, o que lhes foi negado de pronto, visto o paciente estar na Unidade de Terapia Intensiva.

— O estado dele é grave — disse-lhes o médico responsável. — Ele está sedado porque não agüentaria as dores intensas, oriundas dos graves ferimentos. Terá de se submeter a uma cirurgia, pois está com hemorragia interna. Não sei se já sabem, mas ele ficou preso nas ferragens, e sua coluna foi atingida gravemente. Não sabemos ainda até que ponto, e se o sr. Jaime poderá ficar com seqüelas. Só setenta e duas horas após a cirurgia poderemos ter uma posição mais definida.

— Pelo amor de Deus! — Leandro implorou. — Salve nosso amigo!

— Faremos o possível, e vamos até onde a medicina nos permitir. O impossível somente Deus poderá fazer.

O médico virou-lhes as costas, entrando no centro cirúrgico, dando assim por encerrada a conversa.

Alberto e Leandro olharam-se, desanimados e temerosos. Tanto um quanto o outro pensava em como dizer aquilo tudo para Maísa.

— Leandro, não podemos fazer nada por enquanto. É melhor irmos avisar Maísa. Ela tem todo o direito de saber o que está acontecendo com o marido.

— Você tem razão, Alberto.

Retornaram ao carro e tomaram a direção da casa de Maísa. No trajeto, pouco conversaram, tão abalados se encontravam com a situação inesperada de seu amigo.

Ao entrarem nos jardins da mansão, encontraram Gregório, que, sem se preocupar em esconder seu nervosismo, perguntou:

— Pelo amor de Deus, senhores, contem-me o que está acontecendo de verdade com o sr. Jaime.

— Calma, Gregório. Infelizmente não podemos lhe dizer que ele está bem, mas graças a Deus está vivo.

— Louvado seja Deus! — exclamou Gregório.

— Você avisou a família de Manuel?

— Claro. Fui pessoalmente à casa deles e conversei com sua esposa. Que tristeza, sr. Leandro! A pobrezinha abraçou os filhos, e foi uma das cenas mais tristes que já presenciei em toda a minha vida. Ela já está junto de seus familiares, que estão tomando todas as providências cabíveis.

— Ótimo, Gregório. E dona Maísa, como está?

— Agora, um pouco mais calma. Dona Andréia está com ela.

— Você lhe falou a respeito de Jaime?

— Não. Não lhe disse nada, esperava que chegassem com notícias mais precisas.

— Então, vamos até ela.

— Por favor, sigam-me. — Gregório encaminhou-os para os aposentos de Maísa.

Encontraram-na deitada, amparada emocionalmente por Andréia. Maísa, assim que os viu, ergueu-se rápido e indagou:

— Leandro, Alberto, vocês descobriram o que houve? Onde está Jaime, ele está bem? Por que não veio com vocês?

— Calma, Maísa, uma pergunta de cada vez.

— Certo, mas digam-me o que aconteceu.

Foi Leandro que, incentivado pelo olhar de Alberto, começou a explicar-lhe tudo:

— Maísa, seja forte e não tire conclusões precipitadas. Ouça-me primeiro.

— Jaime está vivo?

— Está — respondeu Leandro.

— Mas por que não veio com vocês, Santo Deus?

— Pare com o interrogatório e ouça-me.

O Preço da Ambição 215

Com paciência e cautela, Leandro contou-lhe tudo o que havia acontecido. Maísa o escutou com atenção e, a cada palavra, sentia mais e mais seu coração acelerar, com se fosse saltar do peito. Assim que o amigo terminou, perguntou-lhe, com a voz embargada pelas lágrimas:

— Como ele está agora, qual é o seu verdadeiro estado?

— Bem, para lhe ser franco, e considero não ser prudente esconder-lhe nada... o estado de Jaime é muito grave, Maísa, mas isso, segundo o doutor, não quer dizer que não exista chance de tudo dar certo e ele se recuperar. É preciso manter a esperança e a fé em nosso Criador.

Maísa não resistiu mais e deixou que suas lágrimas molhassem seu rosto, externando todo o seu sofrimento. Leandro continuou:

— Jaime deve já estar sendo submetido a uma cirurgia, e devemos todos manter uma vibração positiva para que ele receba nossa energia de amor.

— Vamos juntos rezar por ele — disse Andréia.

Maísa olhou-a como uma criança que não sabe o que fazer.

— Nunca falei isso a ninguém, Andréia, mas nem sei rezar direito!

Andréia, com a ternura de uma mãe auxiliando o filho que se encontra em aflição, respondeu:

— Maísa, orar não significa dizer palavras bonitas e difíceis. Oração quer dizer apenas sentimentos sinceros, frases que saem do coração e vão em direção a Deus; desejos puros e edificantes dirigidos ao Pai que está no céu. A prece que nasce do coração viaja pelo infinito e chega ao Criador como um apelo sentido e sincero, de um coração sofrido. Todos nós sabemos orar, Maísa, porque todos podemos sentir quanto pesa a dor em nosso peito.

Maísa segurou as mãos da amiga, perguntando:

— Você pode ir até o hospital comigo? Sinto-me mais segura ao seu lado.

Andréia se comoveu ante o olhar suplicante que Maísa lhe dirigiu.

— Claro, meu bem. Tanto eu quanto Leandro e Alberto iremos com você e lá ficaremos até que tenhamos notícia do término da cirurgia.

— Eu também gostaria muito de acompanhá-los — disse Gregório. — Isso se a senhora não se incomodar.

— Não me incomodo, Gregório. Vai me fazer bem sua companhia.

Maísa, após se arrumar, seguiu com os amigos para o hospital. Lá chegando, foram direto pedir notícias. Passados alguns instantes, a recepcionista retornou, dizendo-lhes:

— Podem subir até o quinto andar. Em frente ao centro cirúrgico há uma sala onde vocês poderão ficar mais bem acomodados e aguardar. O médico, assim que terminar a operação, vai falar com vocês.

Agradeceram e subiram. Acomodaram-se e, ansiosos, esperavam por alguma informação.

As horas passavam lentamente. Enquanto Leandro, Alberto e Gregório andavam de um lado para outro, Maísa e Andréia permaneciam sentadas e silenciosas.

— Há duas horas estamos aqui, e até agora nada — falou Maísa, chorosa.

— Com toda a certeza essa deve ser uma cirurgia complicada, muito delicada, e cirurgias assim costumam demorar muito mesmo. Deve estar correndo tudo bem, vamos manter a tranqüilidade.

O Preço da Ambição 217

— Eu sei, Andréia, mas é angustiante a espera.

— Nisso você tem razão, é realmente angustiante.

Calaram-se.

Mais uma hora se passou.

Não suportando mais, Maísa tocou a campainha ligada ao centro cirúrgico. Uma enfermeira apareceu na porta.

— Por favor — disse Maísa —, estamos completamente sem notícias, preciso saber o que está acontecendo com meu marido. A operação já acabou? Como é que ele está?

Acostumada ao grande estresse que costuma acometer os familiares dos pacientes, a enfermeira respondeu, pacientemente:

— Esta correndo tudo muito bem, senhora. Terá de ter paciência. Trata-se de uma cirurgia muito delicada e ainda vai demorar um pouco. Mas pode ficar tranqüila que não ocorreu nenhum imprevisto. Tudo está dentro do esperado. Assim que terminar, como disse a recepcionista, o cirurgião virá falar com a senhora e esclarecerá suas dúvidas. Agora, se me der licença... — E retornou ao centro cirúrgico.

A espera continuou.

— Leandro, você não acha melhor transferir Jaime para um hospital com mais recursos?

— Agora não é hora para pensar nisso, Maísa, vamos ver primeiro como as coisas ficarão. Este hospital não tem o luxo a que vocês estão acostumados, mas é um bom hospital e tem tudo de que Jaime precisa neste momento, e o que ele mais precisa é viver.

Alberto aproximou-se da janela e admirou a beleza dos primeiros raios solares aquecendo a cidade. Sem desviar os olhos da paisagem, comentou com os outros:

— O dia está amanhecendo. Já aparecem os primeiros raios de sol. Teremos um dia quente. É um novo dia que renova nossas esperanças de uma nova vida para Jaime. Sinto em meu coração que tudo dará certo.

— Deus permita que isso aconteça, Alberto, que Jaime possa sobreviver e voltar para mim. Completaram-se sete horas de cirurgia, sete horas de angústia...

Mal Maísa acabou de falar, a porta se abriu e o médico, trazendo no rosto as marcas do cansaço, aproximou-se.

— Dona Maísa?

— Sou eu. — E levantou-se com rapidez.

— A cirurgia terminou e correu tudo bem, dentro do que prevíamos. O paciente está sendo encaminhado para a Unidade de Terapia Intensiva, onde ficará pelos próximos dias.

— Próximos dias... — repetiu Maísa. — Isso quer dizer que não poderei vê-lo?

— Por enquanto não, senhora; não é permitida a entrada de visitas na U.T.I. O estado dele ainda é muito delicado, não se pode correr nenhum risco de infecção, nem para ele, nem para os outros pacientes. A senhora poderá vê-lo através do vidro. Se tudo correr bem, dentro de alguns dias será transferido para a semi-intensiva, e lá a senhora poderá visitá-lo por quinze minutos uma vez ao dia.

— Mas então o estado de Jaime é muito grave!

— Senhora, o estado de seu marido é satisfatório. As próximas setenta e duas horas serão definitivas, mas acreditamos que tudo deverá correr bem, é o que esperamos.

— Doutor, o senhor disse que a coluna dele foi atingida. Isso na realidade quer dizer o quê? Que Jaime ficará com alguma seqüela?

— Façamos o seguinte, dona Maísa: a senhora está muito cansada, passou toda a noite acordada, apreensiva. Vá para casa descansar, dormir um pouco, refazer-se dessa situação de estresse. Amanhã, entre quinze e dezesseis horas, venha até o hospital e conversaremos melhor sobre o caso.

Sem deixar brechas para que Maísa fizesse outra pergunta, o médico afastou-se.

— Maísa, o doutor tem razão. Vamos para casa. Tanto você quanto nós precisamos descansar. Daqui para a frente deveremos estar bem para ajudar no que for possível. O pior já passou. Jaime é forte, saudável, vai se recuperar, você vai ver.

— E depois — completou Andréia —, você, mais do que ninguém, necessita estar bem e forte para ajudá-lo assim que Jaime voltar para casa.

— É verdade, dona Maísa — Gregório opinou —, eles têm razão. Vamos para casa, a senhora deve se alimentar e dormir, para se recuperar e enfrentar os dias que virão. Tudo indica que não serão nada fáceis.

— Vocês estão certos. Vamos, então.

Como uma criança, Maísa deixou-se levar pelos amigos.

Capítulo XIV

Pelo amor ou pela dor

Assim que entrou em casa e se viu sozinha, Maísa se deu conta do enorme vazio que era a sua vida. Passeou pelos enormes cômodos luxuosamente decorados da bela mansão e, em cada um deles, sentiu frio e solidão.

— O que fizemos da nossa vida, Jaime? — dizia a si mesma. — Construímos fortuna, mas começo a ver que apenas a fortuna material, porque nosso coração está vazio do maior amor que é, como diz Andréia, a fraternidade. Está pobre de caridade, está oco de obras edificantes. Hoje, neste instante, posso perceber o grande engano em que vivemos esses anos todos. Você está preso em um leito de hospital, e nem sei se vai sair, voltar para mim. E eu estou aqui sozinha, sem rumo, sem saber o que fazer e em quem me apoiar.

Deixou as lágrimas caírem livremente em seu rosto amargurado. Subiu as escadas e, assim que entrou em seu quarto, jogou-se na cama. Induzida pelo cansaço de uma noite inteira maldormida e repleta de angústia e medo, Maísa logo adormeceu.

Seu espírito, semiliberto através do sono físico, levantou-se e avistou, surpreso, Celeste ao lado da cama, onde seu corpo físico se entregava ao sono reparador.

Celeste, dirigindo-lhe o olhar doce que só os espíritos bons e generosos possuem, disse-lhe:

"Jesus seja louvado, minha irmã. Não tenha receio e aproxime-se. Sou Celeste, uma tarefeira de Cristo. Fui na terra genitora de Gregório e servi por muitos anos os pais do nosso querido Jaime. Recebi a tarefa de auxiliar você e Jaime a suportar a difícil prova que se inicia em suas vidas, e o faço com a maior alegria, porque quero muito bem aos dois, e sou feliz por merecer a confiança dos meus superiores para essa realização. Comece a adquirir o hábito da oração, irmã. A prece sincera é o remédio mais poderoso para curar ou minimizar nossas dores e aflições. Fortaleça-se para poder ajudar seu companheiro a compreender e aceitar sua nova situação sem revolta ou desespero, porque será por meio dessa prova que sua alma florescerá."

Maísa em espírito ouvia as recomendações de Celeste.

"Mas o que devo fazer? Nem sei o que vai nos acontecer."

"Amanhã saberá pelo médico e, a partir desse momento, começará sua luta junto de Jaime para não deixá-lo cair em prostração. Todo ser possui o seu livre-arbítrio e, dependendo da maneira como faz uso dele, poderá ficar estacionado por períodos às vezes longos, de acordo com seu apego às coisas materiais ou sua teimosia em aceitar os fatos que não nos cabe mudar."

"Estou ficando assustada."

"Não há por que ficar assustada, querida irmã. Você já está sendo preparada há algum tempo para assumir essa missão de amparo a Jaime. Observe como alguns dos seus conceitos já foram lentamente se modificando em seu ser, mudanças essas que você mesma não compreende. Pois bem, aceite-as. Seja receptiva às inspirações que lhe passaremos; digo *nós*, porque o irmão Jacob é o espírito que me orienta nesta tarefa."

"Mas ao acordar me lembrarei de todas essas explicações?"

"Não, Maísa, não lembrará. Mas, quando despertar, experimentará uma sensação de tranqüilidade que vai fazê-la agigantar-se na sua tarefa com seu marido. Sentirá dentro do coração a compreensão necessária que a fará aceitar com resignação a situação que se apresentará. Saberá por intuição que não estará sozinha nessa prova tão necessária para vocês, sobretudo para Jaime. Para ampará-la fisicamente, contará com o apoio e o auxílio da nossa estimada irmã Andréia."

"Andréia?"

"Sim. Ela é um espírito forte e generoso que vai auxiliá-la, e também a Jaime, a passar por essa aflição que vai, com certeza, permitir que a vida floresça a sua alma e a de seu marido."

"Tenho medo!"

"Não, irmã, não se entregue ao medo desnecessário. Quem confia e entrega seu espírito ao amor de Deus, vencerá seus temores, suas angústias, e se fortalecerá cada vez mais, para o cumprimento de suas tarefas aqui na Terra. Caminhar com Deus no coração é possibilitar a si mesmo condições de dar passos seguros em direção ao Criador, é permitir que a esperança seja a mola propulsora que impedirá o desânimo e a prostração."

"E se eu não conseguir sentir essas inspirações de que você fala?"

"Maísa, o grande espírito Emmanuel, em seu livro *Pensamento e Vida*, através da psicografia de Chico Xavier, nos esclarece o seguinte: 'Assimilamos os pensamentos daqueles que pensam como nós pensamos. É que sentindo, mentalizando, falando ou agindo, sintonizamo-nos com as emoções e idéias de todas as pessoas, encarnadas ou desencarnadas, de nossa faixa de simpatia'. Para Emmanuel, a inspiração é a equipe dos pensamentos alheios que aceitamos ou procuramos. Você, com certeza sentirá nossas inspirações se mantiver seu pensamento, seus sentimentos e suas atitudes de acordo com as leis divinas, porque é dentro dessas leis que nós atuamos."

"E se eu ficar triste, o que faço para tirar a tristeza do meu coração?"

"Mantenha-se ocupada no trabalho edificante; quem trabalha não tem tempo de ficar triste."

Celeste gentilmente conduziu o espírito de Maísa de volta ao corpo e, assim que ela despertou, partiu para a espiritualidade, feliz por ter podido ser útil mais uma vez.

Maísa espreguiçou-se, lânguida. Passou as mãos pelos cabelos, ajeitando-os, e disse consigo mesma:

Nossa, dormi profundamente! Estava mesmo precisando descansar. Vou tomar um banho para despertar direito e me aprontar. Quero estar no hospital na hora certa. Estou ansiosa para saber de tudo o que está acontecendo com Jaime.

Ao lembrar-se do marido, teve uma sensação estranha, de desconforto. Continuou com suas considerações, falando para si:

— Tenho a impressão de que deve ter acontecido algo muito ruim com Jaime. Ontem, senti que o médico não me disse tudo, ou melhor, acho que ele não quis dizer. Mas o que será?

Enquanto a água refrescava todo o seu corpo, Maísa afirmava para si mesma:

— Bem, não importa, uma hora ele vai ter de dizer e, seja o que for, farei de tudo para ajudar Jaime. Afinal, até agora quem me deu todo o conforto foi ele; pode ser que este seja o momento de retribuir o que recebi em abundância de meu marido.

Assim que desceu, Maísa pediu a Gregório que ligasse para Leandro e Alberto perguntando-lhes se iriam com ela até o hospital.

— Senhora, eles confirmaram que vão, sim, acompanhá-la até lá. Estarão aqui às quatorze horas e trinta minutos.

— E Andréia?

— Confirmou também sua presença.

— Graças a Deus! Sabe, Gregório, não consigo explicar ao certo, mas sinto-me tão bem ao lado de Andréia... Ela me estimula, faz sempre as coisas parecerem mais fáceis. Gosto muito de estar com ela.

— Dona Andréia é uma grande amiga. Tem o coração maior que o mundo e explica as coisas como ninguém.

— Concordo com você, Gregório. Ela e Leandro formam um belo casal; os dois são generosos e amigos.

— Tem razão, senhora. — Logo em seguida, Gregório perguntou: — A senhora deseja comer alguma coisa agora?

— Traga-me somente um suco, quero almoçar mais cedo para estar pronta quando eles chegarem. Não vou me atrasar.

— Sim, senhora!

Quando o mordomo fez menção de se retirar, Maísa o chamou:

— Gregório!

— Pois não, senhora.

— Sei que pode parecer loucura, mas tenho a impressão de que a partir de hoje a vida nesta casa mudará consideravelmente.

— Posso saber o motivo, senhora?

— Porque alguma coisa me diz que não será nada bom o que vamos escutar do médico.

— O que a faz acreditar nisso?

— Não sei. Intuição, apenas intuição. Pode ir, Gregório.

Assim que o mordomo se afastou, Maísa aproximou-se do piano que majestosamente enfeitava sua sala e pegou uma linda foto na qual ela e Jaime sorriam abraçados. "Querido, o que será que está por vir? Que Deus nos ajude, porque sinto que iremos precisar muito de Dele. Nossa vida mudará, não sei em que sentido, mas mudará."

Beijou a fotografia com carinho, e duas lágrimas desceram pelo seu rosto. Tornou a chamar por Gregório.

— Pois não, senhora?

— Diga-me: você acredita em intuição, inspiração? Não sei direito... essas coisas que acontecem com a gente sem que saibamos de onde vêm e nem o por que vem?

Gregório permaneceu em silêncio. Maísa insistiu:

— Você não me respondeu Gregório. Acredita nessas coisas que não têm explicação lógica?

Meio sem jeito, o mordomo afirmou:

— Acredito, dona Maísa, acredito muito mesmo.

— Por quê?

— Bem, é que eu...

— Fale, Gregório, você o quê?

— Eu sou espírita, e para nós, espíritas, tudo tem uma explicação, porque cremos que o acaso não existe.

— Não entendo o que quer dizer!

— Quero dizer que todos os fatos importantes que nos acontecem estão relacionados às ações que praticamos no passado, são somente o efeito dessas ações. Levamos a sério a Lei de Causa e Efeito, dona Maísa.

— Lei de Causa e Efeito... — repetiu Maísa. — Já ouvi falar disso. Aliás, quem me falou dela foi Andréia.

— É importante entendermos essa lei, porque a partir desse entendimento passaremos a compreender que o nosso sofrimento, a dor que experimentamos nesta vida, nunca é origem, dona Maísa, mas conseqüência. Somos herdeiros do nosso futuro, e ele será o fruto do nosso presente.

— Estou surpresa com você, Gregório. Nunca imaginaria que tivesse tantos conhecimentos sobre essa questão de espiritualidade; ou melhor, nunca imaginei que era espírita, sempre tão discreto... Por que nunca nos falou sobre a sua religião, nunca demonstrou ser uma pessoa espírita?

— Dona Maísa, os verdadeiros espíritas não saem por aí apregoando sua crença sem uma causa ou uma razão para isso; aprendemos a respeitar as opções religiosas do nosso semelhante. Preferimos divulgar nossa doutrina por meio dos nossos exemplos, das nossas atitudes, que nos esforçamos para que sejam sempre elevadas e coerentes, agindo sempre de acordo com as leis divinas. Não ficamos todo o tempo querendo doutrinar os outros, porque sabemos que deve-se respeitar o livre-arbítrio do próximo.

— Gregório, volto a repetir: estou realmente surpresa!

— Sinto ter causado tanta surpresa na senhora. Se por ventura não gostar de conviver com um espírita em sua casa, não se intimide, dona Maísa, é só me dizer que irei embora imediatamente, sem nenhuma mágoa.

— Mas o que está dizendo, Gregório? Não me incomoda nem um pouco, ao contrário. Se a sua doutrina transforma seus adeptos em pessoas tão especiais e nobres como você e Andréia, ganhou a minha simpatia e a minha sincera vontade de conhecer mais sobre ela.

— É preciso que se diga, dona Maísa, que a Doutrina Espírita não transforma ninguém. A transformação é um ato individual, e só acontece com aquele que aceita, compreende e pratica seus esclarecimentos, que são baseados na palavra de Jesus e O tem como um Divino Amigo, como o nosso grande mestre. A Doutrina Espírita nada proíbe, apenas esclarece e direciona para o caminho seguro do bem e da caridade, mas, para que haja transformação, é necessário que o indivíduo queira se tornar melhor; que estude e se esforce para compreender e praticar o Evangelho de Jesus, e essa compreensão se tornará mais fácil se seguirmos as indicações de Jesus e o Seu exemplo de amor. É isso o que a Doutrina Espírita esclarece aos seus adeptos. Aprendemos a fazer uso da trilogia que nos eleva, ou seja: conhecimento, trabalho e amor.

Maísa, sem saber o que dizer diante de tudo o que lhe falara Gregório, apenas indagou:

— Então, voltando à questão inicial, você crê realmente em intuição e inspiração?

— Claro, dona Maísa!

— Devo acreditar que o que estou sentindo em relação a Jaime pode ser verdadeiro?

— E o que a senhora está sentindo?

— Tenho um estranho pressentimento de que a notícia que terei hoje não será nada boa, nem para mim, nem para Jaime; principalmente para Jaime. Nossa vida vai mudar, Gregório, sinto que nossa vida vai dar uma reviravolta, e não sei se estou preparada para isso.

— Dona Maísa, não posso dizer nada quanto a isso, porque na realidade não sei. O que sei é que não importa o que venha a acontecer, porque tanto a senhora quanto o sr. Jaime poderão contar sempre comigo, com os meus serviços e a minha lealdade. Jamais os deixarei sozinhos, a não ser que me despeçam.

— Nunca faríamos isso, Gregório. Você é como se fosse da família — completou Maísa, olhando para os olhos de Gregório e percebendo que neles brilhavam duas lágrimas que insistiam em cair. — Você está chorando?

— Não é nada, senhora, apenas a emoção ao ouvi-la dizer que sou como se fosse da família.

— Você é um empregado leal e de nossa inteira confiança, não se esqueça disso.

— Obrigado, senhora.

Assim que ele se foi, Maísa entregou-se às suas reflexões. "Interessante como nunca imaginei que Gregório fosse uma pessoa sensível e generosa como demonstrou ainda há pouco. Devo reconhecer que eu e Jaime nunca o tratamos com a consideração que merece, ou melhor dizendo, não sabemos nada sobre nossos empregados. Vou conversar com Jaime, precisamos dar mais atenção a eles.

Na hora combinada, Alberto, Leandro e Andréia chegaram à residência de Maísa. Como ela, também estavam ansiosos por notícias.

— Conseguiu descansar, Maísa?

— Cheguei a duvidar, mas consegui, sim, Andréia, e por mais incrível que possa parecer tive um sonho que deixou-me mais calma e ao mesmo tempo receosa.

— E o que foi que sonhou?

— Acredite, Andréia, mas não me lembro.

— E como pode dizer que o sonho deixou-a mais calma e receosa ao mesmo tempo se diz não lembrar-se de nada? Não estou entendendo você.

— Andréia, vou tentar lhe explicar o que eu mesma não consigo entender. Não me recordo do sonho, mas aqui dentro do meu coração sinto que alguma coisa aconteceu, coisa essa que não trago na memória, mas tenho a intuição. Quando digo que me deixou mais calma é porque algo me faz sentir que não estou desamparada, que alguém olha por mim, e não me pergunte quem é, porque não sei.

— E receosa por quê?

— Porque sinto que o que vamos ouvir hoje não será nada bom. É como se meu cérebro me dissesse que minha vida se modificará radicalmente.

— Mas de onde você tirou isso?

— Não sei, Alberto, não sei. Não me peçam explicações, porque não as tenho. Eu mesma não entendo minhas reações e fico confusa. Só posso dizer que a sensação que experimento é muito forte.

— Bem, Maísa, não queira obter tantas respostas porque nem sempre as temos. O importante é você agir de acordo com seu coração, confiando no Criador e no auxílio que o mundo maior nos dá. É bom que deixe sua sensibilidade aflorar para que lhe mostre o caminho, e verá que tomará medidas e atitudes certas.

— Obrigada, Andréia. Tudo isso é novo para mim. Esse acidente com Jaime, tão de repente, a morte de Manuel... Minha cabeça às vezes fica zonza e não sei o que fazer.

— Bem, é melhor nos apressarmos senão chegaremos atrasados e correremos o risco de o médico ter ido embora.

— Vamos, então!

Foram todos no carro de Alberto. Maísa permanecia calada, mantendo seu pensamento voltado para os últimos acontecimentos.

Não conseguia deixar de analisar seus sentimentos e sensações. Para ela, tudo isso, apesar das explicações que recebera, continuava sendo uma incógnita. Era como se uma névoa a impedisse de enxergar claramente, como gostaria.

"Como é possível experimentar tão forte essa sensação de amparo, de auxílio, e não conseguir definir de onde vem?", indagava-se, tentando encontrar uma resposta que a satisfizesse. "O que mais me incomoda é esse pressentimento de mudança, como se algum fato bem forte fosse acontecer em minha vida, provocando em mim mudanças de conceitos, pensamentos e atitudes."

De repente, lembrou-se do que Andréia lhe dissera a respeito da prece. Com simplicidade, elevou seu pensamento até Deus e suplicou: "Meu Deus, tenha compaixão de mim; preciso muito da Vossa misericórdia. Não consigo definir o que poderia acontecer de tão grave para que minha vida e a de Jaime sofresse transformação, mas, seja o que for, entregome a Ti e confio que serei fortalecida e amparada para saber caminhar, apesar das aflições. Assim seja."

Surpreendeu-se consigo mesma.

"Andréia tem razão; orar é simplesmente entregar seu coração e sua vida com confiança e fé no amor de Deus."

Andréia observava a amiga. Percebeu que seu rosto, antes angustiado, exibia agora uma expressão de paz.

— Tudo bem, Maísa?

— Sim, Andréia, tudo bem. Aliás, para lhe ser franca, experimento agora uma calma que chega a me surpreender. Logo eu, que sempre fui muito agitada.

— Você estava conversando com Deus?

— Sim. Segui o seu conselho e rezei a Deus da maneira que sei, sem me preocupar com palavras bonitas, apenas disse o que ia na minha alma.

— Essa serenidade que diz sentir, minha amiga, vem da sua oração, do seu coração sincero quando se entregou a Deus e implorou auxílio. Como já lhe disse, a prece sincera, espontânea, externando um pedido justo, traz-nos sempre um retorno em forma de paz e calma, sossegando a nossa alma para que saibamos enfrentar ou solucionar um problema, quando estiver ao nosso alcance fazê-lo.

— Como assim, Andréia?

— Veja: o mais importante e que não se deve esquecer é que precisamos nos renovar, isto é, nos aprimorar moralmente, e esse aprimoramento vem de dentro para fora. Se isso não ocorrer, resultará em um fracasso em nossa alma, pois tudo não passará de fingimento quando rezarmos ostentando a aparência de virtuosos. O socorro espiritual não é milagroso, nem mágico; toda recuperação não pode dispensar a renovação mental do necessitado. É por isso que, quando oramos com fé e sinceridade, experimentamos essa sensação de paz e amparo.

— Sempre que você fala, Andréia, as coisas começam a se modificar em minha cabeça e parece que se tornam mais fáceis de resolver. Você coloca em tudo a importância e o valor adequados, e é isso que considero difícil.

Andréia sorriu.

— Não queira andar muito depressa, Maísa, lembre-se de que para todos os nossos propósitos existe um tempo, e o nosso tempo, aquele que determinamos para que seja solucionado, é o tempo que Deus acha justo e necessário. E nós, espíritos encarnados, não podemos nos esquecer de que será sempre como Deus quiser, porque Ele é o senhor da nossa vida. A nós cabe aprender, lutar e esperar, sem jamais perder a esperança.

Alberto interrompeu a conversa das duas amigas:

— O assunto agora será outro. Chegamos.

Maísa olhou para Andréia como se dissesse: "E agora, amiga, o que faço?"

Andréia, compreendendo o estado de alma da amiga, sustentou o olhar súplice de Maísa, e disse-lhe:

— Agora é entrar e enfrentar a vida.

Desceram e, em poucos segundos, encontravam-se na recepção, solicitando a presença do médico cirurgião.

— Vou informar-lhe da chegada dos senhores — falou a recepcionista, delicadamente. — Por favor, aguardem um instante.

Sentaram-se um ao lado do outro e esperaram a chegada do médico. Decorridos mais ou menos quinze minutos, levan-

O Preço da Ambição 233

taram-se com a aproximação do doutor. Maísa, impaciente, perguntou de imediato:

— Como está meu marido, doutor?

— Acalme-se, senhora, ele passa bem, melhor do que nós próprios esperávamos. Mas, como disse ontem à noite, é ainda muito cedo para afirmarmos o que quer que seja.

— Jaime está respirando sozinho? — Leandro quis saber.

— Não, respira com a ajuda de aparelhos, mas isso era esperado em razão da gravidade de sua cirurgia e do estado em que aqui chegou.

Maísa ia fazer-lhe outra pergunta quando o médico convidou-os para ir até sua sala, para conversarem mais à vontade. Assim que todos se acomodaram, o doutor, medindo as palavras, iniciou:

— Chamei-os aqui para que saibam sobre a condição real do paciente. Ontem achei inadequado colocar-lhes a situação como é realmente, em vista do cansaço e do estado emocional de dona Maísa. Hoje não posso deixar de esclarecê-los, considero meu dever de médico manter a família informada da situação do paciente.

— Por favor, doutor, fale de uma vez. O que está havendo de tão grave com o meu marido?

— Dona Maísa, como já disse, seu marido deu entrada neste hospital com ferimentos graves e a coluna comprometida. De imediato foram feitos exames para que se pudesse fazer a cirurgia e avaliar o comprometimento da coluna.

— E daí, doutor?

— Médicos especialistas e altamente competentes analisaram o exame e o paciente, e chegaram à conclusão que, sinto dizer, não é das melhores.

234 Sônia Tozzi / Irmão Ivo

— Por favor, doutor, qual é a conclusão a que chegaram?! — perguntou Alberto, tão nervoso quanto ao outros.

— Infelizmente, a coluna dele sofreu um traumatismo muito grande. O sr. Jaime ficou preso nas ferragens após a batida, e isso ocasionou prejuízo para sua coluna.

— Pelo amor de Deus, não afirme o que eu estou pensando... — implorou Maísa, desesperada.

— Sinto muito dar-lhes essa notícia, mas tudo nos faz crer que poderá ser um comprometimento de difícil recuperação.

— Como assim?! Seja mais claro, por favor!

— Quero dizer, dona Maísa, que muito provavelmente ele ficará sem o movimento das pernas, terá de se locomover em uma cadeira de rodas.

— Isso é definitivo? Quero dizer, para sempre?

— Senhora, eu disse de difícil recuperação, não definitivamente.

O impacto das palavras do médico foi tão grande para Maísa que ela, jogando-se em uma cadeira, explodiu em pranto.

Seus amigos, apesar do susto, correram para ampará-la, cada um dizendo o que lhe vinha na cabeça.

O médico, como sempre mantendo a calma necessária e acostumado com fatos desse tipo, tentou tranqüilizar os presentes, dizendo:

— Deixe-a livre para que coloque para fora todos os seus sentimentos, seus medos e suas incertezas; fará bem a ela. Não reprimam seu desejo de chorar, é natural que o faça. É seu marido, jovem, forte, levará um tempo para que aceite essa situação nova que invadiu sua vida. Por que não a levam para casa? Não poderá mesmo entrar na U.T.I. Em casa, dona Maísa descansará, colocará em ordem suas emoções, e

O Preço da Ambição 235

amanhã, mais calma, todos poderão voltar e terminaremos nossa conversa. Estarei à disposição para dar-lhes as explicações necessárias.

— Obrigado, doutor — respondeu Leandro. — Acho que tem razão, vamos fazer o que o senhor sugeriu. Se houver alguma alteração no quadro clínico de Jaime, por gentileza, mande nos avisar. Deixarei meu telefone na recepção, caso necessite. Gostaria que falassem comigo ou minha esposa, para poupar Maísa um pouco, ela está realmente muito abalada. Conhecemos Maísa o suficiente para saber como conversar com ela.

— Estejam tranqüilos, se houver necessidade, mandarei avisá-los. Se o paciente continuar reagindo bem, creio que em três ou quatro dias poderá ser transferido para a unidade semi-intensiva, e lá dona Maísa poderá entrar uma vez por dia para vê-lo.

— Está bem, doutor, muito obrigado.

— Tenham uma boa tarde. — E o médico os deixou.

Aproximando-se de Maísa, os amigos disseram-lhe, com carinho:

— Vamos, Maísa, levaremos você até sua casa. É preciso saber esperar, o tempo é o melhor remédio. Jaime está sendo bem tratado e reagindo bem, conforme o médico afirmou. Tudo se resolverá. Você não pode se desesperar, ele precisará muito de você, de sua força e de sua alegria.

Maísa olhou para os amigos com os olhos vermelhos de chorar e, quase num lamento, disse:

— Aleijado! Meu Jaime preso em uma cadeira de rodas! Meu Deus, ele não vai agüentar, tampouco eu!

— Vão, sim, Maísa. — Andréia ajeitou-lhe os cabelos. — Se vocês trouxerem Jesus para dentro de seus corações, suportarão, sim, porque Ele lhes dará forças. Jesus, minha amiga, nunca abandonou um só homem no deserto, e não abandonará vocês.

— Mas é muito triste, Andréia! Justo ele, tão cheio de vida, tendo dinheiro suficiente para viver como gosta, ficar parado, inativo? Por que conosco?!

— Desculpe-me pelo que vou lhe dizer, Maísa, mas talvez a partir dessa cadeira de rodas seus corações vão florir. Por isso não amaldiçoe nada, porque nunca sabemos o valor de cada aflição na estrada da nossa evolução.

Maísa abraçou a amiga, pedindo-lhe:

— Não me deixe só, por favor! Ajude-me a agüentar tudo isso!

Capítulo XV.

Amparando os aflitos

Andréia, diante do desespero e do descontrole emocional da amiga, abraçou-a com carinho, dizendo-lhe:
— Calma, Maísa, ele irá agüentar se você o ajudar para que isso aconteça. Extravase toda a surpresa e indignação que essa notícia lhe causou, coloque para fora sua emoção e desabafe. Se precisar, chore, chore muito até se sentir melhor. Quando estiver mais calma, chame pela sua memória e se lembrará de todas as coisas que me disse, ou seja, seu pressentimento de que sua vida sofreria uma mudança brusca e a certeza de que estaria amparada. Pois bem, a mudança já aconteceu. Você já tem conhecimento do fato que transformou sua vida e a de Jaime. Quanto ao amparo, acredite firmemente nele, porque ele virá. Se você o aceitar, terá equilíbrio e sabedoria para a cada dia vencer as barreiras que surgirão. Como lhe disse, sofra, mas sofra com Jesus no coração.
— Andréia, não pensei que fosse dessa maneira tão penosa!

O médico, assim que deixou sua sala, encontrou-se com um colega, e os dois ficaram conversando. Desse modo, não pôde deixar de ouvir parte da conversa de Andréia e Maísa. Pedindo licença ao amigo, voltou-se e dirigiu a Maísa:

— Dona Maísa, perdoe-me por interferir, mas não pude deixar de ouvir o que diziam. Queria dizer-lhe que dona Andréia tem razão, devemos priorizar as coisas mais importantes. Ou seja, o que para a senhora é o melhor? Tê-lo vivo e saudável ao seu lado, mesmo em uma cadeira de rodas, ou perdê-lo para sempre? O estado de seu marido ainda inspira muitos cuidados, como disse anteriormente; os próximos dias serão decisivos. Acho mais prudente agradecer a Deus pelo fato de o sr. Jaime ter saído vivo desse acidente, com chances de sobreviver, do que lamentar sua invalidez.

— Não sei se mantê-lo assim inerte é o melhor para ele! — exclamou Maísa.

— Penso que a senhora não entendeu o que eu quis dizer. Gostaria de ter essa conversa amanhã, quando a senhora estaria mais calma, mas diante dos fatos considero melhor que explique agora.

— Então, fale, doutor. — A voz dela soou áspera.

— Não leve em consideração a rispidez dela, doutor. Maísa está muito nervosa — pediu Leandro.

— Pois bem — disse o médico. — Quando afirmei da possibilidade forte, porque os indícios dizem isso, de o paciente ficar preso em uma cadeira de rodas, quis dizer que apenas suas pernas ficaram sem movimento, inertes, impossibilitando-o de caminhar. Mas todo o restante de seu corpo, e principalmente sua mente, sua inteligência e seu raciocínio não ficaram comprometidos. O sr. Jaime continuará sendo uma pessoa normal, absolutamente normal, apto a qualquer tipo de trabalho; apenas não poderá se locomover sem a ajuda da cadeira de rodas. Não reaja como se ele tivesse se tornado um incapaz, dona Maísa, porque não é verdade.

— Ele ficará assim para sempre?

— "Para sempre" é uma definição muito forte e decisiva. Acreditamos não ser o caso dele; por ora, a posição é essa. Não se pode esquecer que ele fará um tratamento de fisioterapia e hidroterapia para que suas pernas não atrofiem. Enfim, dona Maísa, assim que o sr. Jaime se recuperar, deverá ser encaminhado para os profissionais da área e, a partir daí, poderá ou não acontecer alguma coisa de inesperado. Hoje em dia existem muitos recursos. O que não se pode fazer é perder as esperanças. Devemos perseverar no tratamento.

Maísa pareceu ter se acalmado.

— Quando poderei vê-lo?

— Poderá ver seu marido através do vidro. Quando gostaria de ir?

— Agora!

— Venha comigo, eu a acompanho. Lembre-se de que ele está sedado e intubado. Pode ser que não goste de vê-lo assim, mas esse procedimento é necessário.

— Não faz mal, quero ver Jaime assim mesmo.

— Acompanhe-me.

Maísa voltou-se para os amigos e lhes disse:

— Por favor, esperem-me aqui.

— Nós esperaremos — afirmou Alberto. — Vá tranqüila.

Receosa e com o coração descompassado, Maísa se foi com o médico. Colocou o rosto no vidro que a separava de Jaime, que, sedado, não se dava conta de nada à sua volta.

A angústia tomou conta de todo o seu ser. Lágrimas desciam, copiosas, pelas faces dela, já vermelhas de tanto chorar. Nunca imaginara que veria seu marido naquela situação, sedado, intubado... Junto com outros seis pacientes, Jaime era apenas mais um que enfrentava um momento difícil. Não queria acreditar na cena que via.

"Preciso de ajuda, mas onde procurá-la?" Seu pensamento livre voou até o Pai Maior, e apenas duas palavras foram inseridas nesse contexto de aflição: "Senhor, ajude-me!"

O tempo permitido terminou, e Maísa retornou para junto de seus amigos. Ao vê-la chegar, todos perceberam o seu abatimento, e, em respeito ao seu silêncio, nada lhe perguntaram, abraçaram-na apenas.

— Conte conosco, Maísa — disseram —, para o que precisar. Seja para o que for, conte conosco.

Os olhos de Maísa procuraram por Andréia e, aconchegando-se em seus braços, ela deu vazão a toda a sua dor em um choro convulsivo. Era como se aquelas lágrimas levassem toda a sua tristeza embora.

Ninguém ousou interferir naquele momento de infelicidade, que era só seu. Deixaram-na entregue a si mesma o tempo necessário para que se acalmasse.

Passados alguns minutos que para todos pareceram longos, Maísa levantou a cabeça, passou um lenço delicadamente em seus olhos, secando-os, ajeitou os cabelos e, causando estranheza aos presentes, disse-lhes:

— Pronto, já coloquei para fora o que precisava. Agora, a partir deste momento, quero ser uma guerreira que lutará com toda a coragem e esforço para o bem de Jaime. O meu momento já passou, agora é cuidar dele para que não se entregue à depressão. Meu marido me deu tudo o que eu quis, fez todas as minhas vontades. Agora é minha vez de retribuir o que venho recebendo há vários anos.

Os três amigos estavam atônitos. Não esperavam ouvir isso de Maísa, e muito menos escutá-la dizer com tamanha veemência tudo o que disse.

— Por que me olham desse jeito? — ela perguntou aos três.

— Não estamos simplesmente olhando para você, amiga, mas admirando-a. — Foi Leandro quem falou.

— Admirando?! A mim?! Alegra-me ter passado para vocês essa impressão, mas não se impressionem muito comigo, porque não sou essa fortaleza que devem estar imaginando. Em geral sou uma pessoa que sofre muitos altos e baixos em todas as minhas emoções, mas o que posso garantir é que lutarei bravamente para não esmorecer ou deixar Jaime notar que estou sofrendo. Ele terá toda a minha atenção e alegria.

— Assim é que se fala, minha amiga! Estou orgulhosa de você, sei que vai dar conta da sua tarefa — Andréia animava Maísa.

— Bem, é hora de irmos — disse Maísa. — Quero ir até a casa de Manuel para saber como estão todos, dar apoio à sua esposa e filhos. Ele sempre foi um excelente funcionário, não quero que falte nada à sua família, e que ele tenha uma despedida à altura do que merece.

— Faz muito bem, Maísa.

— Vocês podem me acompanhar?

— Peço que me desculpe, Maísa, mas realmente não poderei ir com você. — Leandro segurou-lhe a mão. — Gostaria muito, mas hoje é impossível deixar de passar no escritório. Tenho um encontro importante com um empresário que está interessado em me ajudar no meu projeto. Você compreende, não? Não posso me dar ao luxo de perder esse parceiro. Se Andréia estiver livre, ela vai com você.

— Eu também não poderei ir — dizia Alberto. — Marquei uma reunião com Júnior para resolvermos problemas referentes às nossas padarias.

— Eu vou com você, Maísa.

— Obrigada, Andréia. Quanto a vocês, não se preocupem, eu entendo seus motivos.

Mudando completamente de assunto, Maísa perguntou a Alberto:

— Você tem notícias de Cássia?

— Quase não a vejo, e não nos falamos nem por telefone.

— Mas já deve estar se aproximando a hora do parto, não?

— Imagino que seja daqui a uns quinze ou vinte dias, mais ou menos.

— Ela vai avisá-lo?

— Ficou combinado que sim. Vai me avisar no momento em que estiver indo para a maternidade. Vou aguardar.

Maísa e Andréia trocaram olhares, e não disseram mais nada.

— Vamos, então?

— Vamos.

Alberto deixou cada um no lugar desejado e seguiu para sua empresa.

Maísa e Andréia refrescaram-se com um copo de água gelada e seguiram com Gregório para a residência de Manuel.

Chegando às imediações, logo identificaram a casa, por conta do acúmulo de pessoas logo em frente.

— Com certeza é ali, Gregório!

— É, sim, dona Maísa, é aquela casa.

— Imaginei assim que vi tanta gente.

— São pessoas simples, mas vizinhos muito unidos, um sempre ajudando o outro. É um procedimento comum nos bairros operários.

Maísa nada comentou.

Desceram do carro e aguardaram Gregório, que, mais familiarizado com os moradores, entrou e foi falar com Terezinha, viúva de Manuel.

— Façam-nas entrar — pediu Terezinha, chorosa.

Convidadas, Maísa e Andréia adentraram a residência, a princípio com timidez, mas, devido à gentileza com que foram recebidas pela família de Terezinha e por ela própria, sentiram-se mais à vontade.

— Terezinha, não sei expressar o quanto lamento tudo isso que aconteceu. Estou realmente muito triste e pesarosa em perder um funcionário que, após tantos anos ao lado de Jaime, tornou-se de verdade seu amigo. Aceite meus sentimentos e também meus préstimos. Não quero que nada lhes falte, nem a você, nem a seus filhos.

— Agradeço muito, dona Maísa. O sr. Gregório, quando aqui esteve comunicando-me o acidente, disse-me que não me preocupasse com as despesas do enterro, porque a firma do sr. Jaime cobriria todas elas. Fico-lhe muito grata por isso.

— Não é preciso me agradecer, tenho certeza de que se Jaime pudesse agiria exatamente dessa maneira. Manuel era um funcionário leal e competente, sempre agiu com honestidade, e merece o que há de melhor, embora o melhor fosse tê-lo vivo entre nós.

Terezinha enxugou as lágrimas.

— Como sabe, dona Maísa, somos pessoas humildes, e não teria realmente como dar ao meu marido um enterro digno. Além do mais, agora terei de arranjar um emprego, pois tenho de pensar no sustento dos meus três filhos. Estarei sozinha para criá-los e educá-los.

— Não pense nisso agora, Terezinha, é cedo ainda. No momento certo, daremos um jeito. Tenha certeza de que tudo dará certo.

— A que horas chega o corpo de Manuel?

— Só será liberado no final da tarde. O velório será aqui mesmo, em nossa casa.

Maísa chamou a mãe de Terezinha.

— Gostaria que a senhora ouvisse o que tenho a dizer à sua filha. Ela está muito abalada, o que é natural, e pode ser que posteriormente não se lembre do que conversamos aqui.

— Pois não, dona Maísa, pode dizer.

— Terezinha, assim que tudo isso se acalmar, e você achar que está em condições, procure-me, pois tenho um emprego para você. Jacinta necessita de uma ajudante e, se você quiser, a vaga é sua. Se aceitar, ficarei muito feliz.

— A senhora está falando sério?!

— Pode acreditar que sim, Terezinha. Quanto às crianças, elas estarão amparadas. Assim que se sentir melhor, procure aqui por perto uma escolinha onde elas possam ficar durante todo o dia, enquanto você trabalha; mas um lugar onde tenha estudo e recreação.

O Preço da Ambição 245

— Mas, senhora, não tenho a mínima condição de pagar uma escolinha. Muito menos em período integral — disse Terezinha, encabulada.

— Nós assumiremos os estudos dessas crianças até que completem o segundo grau.

— Dona Maísa, não posso aceitar! Isso custa muito dinheiro!

— Terezinha, para Jaime não fará a menor diferença. Podemos assumir com tranqüilidade essa despesa, e aceitando só trará alegria para nós. Seu marido serviu Jaime durante anos, desde a época de solteiro. Agora é a vez de meu marido fazer algo por ele, através de seus filhos.

Terezinha olhou para sua mãe, e as duas se abraçaram, mal podendo crer no que ouviam. Ainda com receio de que tudo fosse apenas um impulso de momento, perguntou:

— A senhora está falando sério, dona Maísa? Tem certeza da dimensão do que me diz, da esperança que está colocando em meu coração?

— Não brincaria com esse assunto, principalmente em um momento tão sério e triste como este. Não sou leviana a esse ponto. E, depois, garanto tudo o que disse, e sei o que representa para você. Deixe passar o tempo que julgar necessário. Assim que se sentir mais fortalecida, procure-me para resolvermos tudo.

Terezinha, em pranto, beijou as mãos de Maísa.

— Que Deus abençoe a senhora e o sr. Jaime. Rogo a Deus que ele saia logo do hospital, curado. Só Deus poderá retribuir o que está fazendo por nós. Eu não sou ninguém e nada tenho, mas a minha lealdade e amizade a senhora pode ter certeza de que terá.

246 Sônia Tozzi / Irmão Ivo

— Eu também lhe sou grata por todo o apoio que está dando a minha filha e a meus netos — disse sua mãe.

Maísa retirou sua mão.

— Não faça isso, Terezinha. O que pretendo fazer não é bondade, é minha obrigação por toda a dedicação que Manuel teve com Jaime.

— Mas nem todos reconhecem o trabalho e o esforço alheio. Muito obrigada.

Com discrição, Maísa abriu a bolsa, retirou determinada quantia em dinheiro e depositou nas mãos de Terezinha.

— Para suas primeiras despesas até que comece seu trabalho.

Sem esperar resposta, virou as costas e saiu, acompanhada de Andréia.

— Estou impressionada e feliz com sua atitude, Maísa. Cada vez me surpreendo mais com você.

— Está na hora de começar a aprender. Aposto que você e Leandro agiriam exatamente assim.

— Em alguns momentos, nosso coração fica tão emocionado que é melhor não dizer nada.

— Então não diga, Andréia, seja somente minha amiga.

Tanto Terezinha quanto sua mãe ficaram atônitas ao verificar o montante da quantia recebida.

— Mãe, foi Deus quem mandou dona Maísa aqui. A presença dela foi um bálsamo em meio a tanta tristeza.

— É verdade, filha. Veja como Deus sabe o momento certo de intervir. Você acaba de perder seu marido, que deixou-a só com as crianças, todas pequenas, mas a sua tristeza não a fez blasfemar contra nosso Pai que está no Céu. Submeteu-se à vontade divina, aceitando-a, apesar da dor. Seu sofrimento não lhe trouxe revolta, e essa sua atitude de resignação e obediência ao Criador propiciou-lhe o merecimento do benefício que acaba de receber. Agora, filha, a partir deste momento, tenha sempre dedicação e gratidão por sua benfeitora, que correu em seu auxílio num momento de grande dor.

— Nem precisa me dizer, mãe, serei sempre grata a Deus e à dona Maísa.

No carro, Maísa e Andréia conversavam.

— Maísa, não posso deixar de repetir e aplaudir a atitude generosa que teve com Terezinha. Devo ser sincera e lhe dizer que nunca esperei que fosse capaz desse gesto nobre. Parabéns. Agora sei que está se esforçando para mudar os seus conceitos, e isso me deixa muito feliz e orgulhosa de você.

— Dona Andréia tem razão. Admirei também o gesto da senhora, e a cumprimento — interveio Gregório. — Deu tranqüilidade a uma pessoa tão sofrida e assustada como dona Terezinha.

— Devo confessar uma coisa para vocês. Nem eu mesma sei por que tomei essa atitude. Foi espontânea e inesperada. Não tinha isso em mente, mas, quando me aproximei daquela família tão triste, sem nenhum recurso, insegura, deu-me uma vontade enorme de ajudá-la. Fiz tudo movida por um impulso, mas não me arrependo nem um pouco. Ao contrário, sinto-me feliz e com o coração leve.

— Isso porque seu impulso foi de generosidade, de amor ao próximo. Você pode nem ter tido consciência, mas naquele momento, por meio da sua atitude, você amou os seus semelhantes.

— Acha mesmo, Andréia?

— Não acho, Maísa, tenho certeza.

— Por que será que estou ficando assim?

— Já conversamos sobre isso. Não se questione tanto, apenas aja de acordo com o seu coração e deixe que saia o sentimento que existe dentro dele. Assim você não vai se enganar.

Alberto, assim que chegou a seu escritório, foi logo procurado por Júnior, e os dois conversaram sobre negócios, resolvendo todas as questões pendentes.

— Está de parabéns, meu filho. A sua capacidade, aliada à sua responsabilidade e ao interesse com que conduz nossos negócios, é que faz com que nossa empresa continue de pé, sólida e gerando empregos para muitos.

— Obrigado, papai, mas se tenho tudo isso que o senhor mencionou foi o senhor quem me ensinou. Sempre admirei a seriedade e a justiça com que sempre levou seu trabalho.

— Sabe, meu filho, na vida devemos correr atrás dos nossos objetivos e sonhos. Mas essa corrida não deve interferir no nosso caráter e na honestidade com a qual realizamos o nosso trabalho, ou qualquer outra tarefa. Quando nossa meta se torna unicamente ganhar dinheiro, passamos por cima das coisas principais, que são as virtudes, que nos tornam pessoas dignas. Não se pode mudar aquilo que realmente é importante em detrimento de interesses financeiros. Aprendi na vida que mais importante que acumular riquezas é saber dar a ela uma finalidade justa e útil.

— Foi por isso que o senhor fez parceria no projeto de Leandro, não foi?

— Sim, Leandro é o exemplo vivo de tudo o que falei, e são esses exemplos que se devem seguir. Já errei muito na vida, meu filho, quando mais jovem, mas aos poucos fui aprendendo a dar às coisas o valor e a importância adequadas. Leandro foi uma das pessoas que, sem se dar conta, ajudou-me bastante, porque em cada ato generoso dele eu aprendia um pouco.

— E hoje como o senhor está?

— Hoje sinto-me tranqüilo, porque do passado guardei minhas boas atitudes, esforçando-me para repeti-las. As reprováveis, essas servem de lição para que eu não as repita.

Júnior tornou-se sério. Usando de cautela e muito respeito pelo pai, perguntou-lhe:

— Pai, peço-lhe desculpas por tocar nesse assunto novamente, mas como está em relação ao parto de Cássia, que se aproxima? — Percebeu em seu pai uma leve sombra de preocupação. — Se não quiser falar sobre isso, não fale, vou entender.

— Não se trata disso, filho, de querer ou não querer falar. É um assunto que me diz respeito, tenho por obrigação falar sobre ele. Além do mais, está aí algo que não dá para esquecer, fingir que nada está acontecendo. O que quer saber?

Júnior ia responder, mas Alberto se adiantou:

— Não precisa dizer nada, sei o que quer saber: se vou ou não pedir o teste de paternidade. É isso?

— Sim, é isso. Estou preocupado, pai. Seria prudente que o fizesse. Se o senhor confia tanto em Cássia, e se ela não tem nada a esconder, não vejo justificativa para tanto receio. Tudo se torna mais fácil se não existe nenhuma dúvida. Todos ficaríamos mais tranqüilos, inclusive o senhor.

Alberto ficou absorto por alguns instantes. Concluía que Júnior poderia ter razão. Se de fato Cássia não tinha nada a esconder, não temeria o teste. Ao contrário, seria a primeira a querer provar que falava a verdade.

Pela primeira vez, Alberto começou a considerar que seus filhos talvez estivessem certos em querer obter a certeza de que aquela criança fosse de verdade seu irmão.

Júnior, por sua vez, pensava: "Tomara que papai aceite essa hipótese. Sofrerá bem menos do que saber toda a trama de Cássia para tirar proveito de sua fortuna. Se ele fizer o teste, não precisará tomar conhecimento das provas, da gravação e da atitude indigna de Cássia durante todo este tempo. Sofrerá menos se pensar que foi uma traição casual".

Alberto também fazia suas conjecturas sobre o tema: "É melhor mesmo seguir a sugestão de Júnior. Não me custa nada atender a uma vontade de meus filhos, dando-lhes a prova que tanto querem. Amanhã eles não poderão me acusar de nada, nem achar que dou a Cássia maior importância do que a eles, que são meus filhos".

— Ficou quieto de repente. Em que pensa, pai?

— Que você pode ter mesmo razão, Júnior. Se essa questão é tão importante para você e seus irmãos, tudo bem, vou satisfazê-los. Pedirei o exame.

Júnior mal acreditou no que ouviu. Seu rosto se iluminou, demonstrando a alegria que o invadiu. Sabia que dessa forma tudo seria mais fácil e com menos sofrimento para seu pai.

— Tanto eu quanto Armando e Deise ficaremos muito felizes por essa atitude. Volto a repetir, pai, se essa criança for realmente seu filho, tenha certeza de que vamos recebê-la de braços abertos e considerá-la nosso irmão. — Deu alguns tapinhas nas costas de Alberto. — Confie em seus filhos, nós sempre o apoiaremos! É importante que não aja por impulso, não permita que sua expectativa de ser pai de novo o coloque em situação difícil. Se Cássia insistir, e se ela o fizer com muita veemência, usando chantagem emocional, é mais um motivo para procurar a verdade.

— Sossegue, filho, não tomarei nenhuma atitude sem primeiro fazer o que me pedem.

— Obrigado, pai, pela sua compreensão.

Júnior despediu-se de Alberto e retornou à sua sala. Sentia o coração aliviado. Sabia que o melhor jeito, o menos doloroso para seu pai saber a verdade, era por meio do teste. Seria péssimo se tomasse conhecimento da sórdida trama de Cássia.

Ligou para os irmãos, tranqüilizando-os com a boa notícia.

— Graças a Deus, Júnior! — disse Deise. — Papai aceitou tomar a medida certa e mais prudente. Só espero que ele não mude novamente de opinião.

— Acredito que dessa vez não mudará. Achei-o mais seguro. Tudo indica que tomou consciência da necessidade de se apurar os fatos.

— Assim, fico mais tranqüila.

Leandro, logo que entrou em seu escritório, recebeu o recado de que Tião havia telefonado, dizendo ter urgência em falar com ele. O único meio de se comunicar com Tião era indo até a comunidade, para onde Leandro se dirigiu, sem pensar duas vezes.

Chegando ao bar do amigo, cumprimentou Tião, que foi logo dizendo:

— Que bom que veio, sr. Leandro. Tenho uma notícia não muito agradável para lhe dar.

— Então não faça rodeios, Tião. Diga logo o que aconteceu.

— Bem, sei que não é da sua responsabilidade ou obrigação resolver todos os problemas aqui da favela, mas neste caso imaginei que gostaria de saber o que está acontecendo com a família de Talita.

— O que há. Talita está doente?

— Não. É a mãe dela.

— E o que tem a mãe da menina? Fale sem rodeios, Tião.

— Está muito doente. Ou melhor, gravemente doente. Não consegue mais trabalhar. Por conta disso, tanto ela quanto seus filhos estão passando por muitas dificuldades e necessidades. O pessoal aqui da favela tem se unido para ajudá-la, mas como o senhor sabe todo mundo aqui é muito pobre, mal ganha para o próprio sustento. Por mais que todos se esforcem, podem fazer muito pouco.

— Mas o que ela tem de tão grave? Que doença é essa?

— Trata-se de um tumor maligno, e, segundo o médico, os indícios são de que terá poucos meses de vida. É uma pena ver aquelas crianças tão judiadas e passando fome.

— Fez muito bem em me avisar, Tião.

— Ainda para completar suas dificuldades, seus filhos voltaram para junto dela, e isso quer dizer que são mais bocas para serem alimentadas.

Leandro espantou-se.

— O que disse, Tião, seus filhos? Lembro-me de que além de Talita havia só um irmãozinho menor! — exclamou Leandro.

— Naquela época era assim, mas na verdade existem mais dois filhos pouca coisa mais velhos que Talita, que moravam com a avó em uma cidade do interior, sua cidade natal.

— Que cidade é essa?

— Não me recordo, sei apenas que é próxima da capital.

— Bem, isso também não tem importância. E o que houve?

— A avó morreu e, como era sozinha, morando apenas com os dois netinhos, os meninos, não tendo para onde ir, voltaram a morar com a mãe. E isso, diga-se de passagem, dificultou ainda mais a situação da família.

Leandro, ao mesmo tempo que ouvia a narrativa de Tião, pensava em alguma maneira de, a curto prazo, resolver por uns dias a situação daquela pobre gente.

— Em que pensa, senhor?

— Tião, escute, é preciso resolver de imediato a situação dessa família. Não é admissível aceitar que seres humanos como nós, principalmente crianças, passem tanta necessidade e permanecer de braços cruzados sem nada fazer, como se não nos dissesse respeito.

— Desculpe-me, sr. Leandro, mas quando o senhor fala desse jeito fico pensando até que ponto isso é da nossa conta.

— Até o ponto da compreensão de que todos nós temos direito ao sol, que fazemos parte da mesma criação divina, que estamos aqui para ajudar uns aos outros e, conseqüentemente, aprendendo a amar além de nós mesmos. Aqueles que têm muito, Tião, é preciso que entendam a importância de repartir com os que nada têm, minimizando assim o sofrimento alheio. Na realidade, não sabemos se a situação poderá se reverter um dia!

Tião ficou pensativo.

— Acho que o senhor tem razão. Quantas vezes sofremos por não conseguirmos coisas supérfluas e tantos não conseguem nem o necessário para viver com um pouco de dignidade? Bem, mas o que o senhor pretende fazer?

— Já observei que, aqui no seu bar, você só vende coisas triviais. A minha idéia é ir até um mercado, comprar alimentos, verduras, frutas, enfim, o essencial para uma boa alimentação, e levar até a casa de Talita. O que acha?

O rosto de Tião se iluminou.

— O que acho?! Acho que de uma forma ou de outra o senhor encontrou uma solução a curto prazo. Existe um mercadinho aqui perto, mas que tem um pouco de tudo. Podemos ir até lá, se quiser.

— Então, vamos. Isto é, você pode ir comigo?

— Claro!

Tião, dando um grito estridente, avisou a mulher para vir até o bar, pois ele precisava sair.

— Fique aqui, mulher, tenho de dar uma saída com o sr. Leandro. Não vá deixar o bar sozinho, hein?

— Que é isso marido! Já estou acostumada a ficar aqui, pode ir sossegado.

— Vamos, sr. Leandro.

Leandro, sem economizar, fez uma excelente compra, visando que nada faltasse às crianças, nem à mãe delas.

— Sr. Leandro, não é demais o que está levando?

— Não, meu amigo, estou calculando para aproximadamente três meses. Ficarei mais tranqüilo sabendo que pelo menos não estão passando fome.

Tião, a cada instante, mais admirava aquele homem bom e generoso, que, apesar da situação privilegiada em que se encontrava, não se esquecia do seu semelhante que padecia a aflição das miséria, sofrendo todos os tipos de humilhações.

Com a compra feita, dirigiram-se até a casa de Talita. Ao entrar na humilde residência, encontraram sua mãe deitada no leito pobre, sem nenhuma força para se levantar.

Leandro, em uma fração de segundo, trouxe à sua mente a casa rica em que morava, o quarto de seus filhos cheios de brinquedos e a despensa contendo o necessário e o supérfluo. Sentiu uma dor inexplicável e, disfarçadamente, enxugou uma lágrima tímida que caiu pelo seu rosto.

Tião percebeu o momento de reflexão de seu amigo, mas disfarçou para que aquele homem, que exercitava a caridade sem exaltação, não se intimidasse.

Depositaram as caixas com os alimentos no chão. A mulher, vendo a generosidade com a qual era tratada, generosidade essa feita sem levar nenhuma humilhação para quem a recebia, apenas conseguiu dizer naquele momento:

— Deus abençoe o senhor, dr. Leandro. Não havia mais nada para meus filhos comerem, a não ser um pouco de feijão e farinha. Não consigo mais trabalhar. As dores são muito fortes.

— A senhora não se sentirá melhor internada em um hospital?

— Pode ser que sim. Mas os médicos disseram não ter mais nada que possam fazer, a não ser tomar os remédios, que, graças a Deus, estou conseguindo. Além do mais, mesmo estando presa a esta cama, meus filhos se sentem mais seguros em me ver aqui. São muito pequenos ainda para ficarem completamente sozinhos.

— E Talita, como está?

— O senhor nem imagina, doutor. Estuda direitinho e cada dia tira mais proveito das aulas de dança. A professora disse que ela tem muito jeito e que, se houver dedicação da parte dela, tem todas as condições de ser uma grande bailarina.

— Isso me alegra muito, senhora. Bem, se me der licença, preciso voltar ao escritório. — Leandro despediu-se.

No caminho, disse a Tião:

— Amigo, tenha bastante atenção com essa senhora e seus filhos. Qualquer alteração ou necessidade urgente, por favor, comunique-se comigo.

— Farei isso, sr. Leandro.

Despediram-se, e Leandro partiu.

Percorrendo o trajeto de volta, pensava em todos os benefícios que até então recebera do Senhor. Família unida, filhos perfeitos e saudáveis e condições de dar a todos muito mais do que realmente necessitavam. Como um grito de sua alma, disse, baixinho:

— Obrigado, Senhor!

Capítulo XVI

Uma nova oportunidade

Durante cinco dias Maísa foi ao hospital, sem, contudo, conseguir ver seu marido, que por ordem médica era mantido ainda sedado. Seu rosto sempre voltava trazendo as marcas da angústia que lhe ia na alma. Por mais que insistisse, ouvia dos médicos sempre a mesma explicação:

— Ele está reagindo muito bem, dona Maísa. É um homem de constituição muito forte e responde satisfatoriamente à medicação. Acreditamos que em breve poderemos transferi-lo para a unidade semi-intensiva. Isso acontecendo, sua entrada será permitida. Tenha mais um pouco de paciência.

— Poderei chegar perto dele?

— Poderá. Creia que é só uma questão de mais poucos dias. É importante ter calma nessa hora, é um processo lento, mas estamos confiantes de que tudo dará certo.

Maísa sempre retornava do hospital tristonha e saudosa dos dias maravilhosos que passara com Jaime durante todo o tempo que estiveram juntos.

Em uma dessas tardes em que retornava de sua visita ao hospital, sentiu desejo de sentar-se no banco de uma praça próxima, e assim o fez.

— Que delícia este cheiro de flores, árvores, natureza... Como nunca reparei no quanto este recanto é acolhedor?

Deixou que seus pensamentos a levassem de volta aos anos dourados vividos com Jaime desde que se casaram. Assim divagava, sem nada pensar que não fosse sua vida, quando sua atenção foi despertada pelas vozes de um casal sentado próximo. Maísa olhou para a direção da onde vinha o som, e qual não foi sua surpresa ao reconhecer Cássia e Lucas. Baixou a cabeça e, para não ser reconhecida, apanhou uma revista que trazia em sua bolsa e fingiu ler, sem deixar de estar atenta à conversa do casal.

— Então, Cássia — perguntou Lucas —, tem falado com o nosso futuro pai, que mais parece avô?

Cássia, sorrindo, respondeu:

— Não fale assim de Alberto, Lucas. Não podemos esquecer que ele nos proporcionou muitas mordomias este tempo todo.

— Admiro você, Cássia! Agüentou, ou melhor dizendo, suportou a companhia daquele velho mais do que nós prevíamos. Mas, pensando bem, foi bom. Graças a ele, hoje temos uma vida confortável. Acho mesmo que valeu a pena.

— O melhor não é nem isso, Lucas, mas é o que está por vir. O momento em que Alberto colocar a nome dele na certidão do nosso filho.

— Acredita mesmo que ele fará isso?

— Tenho absoluta certeza, já lhe disse para não se preocupar. Eu jogo sempre para ganhar, Lucas, e até hoje nunca perdi uma parada. Alberto fará o que eu quiser, pode escrever. Sempre foi assim, e ele me garantiu que vai reconhecer a criança. Também, do jeito que me fiz de ofendida, o pobrezinho não tinha outra saída senão concordar.

— Sendo assim, fico mais tranqüilo — disse Lucas, sentindo o gostinho da pensão que receberiam de Alberto.

Maísa, não conseguindo esconder sua indignação, levantou-se e, aproximando dos dois, parou bem em frente a Cássia, que, empalidecendo, mal conseguiu balbuciar as poucas palavras:

— Oi, Maísa, que prazer em vê-la!

Maísa, sentindo o sangue subir-lhe à cabeça, falou, rispidamente:

— Não seja hipócrita, Cássia! Não sente nenhum prazer em me ver, do mesmo jeito que eu também não sinto a menor satisfação em rever alguém tão falsa como você!

Cássia respondeu, dissimulada:

— O que é isso, Maísa? O que foi que eu fiz para você estar tão agressiva comigo?

— Não seja ridícula! Ouvi toda a conversa de vocês. Para mim não foi novidade alguma. Nunca gostei ou confiei em você; sempre a achei falsa, dissimulada e aventureira!

Lucas não se intrometia, apenas ouvia o bate-boca das duas.

— Não me diga, queridinha. E que importância tem você gostar ou não de mim? Eu nunca fiz questão da sua amizade, e agora, menos ainda. Decididamente não preciso de você para nada, portanto...

— Por que fez isso com Alberto, Cássia? Que mal ele lhe fez para agir de uma maneira tão sórdida?!

— A bem da verdade, ele só me fez bem. Afinal, deu-me tudo o que eu queria. Agora, mal ele só fez um: não querer se casar comigo. Mas até isso já está resolvido.

— Posso saber por quê?

— Pode, querida, pode sim.

— Não me chame de "querida", porque não é o seu sentimento verdadeiro, e me incomoda — revidou Maísa, exasperada.

— Tudo bem, como queira. Quando falo que está resolvido é porque, mesmo não casando, Alberto reconhecerá a criança, e, sendo assim, alcançarei da mesma forma o meu objetivo, ou seja: vou conseguir o que quero sem precisar pagar o preço de suportá-lo como meu marido.

Maísa estava estupefata. Imaginava-a aventureira, mas não ao ponto de falar com tanta frieza de uma pessoa com a qual se relacionou durante tanto tempo.

— Como pode ser tão pérfida?! E se Alberto não reconhecer o bebê, após tomar conhecimento do que vi e ouvi hoje?

Cássia nem se abalou. Mantendo o autocontrole, respondeu com o mesmo sorriso falso:

— Não seja boba, Maísa. Acha mesmo que ele vai acreditar mais em você do que mim? Não me faça rir!

— Veremos, Cássia. Você já ouviu falar que nada como um dia atrás do outro?

— E daí?

— E daí que você não perde por esperar. — Maísa deu-lhe as costas e retirou-se, deixando Cássia explodindo de raiva.

— Como eu odeio essa mulher, Lucas! Quem ela pensa que é, uma deusa?!

— Calma, querida, ela não conseguirá estragar nossos planos. Mesmo se tiver coragem de contar a Alberto, penso como você, ele não acreditará.

— Você acha mesmo?

— Acho! Agora, acalme-se. Muito estresse não fará bem para nosso filho.

— Tem razão, Maísa que vá para o inferno, que com certeza, é o seu lugar!

Maísa, entretanto, tentava se acalmar, trazendo para sua mente as palavras que sempre ouvira de Andréia: "Calma, Maísa, só está preso no mal aquele que desconhece completamente o bem".

— É isso — dizia para si. — Cássia não conhece o bem, não sabe o que é lealdade, e esse seu desconhecimento do que seja sentimento verdadeiro vai fazê-la pagar muito caro. A vida se encarregará de mostrar-lhe os efeitos dessa atitude leviana. Meu Deus! Lembrei-me, preciso contar isso a Júnior. É importante nos cercarmos de todos os lados para impedir Alberto de registrar essa criança, porque, se ele o fizer, ficará para sempre nas mãos de Cássia.

Dirigiu-se até o escritório de Júnior e colocou-o ciente de tudo o que acontecera.

— E é assim como lhe contei, Júnior, o meu receio maior é Alberto cair nessa cilada, já que não utilizamos as provas que temos.

— Quanto a isso, dona Maísa, não precisamos mais nos preocupar. Conversei seriamente com papai, e ele me garantiu que pedirá o teste de paternidade antes de resgistrar o bebê.

— Tem certeza de que ele fará isso?

— Ele prometeu, e inclusive pediu-me que dissesse a Deise e Armando que também ficassem tranqüilos.

— Se você está dizendo, Júnior, fico mais sossegada.

— E o sr. Jaime, como está?

— Melhorando aos poucos, mas ainda na U.T.I. Estou muito receosa do que poderá acontecer daqui para a frente na nossa vida.

— Não desanime, dona Maísa, tudo se resolverá.

— É o que tenho dito a mim mesma, e tento acreditar nisso.

— Soube pelo meu pai que ele corre o risco de ficar sem os movimentos das pernas. Isso procede?

— Sim, Júnior, é verdade. Segundo o que nos disse o médico, ficará preso em uma cadeira de rodas. Logo Jaime, tão cheio de vida, impossibilitado de andar...

— Gostaria de fazer-lhe uma pergunta, mas se porventura se sentir ofendida, me perdoe.

— Pergunte!

— A senhora vê nessa situação obstáculo para continuarem juntos?

— Por que pergunta isso, Júnior?

— É porque as pessoas costumam achar fácil amar aqueles que são perfeitos fisicamente, bonitos e divertidos, mas não gostam dos que são portadores de alguma deficiência, por acharem que elas os incomodam e os fazem sentir-se desconfortáveis. Não me leve a mal se a magoei com minha pergunta, peço-lhe desculpas se isso aconteceu. Se não quiser responder, fique à vontade.

— Não, Júnior, você não me ofendeu. Talvez eu nunca tenha dito a Jaime o quanto o amo, e não me incomodará em nada empurrá-lo em uma cadeira de rodas. Farei o possível para que ele aceite sua condição atual e a partir daí consiga continuar vivendo feliz, como sempre foi. Pelo que eu soube do acidente, Jaime viveu de novo, ganhou novamente a vida. Só que desta vez com um propósito diferente, que, acredito eu, o tempo lhe mostrará. O meu sentimento não mudou em nada, porque, se mudasse, não seria amor, concorda?

— Concordo, dona Maísa, e por isso a admiro.

Despediram-se.

Ao alcançar a rua, Maísa não sabia o que fazer. Não sentia a menor vontade de voltar para casa, pois sabia que a encontraria vazia e sem nada que a estimulasse.

"O que faço, meu Deus? Para onde vou?"

Dispensou o motorista de táxi que a aguardava e continuou andando a pé, completamente sem destino. Após caminhar alguns quarteirões, ouviu vozes que entoavam um cântico de louvor a Deus. Aproximou-se do local e verificou, pela placa existente, que se tratava de uma casa espírita. Sentiu um forte desejo de entrar, mas vacilou, por não saber se era ou não permitida a presença de estranhos ao grupo. Parou em frente à porta principal e ficou extasiada ouvindo a canção.

— A senhora não quer entrar? — escutou uma voz dirigindo-se a ela.

Olhou para o lado e viu uma senhora de semblante sereno, amigo, aparentado mais ou menos sessenta anos de idade, vestida modestamente.

— O que a senhora disse? — Maísa preferiu confirmar o que ouvira.

— Perguntei-lhe se a senhora não deseja entrar — repetiu a senhora.

— Posso?

— Claro! Esta é uma casa onde o principal objetivo daqueles que a freqüentam é receber os irmãos que aqui vêm, com verdadeira fraternidade, auxiliando-os, sem se importar com sua condição social ou sua crença. Aqui é uma casa onde se procura exercitar o Evangelho de Jesus. Acreditamos que ninguém bate à nossa porta sem um motivo justo. Ou de aprendizado, ou de orientação espiritual, ou mesmo de ajuda no caso de estar passando por dificuldades sociais, vamos dizer assim. O acaso não existe, minha irmã. Entre e se entregue ao amor de Jesus. No silêncio da sua prece sincera, as respostas poderão vir, e com elas a esperança e a coragem para enfrentar as aflições.

Maísa se impressionou com a maneira delicada com que era recebida.

"Nunca imaginei que encontraria esta paz em um centro espírita. Falam tanta coisa... Mas, pelo que posso observar, cada caso é um caso, e não se pode generalizar nem falar do que não se conhece."

Sentada, logo se ligou com a espiritualidade presente e, sem nenhum esforço, viu-se conversando com Jesus.

"Senhor, não sei realmente rezar como a maioria das pessoas, mas trago meu coração tão sofrido e desalentado que preciso pedir-Lhe que proteja meu marido, Jaime. Tenho a consciência de que tudo será como o Senhor quiser e aceito com humildade a Sua vontade e os Seus desígnios. Não permita que eu perca a coragem, nem a esperança, e que consiga fazer com que Jaime aceite sua nova situação e não entre no desespero. Confio muito no Senhor. Assim seja!"

Maísa nem de longe poderia imaginar que, enquanto abria sua alma ao Divino Amigo, flocos de luz caíam sobre sua cabeça, fazendo com que ela experimentasse uma gostosa sensação de paz.

"Sinto-me bem nesse lugar", pensava. "Quero vir mais vezes. Aqui sem dúvida vou me fortalecer aos poucos."

Seus pensamentos foram interrompidos ao ouvir a voz daquela senhora que a convidara a entrar. Após proferir uma singela prece que deixou a todos tocados pela emoção, iniciou a palestra:

— Meus irmãos, vamos hoje falar um pouquinho sobre a felicidade. Não a felicidade efêmera que termina tão rapidamente como se inicia. Todos nós, encarnados, homens comuns, vivemos com o único intuito de encontrar a felicidade a qualquer preço. "O que importa é ser feliz", é o que mais se ouve dizer, inclusive entre aqueles que dizem entender a alma humana. Mas será que essa felicidade que se alcança através dessa crença que relega ao segundo plano qualquer outra opção ou conceito, que nos faz atropelar objetivos, ideais e esperanças alheias é a verdadeira felicidade? A felicidade sonhada e tão desejada por todos nós? Acredito que a felicidade real é bem mais profunda que um simples momento de satisfação pessoal. É importante considerar que a felicidade também é gostar de ser pai ou mãe, ou simplesmente filho; ou apenas aquela pessoa que consegue enxergar o próximo ao seu lado: olhos que choram, mãos que imploram e lábios que tremem. Ser feliz é ter sensibilidade para acertar na escolha da estrada por onde se pretende caminhar e enfeitá-la com as marcas da fraternidade e do bem-querer. Enfim, felicidade, meus irmãos, só é real e duradoura quando se torna uma conquista da alma, fruto do amor compreendido e exercitado. Por isso, irmãos, procurem a felicidade onde ela realmente está: na nossa alma. Como disse Francisco de Assis: "A felicidade é conquista interior. É um estado que só nós podemos criar, cultivando nossos valores e alegrias da nossa alma". Agora, vamos todos juntos elevar nosso pensamento até nosso Criador e agradecer pela nossa vida, porque, apesar de tudo o que possa nos acontecer nesta existência, dificuldades e aflições, sempre vale a pena viver.

Após a oração, todos receberam o passe magnético, e a reunião foi encerrada. Maísa mal acreditava em tudo o que presenciara, escutara e sentira.

"Parece que a palestra foi feita para mim! Consegui me ver nessa situação de busca interminável da felicidade, e em todas elas o meu desejo material prevalecia. Tudo me faz lembrar Andréia e Leandro. Como eles têm razão!"

Levantou-se e, ao transpor o umbral, ouviu novamente a voz delicada daquela senhora tão agradável e cortês:

— Volte sempre que quiser, minha irmã, nossos braços e corações estarão sempre disponíveis para recebê-la.

Maísa, diante de tanta cordialidade, nada disse; apenas olhou-a e sorriu.

Leandro, jogado ao chão, brincava com seus filhos, divertindo-se imensamente com as gostosas gargalhadas das crianças.

Andréia, sentada próxima a eles, folheava uma revista quando, lembrando-se de algo que julgou importante, disse ao marido:

— Querido, não posso lhe dizer o porquê, mas veio-me à lembrança a figura insistente daquela senhora, mãe de Talita. Será que ela piorou? Faz algum tempo que esteve lá.

O Preço da Ambição 267

— Não sei, Andréia, mas acredito que não. Pedi a Tião que me avisasse caso houvesse alguma alteração em seu estado de saúde. Como ele não se comunicou comigo, creio que tudo deve estar na mesma.

— Tudo bem! — exclamou Andréia.

A brincadeira continuou. Passaram-se mais alguns minutos e novamente Andréia chamou a atenção de Leandro:

— Desculpe-me pela minha insistência, Leandro, mas não consigo tirar essa senhora da minha cabeça. Tenho a impressão muito forte de que algo aconteceu.

— Será?

— Não sei ao certo, mas acredito ser uma intuição para irmos até lá. Acho que seria conveniente. Se tudo estiver bem, melhor, fazemos uma visita. O que acha?

— Tem razão. Então, vamos.

— Crianças, acabou a brincadeira, papai e mamãe precisam sair.

— Por que, papai? O senhor disse que ficaria brincando conosco um tempão! — reclamou o mais velho.

— Disse sim, filho. O papai gosta muito de brincar com vocês, mas agora precisa sair.

— Por quê? — insistiu a criança.

— Porque eu e mamãe temos de ir até a casa de uma senhora que está muito doente e seus filhos devem estar muito tristes.

— E por que o pai deles não brinca com eles para ficarem alegres?

— Porque eles não têm papai, filho. Eu e mamãe vamos ver se podemos ajudá-los, para que eles fiquem mais alegres, assim como vocês, entendeu?

O filho menor respondeu, orgulhoso:

— Eu entendi, papai, entendi primeiro que ele.

— Seu bobo, eu também já entendi!

— Sem brigas! — disse Andréia aos filhos. — Entenderam porque os dois são muito espertos.

— Viu?! — provocou o menor.

— Nós vamos ficar sozinhos...

— Não, querido. Vamos deixá-los na casa da vovó.

— Oba! — exclamaram os dois ao mesmo tempo.

Assim foi feito.

Chegando à favela, Leandro parou primeiro no bar do amigo Tião.

— O senhor por aqui? — saudou-o Tião, com satisfação.

— Resolvemos vir para saber como está passando a mãe de Talita. Minha mulher ficou preocupada, e achamos por bem verificar. Sabe se aconteceu alguma coisa diferente com ela?

— Se aconteceu, não estou sabendo, mas vamos até lá.

Seguiram até o barraco onde morava Talita. Assim que chegaram, viram-na sentadinha à porta do barraco, com seu irmão menor, chorando. Os três ficaram emocionados com a cena que estavam presenciando e aproximaram-se rapidamente. Talita, assim que os viu, correu a abraçar Leandro.

— Tio!

Leandro pegou-a no colo, abraçando-a.

— Por que minha pequena bailarina está chorando?

— É a mamãe!

— E o que tem a mamãe?

— Acho que ela está morrendo, não sei... Meu irmão é quem sabe o que está havendo. O senhor não quer entrar para ver?

— Claro, Talita, queremos sim. Vamos.

O coração de Andréia bateu mais forte ao entrar e presenciar aquela pobre mulher se contorcendo de dor em seu leito. Ainda puderam ouvir as palavras do filho mais velho, que, sem perceber a presença de ninguém, dizia à mãe:

— Fique calma, mãezinha. Vou ver se consigo algumas ervas para fazer um chá para a senhora. Logo a dor vai passar. Pedi para Jesus aliviar seu sofrimento. Vou fazer o chá, e Ele vai colocar o remédio que a senhora precisa para sarar sua dor.

As lágrimas desceram pelo rosto dos três visitantes.

"Meu Deus", pensou Andréia, "por que a maioria das pessoas, principalmente aquelas que detêm em suas mãos o poder, não se sensibilizam com o sofrimento alheio? Por que correm unicamente atrás dos benefícios próprios e deixam os necessitados morrerem à mingua, sem nutrir por eles nenhuma compaixão? Quando será que o homem vai compreender o amor de verdade?"

Leandro, de mansinho, colocou a mão na cabeça daquele jovem que sofria, talvez mais que a própria mãe doente, porque não era a dor física que o incomodava, mas a dor moral, a dor da consciência de nada poder fazer para aliviar o sofrimento daquela que amava.

— Diga-me por que sua mãe está sentindo essas dores tão fortes.

O menino olhou para Leandro, e ele viu as lágrimas brilhando nos olhos daquele jovenzinho, que, ao contrário de tantos outros, amargava os primeiros anos de sua adolescência em meio a terríveis aflições.

— Mamãe está há sete dias sem o remédio que alivia suas dores.

— E por quê?

— Porque o posto que fornece o remédio disse estar em falta e não tem previsão de quando vai chegar. Nós não temos dinheiro para comprar, porque é muito caro.

Andréia questionava: "Tantas pessoas equivocadas com a vida, gastando indevidamente, esbanjando dinheiro com aquisições absolutamente supérfluas, com o único propósito de ascensão social, e outras, como esta pobre família, sem condições de adquirir um remédio para aliviar o sofrimento de um ente querido. Quando será que o homem vai compreender que aqui estamos para aprender a amar e, por meio desse amor, compartilhar com o semelhante o que lhe é dado com fartura? Confiando em Vós, Senhor, e na Vossa justiça é que sei que por trás dessa situação de conflito existe uma causa justa. Mas sei também que mesmo assim devemos cumprir a Vossa lei de caridade, auxiliando aqueles que padecem da miséria social e moral. Ter conhecimento de todo esse processo reencarnatório não nos isenta de praticar a fraternidade com o nosso semelhante".

Leandro aproximou-se da esposa e lhe disse:

— Andréia, o que foi? Você está com um ar tão distante...

— Nada, Leandro, apenas pensava.

— Vamos comprar o remédio que falta?

— Querido, faça o que achar melhor e seu coração mandar. Nós viemos para ajudar, o motivo deve ser esse.

— Você têm a receita do remédio? — Leandro indagou ao menino.

— Sim, senhor!

— Então venha comigo até a farmácia para comprá-lo.

— O senhor vai comprar o remédio para minha mãe?! É muito caro!

O Preço da Ambição 271

— Não se preocupe com isso. Vamos.

— Sim, senhor. — O menino segurou as mãos de Leandro e as beijou. — Deus lhe pague, senhor. Enquanto vamos lá, minha mãe vai ficar sozinha?

— Não — disse Andréia —, ficarei com ela, podem ir sossegados.

Tião apenas observava aquele casal, e cada vez mais admirava o comportamento de ambos.

— Você nos acompanha, Tião?

— Claro!

Saíram em direção à farmácia, sem deixar de notar a alegria estampada no rosto do jovenzinho que os seguia, calado.

Andréia, vendo-se só com as outras crianças, aproximou-se da cama da enferma e, com seu jeito delicado, disse-lhe:

— Até hoje não sei o nome da senhora. Poderia dizer-me?

— Jussara.

— O meu é Andréia. Gostaria de conversar um pouquinho com você, pode ser?

— Claro, gostaria também de conversar com a senhora.

Andréia colocou as crianças sentadas bem juntinhas a ela e, com delicadeza, respeitando o sofrimento daquela mãe, falou:

— Jussara, Deus permite que situações muitas vezes conflitantes apareçam em nossa vida, situações essas que fogem da nossa compreensão atual, com o propósito de aprendermos e nos elevarmos. Essas provas pelas quais passamos em geral tornam-se a nossa redenção, se as suportamos com coragem e fé, sem amaldiçoar nem nos revoltarmos contra o Criador.

Com a voz embargada, Jussara respondeu:

— Mas eu sofro muito, dona...

— Acredito que realmente esteja sofrendo muito, e sou sensível à sua dor. Hoje você sofre, mas amanhã, ao retornar ao reino de Deus, sua alma estará engrandecida se souber suportar esse tormento com dignidade cristã. Lembre-se de que Jesus sofreu mais que todos nós, e jamais um sofrimento ou uma aflição que possamos vir a sofrer se igualará ao Dele, porque Ele era inocente, e nós não. Trazemos uma história de erros e culpas, enganos e imprudências. Somos herdeiros de nós mesmos, das atitudes insanas e levianas, ao contrário de Jesus, que nada tinha para expiar. Entretanto, Ele suportou sua agonia até o fim. Logo os três estarão aqui com o remédio, e você sentirá alívio. Seus filhos a amam, e esteja tranqüila, porque eles não sofrerão a dor da fome ou do frio. Nós não deixaremos que isso aconteça. Gostaria apenas de lembrá-la de que nenhum sofrimento é para sempre; um dia ele acaba, não importa se neste ou no outro mundo, mas acaba. Durará o tempo necessário para a elevação do seu espírito, através das suas descobertas espirituais.

Andréia percebeu que Jussara chorava silenciosamente.

— O que foi, minha amiga?

— Fico pensando nas crianças, na sorte delas, largadas sozinhas neste mundo cruel, sem nenhuma complacência com os pobres e miseráveis.

— Quanto a isso, se acalme. Dou-lhe minha palavra de que, se alguma coisa lhe acontecer, eles não ficarão desamparados. Nós arranjaremos um lugar decente para as crianças ficarem, serem cuidadas e respeitadas. Como já lhe disse, pode confiar em nós.

— Mas sei que serão magoados, humilhados, enfim, quem é que gosta do que é pobre e feio?

O Preço da Ambição 273

— Jussara, escute bem o que vou lhe dizer: não são os outros que nos magoam; somos nós que damos excessiva importância ao que as pessoas falam. Você não deve registrar na mente e no coração de seus filhos conceitos que são seus. Deixe-os livres para agir de acordo com os seus próprios sentimentos. Aprenderão a resolver os problemas conforme eles forem aparecendo. Eles terão por perto pessoas que os ensinarão a distinguir o bom do ruim, o bem do mal.

Jussara ia responder, mas foi interrompida por Leandro, Tião e seu filho mais velho, que entrou feliz, segurando nas mãos dois frascos do remédio que aliviaria sua dor.

— Veja, mãe! Dois vidros do remédio, a senhora não sentirá mais dor! — falou, orgulhoso.

Antes que Jussara pudesse dizer algo, Leandro se adiantou:

— Deixei acertado na farmácia que, se a senhora não conseguir no posto de saúde outro frasco assim que estes terminarem, eles poderão fornecer-lhe, pois, assim que me avisarem, virei pagá-los.

— O senhor fala sério?!

— Falo. Pelo menos dor física, enquanto o remédio fizer efeito, a senhora não vai passar. Quanto à parte dos alimentos, Tião ficou encarregado de verificar o que falta. Já está tudo acertado com ele.

— É verdade, dona Jussara, já combinamos tudo, ninguém passará fome aqui.

Jussara olhou para Andréia e para Leandro, e deixou que seus olhos tristonhos falassem mais forte que seus lábios.

— Deus lhes pague!

Talita, com sua graça infantil, pulou no colo de Leandro e, estalando um gostoso beijo em seu rosto, disse:

— Obrigada, tio!

— Se vocês quiserem me agradecer, façam isso através do carinho que derem para sua mãe, comportando-se de maneira ajuizada, sem brigas, sem se meterem em confusões ou em vícios que poderão prejudicar irremediavelmente suas vidas. Esse é o agradecimento que quero receber.

— Pode ficar tranqüilo, senhor, não faremos nada que possa magoar ainda mais a nossa mãe.

— Tenho certeza disso — respondeu Leandro. — Bem, vamos indo. O sr. Tião tem o número do meu telefone. Qualquer coisa que precisarem é só me avisar.

Despedindo-se das crianças, entraram no carro e partiram.

Capítulo XVII

Amargo despertar

Leandro e Andréia permaneciam em silêncio durante o retorno à sua casa. Mantinham seus corações sofridos em conseqüência das fortes emoções vividas naquele dia, junto de Jussara e seus filhos. Conheciam-se o suficiente para saber que, mesmo sem dizer uma só palavra, sentiam a mesma coisa e viviam a mesma emoção. Em determinado momento, Andréia disse ao marido:

— Leandro!

— Diga, querida, o que foi?

— Não posso deixar de pensar na tristeza que deve sentir o coração de Jussara, presa a uma cama sem a menor possibilidade de recuperação e, como se não bastasse, ainda presenciar seus filhos sem o mínimo necessário para viver dignamente, e nada poder fazer para minimizar essa situação de aflição.

— É, Andréia, também venho pensando sobre isso todo esse tempo. O que me alegra e enche meu peito de esperança é que, graças a Deus, nós pudemos, de uma forma ou de outra, aliviar um pouco suas aflições, contribuindo com os alimentos e remédios. — Ponderou um pouco e tornou a falar:

— E por que não dizer, com a nossa presença.

— Concordo com você. A presença, o interesse pela situação de dor do outro, fortalece-o para suportar as adversidades. Nós vamos ajudá-los, de verdade, não, Leandro?

— Você dúvida, Andréia. Acha mesmo que eu brincaria com uma situação dessa?

— Desculpe-me, não falei por mal. Quis apenas confirmar, ou melhor, nem sei por que falei assim.

— Deixa para lá, querida. Quero apenas que não tenha a menor dúvida quanto a isso. Temos o suficiente para nós e para auxiliar aqueles que necessitam. O dinheiro excessivo só faz sentido se servir além das necessidades de quem o possui. Não devemos perder o rumo, a noção do quanto podemos ser úteis e o quanto isso nos faz bem e favorece a nossa evolução espiritual.

— Seria o ideal se todos comungassem desse pensamento, Leandro, mas infelizmente não é assim que acontece. O que se vê é a ostentação daqueles que nada têm a exibir senão a tola vaidade, e a corrida desenfreada para ocupar a melhor posição no mundo dos homens, como se essa posição fosse eterna e representasse alguma coisa no reino de Deus.

— É que os homens, de um modo geral, não dão às coisas o seu valor real. Esquecem-se de que tudo pode se acabar em apenas um segundo, se essa for a vontade de Deus, porque aqui na Terra possuímos apenas o usufruto dos bens terrenos. Eles pertencem à terra, e aqui ficarão no dia do retorno.

Entretanto, o que adquirimos de virtudes, de sentimentos elevados e obras edificantes, estes, sim, nos acompanharão até a eternidade, porque são eles que fortalecem e elevam nosso espírito até o Criador.

— Penso exatamente como você, querido.

O jovem casal conversava enquanto o carro percorria as alamedas floridas do bairro elegante em que moravam. Os ipês majestosos, com suas flores amarelas e rosas, emprestavam uma singular beleza àquela parte nobre da cidade, contrastando com os arbustos empoeirados das ruas sem asfalto da favela em que estiveram.

Após cinco dias desses acontecimentos, Maísa, ao entrar no hospital, foi surpreendida pela notícia tão esperada da saída de Jaime da U.T.I.

— Mas quando ele saiu? — perguntou Maísa à enfermeira que a atendera. — Qual o motivo de não terem me avisado?

— Desculpe-me, senhora, mas isso aconteceu há apenas trinta minutos. Não tivemos tempo de avisá-la e, acredite, íamos fazê-lo, com certeza.

— Bem, não tem importância. O que realmente interessa é que ele já saiu de lá. Foi para a semi-intensiva?

— Não — afirmou com satisfação a enfermeira. — Seu marido foi transferido para o apartamento.

— Para o apartamento?!

— Sim. Os médicos não viram mais necessidade de mantê-lo na semi–intensiva, porque o estado dele é muito bom.

— Essa é uma ótima notícia!

— Fico contente pela senhora. Se quiser subir, esteja à vontade. O sr. Jaime está no quinto andar, apartamento 507.

— Obrigada. E perdoe-me se fui rude com você. Ando muito nervosa.

— Não foi nada, senhora.

— Com licença.

Maísa dirigiu-se rapidamente ao elevador e, enquanto esperava, pensava: "Meu Deus, como será que ele está? Jaime é muito nervoso e exaltado. Como será que recebeu a notícia de sua invalidez?"

Abriu devagar a porta do quarto e, dando à voz um tom alegre, disse ao marido:

— Olá, amor! Senti muita saudade, esse tempo todo sem poder falar com você, ficar perto de você... Mas agora estou feliz em vê-lo instalado no apartamento. Poderemos ficar juntos até a sua alta.

Jaime não respondeu nem mexeu um só músculo do rosto. Maísa insistiu:

— Querido, não está me ouvindo? Não quer me ver?

Jaime não quebrou o silêncio. Continuou impassível, com os olhos fechados. Maísa constatou que teria dias muito difíceis pela frente. Com delicadeza, segurou as mãos do marido e lhe disse:

— Amor, sei que está acordado, portanto, fale comigo e diga que está contente em me ver. Sei que pode falar.

Jaime, sem abrir os olhos respondeu, seco:

— Amanhã traga o meu advogado aqui, por favor. Preciso falar com ele com urgência.

Maísa ficou estarrecida.

— Falar com seu advogado?! Está me dizendo que mal acaba de sair de uma U.T.I. e quer ver seu advogado? Para quê? Pretende trabalhar aqui no hospital?

— Não!

— E para que quer a presença de seu advogado?

— Quero orientá-lo para preparar todos os documentos necessários para o nosso divórcio.

Maísa empalideceu e, se não estivesse próxima a uma cadeira, teria caído no chão, tamanho o impacto das palavras de Jaime. Com um fio de voz, falou:

— O que foi que disse? Pode repetir?

— Posso. Disse que vou me separar de você! — exclamou Jaime, ainda de olhos fechados.

Maísa de imediato se deu conta de que ele já sabia de seu estado. Era orgulhoso demais para aceitar pacificamente tal situação. Lembrou-se do conselho de Andréia: "Maísa, quando estiver vivendo uma aflição, antes de se desesperar, eleve o seu pensamento a Jesus e peça auxílio. Se fizer com o coração sincero e o pedido for justo, o auxilio virá".

Assim, calou-se para que, através do seu silêncio, pudesse ouvir a voz do Senhor dentro de sua alma.

Jaime, não ouvindo nenhuma resposta ou reação da esposa, tornou a dizer:

— Não sei se entendeu o que eu disse, por isso repetirei: vou me separar de você.

Sem compreender sua própria reação, Maísa afirmou para o marido:

— Não, não vai! Ninguém neste quarto vai se separar; ao contrário, o casal aqui presente vai se unir mais ainda, e não se fala mais nisso! Estou deixando claro que não me separarei de você, nem agora nem nunca!

Jaime ficou confuso e surpreso com o que ouviu da esposa.

— Não quero ser alvo de piedade de ninguém, e muito menos que viva comigo movida pelo sentimento de dó.

— Em primeiro lugar, Jaime, abra os olhos e enfrente sua esposa, que está feliz por tê-lo novamente junto dela. Em segundo lugar, não sinto pena de você, porque não encontro motivo para isso. Em terceiro lugar, deixe que eu decida o que quero para minha vida. E o que eu quero é continuar ao seu lado.

— Você não sabe de nada, não tem idéia de como fiquei!

— Sei exatamente como ficou, e meus sentimentos não mudaram em nada. Ao contrário, nesse período durante o qual corri o risco de perdê-lo, percebi o quanto é importante para mim e o quanto eu o amo, Jaime. Entendi como fui tola em não dar importância ao meu coração, deixando minha atenção se voltar unicamente para as coisas fúteis, impedindo-me de identificar o grande amor que tenho por você. Estou conseguindo aos poucos mudar os meus valores e dar às coisas a importância adequada a cada uma delas.

Jaime sentia o impacto das palavras da esposa em seu coração. Um misto de alegria e espanto tomava conta de seu ser. Diante da quietude dele, Maísa continuou:

— Se você quiser que eu diga tudo de novo, direi. Mas só se você olhar dentro dos meus olhos, esquecer tudo o que está acontecendo e o que está por vir e permitir que eu veja através do brilho do seu olhar que também me ama. Se isso acontecer, nós seremos gigantes para enfrentar o futuro que nos espera.

Lentamente Jaime foi abrindo os olhos e, sem se envergonhar de exibi-los molhados pelas lágrimas, fixou-os em Maísa. Ela, compreendendo a emoção e a dor que tomavam conta de seu marido, aproximou-se mais, dizendo-lhe:

O Preço da Ambição 281

— Quer mesmo saber o que estou sentindo? Pois vou lhe dizer: amor! Estou sentindo o mais puro e verdadeiro amor por você, e não vou desistir de tê-lo comigo, não importa de que jeito for. Eu o amo Jaime, muito. Sei que nunca lhe disse isso da maneira como estou lhe dizendo agora, mas talvez este seja o momento certo para dizer. Amo-o e quero-o comigo para sempre.

Jaime, fitando-a e deixando as lágrimas caírem livres pelo seu rosto, quase que sussurrou:

— Eu também a amo, Maísa. Há muito tempo sei disso. Acho até que desde sempre, mas fui estúpido o bastante para não lhe falar. Estou me declarando a você no exato momento em que sinto ter de libertá-la de mim e deixá-la viver.

— Libertar-me de você?! Pelo amor de Deus Jaime, o que o faz pensar assim?!

— A minha consciência, Maísa. Minha condição física mudou, agora é muito diferente, acredito não ter o direito de prendê-la a mim tirando-lhe a oportunidade de viver da maneira como merece e gosta. Você tem muita vida pela frente, e a minha termina aqui.

— Não diga isso, Jaime. Sua vida não está terminando, mas recomeçando. Você quase a perdeu, esqueceu?

— Maísa, não é justo vê-la ao lado de um marido que não pode mais andar, dançar com você, enfim... não é justo com sua juventude e beleza.

— Não acha que sou eu quem tem que decidir essa questão? O que fazer da minha vida quem decide sou eu, pertence a mim esse direito.

— Você não entendeu ainda que perdi os movimentos das minha pernas, que sou um aleijado? Aquele Jaime que conhuceu não existe mais. Muitas coisas que fizemos juntos não poderemos fazer mais, por minha culpa. Entenda isso e torne tudo mais fácil para mim. Quero deixá-la livre para seguir em frente.

— Se algumas coisas você não poderá dar-me mais, dê-me sua alma, seu coração, seu amor. É isso o que quero de você e preciso muito receber. Quase enlouqueci com o medo de perdê-lo, e você, em vez de voltar para mim, quer se separar, se divorciar?

Jaime calou-se por instantes. A atitude de sua esposa o surpreendia a cada instante. Tornou a fixar o olhar nos lindos olhos de Maísa e, cheio de emoção, voltou a dizer:

— Eu a amo, mais do que poderia supor ou querer.

— Pois então pare com essa conversa de separação, divórcio, direito ou sei lá o quê. Deus está nos dando nova oportunidade, para aprender que a vida é feita de valores muito mais nobres do que uma conta bancária. Não vamos perder essa chance, Jaime, eu lhe peço.

Diante da tentativa de Jaime em responder, Maísa fez sinal para que ele se calasse.

— Por ora, chega, Jaime. Você acaba de sair de uma U.T.I., é importante que não se canse, que não enfrente emoções fortes. Mais tarde, em nossa casa, conversaremos melhor sobre isso. Agora, durma um pouco, quero que se preocupe somente com sua recuperação. Ficarei aqui todo o tempo.

Jaime, cansado, fechou os olhos e adormeceu.

Vendo o marido naquela cama de hospital, Maísa começou a lembrar-se dos fatos mais marcantes de sua existência. "Como minha vida mudou em tão pouco tempo... De um dia para o outro vejo-me em uma situação pela qual nunca imaginei passar. Sinto que Jaime não aceitará sua nova situação com serenidade. Ele quer parecer forte o suficiente para enfrentar tudo sozinho, mas sei que no íntimo sente-se dilacerado. O que mais me preocupa é o forte orgulho que faz parte de sua personalidade. Sempre foi autoritário, independente e com mania de ser o líder, em qualquer momento e com qualquer pessoa. Sempre foi dele a última palavra, qualquer que fosse o assunto, e agora, meu Deus, será muito dolorosa essa dependência, essa limitação."

Maísa continuou entregue às suas meditações quando percebeu a agitação que se apossava de Jaime, tornando seu sono atribulado e deixando-o ofegante. Sem demora chamou a enfermeira, acionando a campainha. Assim que a profissional entrou, como Maísa, notou a agitação do paciente.

— Fique calma, dona Maísa, vou verificar no prontuário se há indicação de medicamento, caso isso ocorresse.

A enfermeira saiu e, após poucos minutos, retornou com uma injeção, que, com eficiência, aplicou na veia de Jaime. Ele, quase em segundos, foi se acalmando até que retomou o sono tranqüilo.

Maísa encostou a cabeça no encosto da poltrona e, exausta, fechou os olhos. Envolvida pelas fortes emoções vividas instantes atrás com a conversa que tivera com o marido, acabou adormecendo.

Celeste estendeu as mãos para Maísa, convidando-a a acompanhá-la. Maísa, em espírito, reconhecendo Celeste, indagou-lhe de imediato:

"Jaime vai desencarnar?"

"Não chegou ainda a hora de seu retorno. Como lhe disse antes, ele tem uma missão a cumprir e uma imperfeição a consertar."

"Mas como fazer isso se está preso a uma cadeira de rodas?"

"A sua imperfeição é da alma, não do corpo. Por meio da limitação física poderá vencer seu orgulho e seu egoísmo absurdos. Essa é a sua chance de renovação. Jaime conhecerá situações que só poderão ser resolvidas com o auxílio de terceiros, e será isso que o fará aceitar o semelhante como realmente é, cheio de fragilidades e limitações. Aprenderá a compreender melhor as pessoas e, através do auxílio que receberá, perceberá o quanto foi severo e intransigente com os outros. Entenderá que não é nem nunca será o centro do universo."

"E eu, o que devo fazer?"

"Ajudá-lo a caminhar e vencer os obstáculos dessa nova estrada. Enfrentará a revolta e o mau humor de seu marido, mas, com o esclarecimento que começa a adquirir com o amor descoberto e a fé em Jesus, conseguirá ampará-lo e direcioná-lo para a compreensão das leis divinas, aceitando-as com fé e confiança no Criador. Aos poucos a revolta desaparecerá, e nesse dia a redenção entrará com força em seu coração, que florescerá perfumando sua presença na Terra. Conhecerá a caridade e aprenderá que fora dela não existe salvação, porque a caridade é a expressão plena do amor."

"Mas tudo o que ouço agora esqueço no momento em que meu corpo físico acorda. Tenho medo de não cumprir minha tarefa com Jaime, e as coisas não darem certo para ele."

"Não tenha receio. Você esquecerá minhas palavras, mas, através do registro do seu espírito, a essência ficará latente e virá à tona no momento oportuno, indicando-lhe o caminho a seguir e a decisão a tomar. É necessário estar apoiada no bem, na fé em Jesus e na moral cristã. Quem segue as leis de Deus jamais será solitário. Confie e ame. Agora, retome seu corpo, pois logo Jaime vai despertar."

Maísa retornou ao corpo físico, despertando de um sono que julgou profundo. Bocejou e ergueu os braços, espreguiçando-se gostosamente. "Tem horas em que adormeço e, quando desperto, sinto-me tão leve, tão confiante, como se nada de ruim fosse me acontecer, porque tenho coragem suficiente para lutar, e a esperança enche meu coração."

Seus pensamentos foram interrompidos pelo fraco som da voz de Jaime:

— Maísa, você está aí?

Aproximou-se rápido do marido e disse:

— Querido, estou aqui. Quer alguma coisa? É só me pedir.

— O que eu quero você não poderá me dar!

— E posso saber o que não poderei lhe dar?

— Pode! A vida das minhas pernas.

Duas lágrimas desceram dos olhos de Maísa, que umedeceram o rosto de Jaime quando ela o beijou.

— Você está chorando?

— Não, amor, não estou.

— Se não está, por que senti meu rosto umedecer?

— Porque extravasei o meu amor por você pela emoção que sinto de tê-lo novamente vivo perto de mim.

Jaime pensou um pouco e comentou:

— Nunca havia reparado em como você é romântica.

— Na verdade, nenhum de nós nunca se importou em saber como realmente somos. Agora acredito que vamos nos conhecer melhor. Teremos tempo suficiente para estarmos juntos e nos vermos como dois seres humanos normais, que possuem um coração dentro do peito, batendo e nos permitindo ver a vida como ela é na realidade, ou seja, além de nós mesmos.

Jaime cada vez mais se sentia intrigado com as reações de Maísa. Dava-se conta de que na verdade não conhecia sua esposa, ou então, era ela que havia mudado radicalmente.

— Em que está pensando, Maísa? Calou-se de repente.

— Penso no tempo que desperdiçamos vivendo exclusivamente para nós. Hoje, posso entender a futilidade que era nossa vida.

— Era?!

— Sim, Jaime, era.

— Posso saber por quê?

— Pode. Claro que pode.

— Então, me explique! Tenho todo o tempo do mundo.

— Jaime, desde o seu acidente, vêm acontecendo coisas inexplicáveis comigo.

— Como assim, Maísa?

— Não sei bem como explicar. O que sei é que alguma coisa mudou dentro de mim.

— Não me ama mais? É isso?

— Deixe de bobagem, Jaime, está agindo como uma criança mimada. Já lhe disse com todas as letras que amo você e que não me importo se vai ou não andar de novo. E gostaria que não tocasse mais nesse assunto.

— Então, diga-me o que mudou em você, Maísa?

— A minha maneira de encarar e entender a vida. Percebo claramente que sempre vivemos para nós mesmos, sem nada fazer em favor de quem quer que seja. Hoje sei e sinto que isso não é bom. Começo a ver além de mim mesma e gostaria que você me acompanhasse nessa mudança.

Jaime ponderou e disse em seguida:

— Fala assim porque nada aconteceu com você. Não é você que não vai andar novamente; que terá de passar todo o seu tempo sentada em uma cadeira de rodas dependendo dos outros. É fácil falar quando é o outro quem sofre.

— Eu sei, e já esperava ser difícil fazê-lo compreender, justamente no momento que sofre a perda das suas pernas.

— Ainda bem que entende isso.

— Entendo, mas não aceito. Sinto que algo maior vai acontecer com você, Jaime. Você perdeu o movimento das pernas, que estão imóveis, mas não perdeu a vida, e essa continua pulsando dentro do seu peito.

— O que quer dizer com isso, Maísa? Seja mas clara.

— Quero dizer que o tempo vai fazê-lo compreender e aceitar que pode ser que Deus o tenha colocado sentado para que você não se afaste de novo das pessoas, como tem feito a vida inteira.

— Continuo não entendendo aonde você quer chegar — disse Jaime, já bastante irritado.

— É melhor pararmos com essa conversa, você deve estar cansado.

— Não! Agora quero saber o que quis dizer com tudo isso.

— Quis dizer que, quando paramos um pouco mais de tempo em algum lugar, notamos com mais nitidez as coisas e as pessoas que estão à nossa volta, só isso.

— Você está muito enigmática. Ao voltarmos para casa, quero que me conte tudo o que andou fazendo durante esses dias que fiquei... vamos dizer... fora.

— Farei isso, Jaime. Tudo o que mais quero é que você deixe que o sentimento da fraternidade e amizade entre em seu coração, como está entrando no meu, e dê mais valor às pessoas que estão ao nosso lado, como Gregório, que é o mais fiel dos amigos.

— O que é isso, Maísa? Gregório, meu amigo? Ele é meu empregado, e como tal deve ser considerado.

— Vamos dar tempo ao tempo — respondeu Maísa, com tranqüilidade. — A semente, para germinar, leva tempo; as rosas, para florescerem, necessitam de muita atenção e cuidado. Assim também somos nós; para todos os nossos propósitos existe o tempo de preparação.

Jaime não conseguia mais aceitar a transformação de sua esposa.

— Decididamente não consigo mais entendê-la. Fala umas coisas que não combinam com o que eu conheço de você.

— Deixe isso para lá. Quero que descanse, é importante para você. Está ainda muito debilitado, e eu fico aqui cansando-o com minhas idéias. Não vou incomodá-lo mais.

Jaime pendeu a cabeça para o lado e, fechando os olhos, fingiu que adormecera, para colocar um fim naquele assunto.

Maísa encaminhou-se até a janela do quarto, fixou a atenção na paisagem à sua frente, modesta, condizente com o bairro simples onde ficava o hospital. "Como a vida nos reserva surpresas... Jaime, com todo o poder financeiro que possui, está sendo tratado em um hospital simples de periferia, teve a vida salva neste hospital, e é nesse cenário que percebo coisas completamente novas acontecendo comigo. Estou dizendo frases que nem imagino de onde vêm, nem poderia supor que sabia. Sei que estão certas, e algo dentro de mim diz que preciso trabalhar essas questões com Jaime. Sei que tanto ele quanto eu precisamos aprender, mas não tenho idéia de como sei disso. Não compreendo como posso dizer coisas profundas e verdadeiras se não possuo preparo algum para isso. Que maluquice!

Celeste, ao seu lado, dava glórias a Deus e agradecia ao Divino Amigo a aceitação de Maísa às suas inspirações. Esse espírito bom e generoso sentia-se feliz em poder direcionar aquele casal para a claridade divina, por meio da caridade, da humildade e da integração com seus semelhantes. Postando-se ao lado de Jaime, beneficiou-o com energia salutar, fortalecendo seu corpo físico e seu coração para suportar com coragem e fé os dias difíceis que passariam a partir daquele momento.

Mais uma vez, Maísa experimentou a sensação de paz.

— Leandro, não seria conveniente passarmos no hospital para saber notícias de Jaime?

— Com certeza, Andréia. Hoje estou muito ocupado e creio não ter tempo de ausentar-me do escritório. Poderia ir sem mim?

— Claro, Leandro. Deixarei as crianças na escola e irei até lá.

— Ótimo!

Assim que chegou ao hospital, Andréia tomou conhecimento da transferência de Jaime para o apartamento.

— Posso subir? — perguntou à recepcionista.

— Sim.

Ao entrar no quarto, foi recebida com satisfação por Maísa, que a abraçou dizendo:

— Andréia, foi Deus quem a conduziu para cá.

— O que foi, Maísa? Aconteceu alguma coisa?

— Depois falaremos, mas entre, por favor.

Jaime, assim como a esposa, demonstrou alegria em ver amiga.

— Como está, Jaime? Pelo seu aspecto, imagino que esteja passando muito bem. Nem parece que enfrentou uma situação tão delicada.

— Estou sim, Andréia, sinto-me muito bem, mas...

— Mas?

— Meu coração está em frangalhos, cheio de desespero e revolta.

— Desespero? Revolta? Não seria mais coerente estar feliz pelo fato de ter sobrevivido a esse trágico acidente?

Os olhares de Maísa e Jaime se cruzaram, e ele, baixando o rosto, respondeu:

— Seria se eu tivesse sobrevivido perfeito como era, e não com essa deficiência que me prende a uma cadeira de rodas, sabe Deus até quando, com certeza para o resto da minha vida, se é que se pode chamar de vida.

— Andréia, hoje não fiz outra coisa a não ser conversar com ele a esse respeito, mas, pelo que vejo, em vão.

— Dá para vocês imaginarem como será minha vida daqui para a frente? Inválido, dependente, sem autonomia para nada, vivendo uma vida sem graça e sem emoção, tendo de suportar a piedade dos outros?

— Jaime — disse Andréia —, mal reconheço você. Sempre tão alegre, determinado, capaz de tomar toda e qualquer decisão rápida; e agora vejo um homem desanimado, sem esperança e sem gosto de viver. Onde está o Jaime que todos nós conhecemos e gostamos?

— Esse Jaime, Andréia, ficou morto, preso nas ferragens do carro. O que você vê agora é um homem que perdeu toda a sua capacidade de trabalhar, decidir, encontrar soluções.

— Desculpe-me, mas não posso concordar com o que está falando.

— Por quê?

— Porque você perdeu os movimentos das pernas, e não a capacidade de seu cérebro, que continua com as mesmas funções, ou seja, com o poder de tomar as mesmas decisões que tomava antes. Para o resto do seu corpo, nada mudou.

Maísa interferiu:

— Ele não quer aceitar essa situação, Andréia. Está tão irredutível em não compreender e aceitar a vontade de Deus que não registrou o que o médico lhe disse.

— E o que foi que ele me disse? — perguntou, irritado.

— Que você vai fazer fisioterapia e que existe, sim, uma possibilidade de voltar a andar. Necessitará de muita força de vontade para realmente se recuperar. O caminho vai ser árduo, longo e sofrido, mas há uma chance. E se é assim, deve acreditar e lutar por ela.

— Viu como nada ainda está definitivo? Se não crermos nos nossos objetivos, jamais os alcançaremos. Tem previsão para quando ele receberá alta, Maísa?

— Segundo o médico, se tudo continuar correndo bem como até agora e não houver nenhuma complicação, em mais ou menos uma semana, ele poderá ir para casa.

— Que coisa boa, Jaime! — exclamou Andréia, feliz. — Em casa tudo é diferente, estará junto de suas coisas, dos seus amigos, enfim, retomará sua vida, e isso é muito bom.

— E meu amigo Leandro, como está?

— Trabalhando muito, Jaime. Ele gostaria de ter vindo comigo, mas hoje era impossível se ausentar do escritório.

Novamente os olhos de Jaime se encheram de lágrimas.

— Perdoem-me, mas não posso aceitar o que me aconteceu. Enquanto meus amigos trabalham, produzem, eu vou ficar preso em casa como um inútil.

— Pare com isso, Jaime! É muita teimosia. Você será um inútil se quiser ser. Poderá ir ao escritório e cuidar das suas empresas como antes, nada o impedirá de fazer isso, nem a paralisação das suas pernas. Se você começar a pensar melhor sobre tudo, verá que recebeu um grande benefício de Deus em continuar vivo e, através da sua compreensão, poderá lutar e se tratar para alcançar o seu objetivo de andar novamente. Para isso, será necessário apenas coragem e força de vontade. Agora, por favor, chega de tanta lamentação. A pior coisa que um homem pode fazer para si mesmo é cair na autocompaixão.

Andréia e Jaime se surpreenderam com a eloqüência e a determinação com que Maísa falara. Jaime se intimidou e não ousou dizer mais nada. Andréia sorriu e comentou com a amiga:

— Gostei de ver, Maísa. É assim que se fala, minha amiga.

Capítulo XVIII

Um duro golpe

A bela mansão de Jaime foi devidamente preparada para receber aquele que, para os empregados da casa, era o senhor absoluto de tudo. Flores foram colocadas com cuidado nos valiosos vasos chineses para que perfumassem os imensos cômodos. Todos vestiam os uniformes de gala e comportavam-se de acordo com as recomendações de Gregório.

Assim que o carro encostou à porta principal, enfileiraram-se para dar as boas-vindas ao patrão, que nada fizera para receber tanta consideração dos serviçais. Sempre os tratara realmente como serviçais, jamais deixando brechas para que agissem de modo diferente ao que julgava ser o comportamento dos empregados.

A cadeira de rodas foi retirada e colocada rente a porta traseira do veículo. Dois enfermeiros que o acompanhavam tiraram-no do veículo com cuidado, colocando-o na cadeira, que, a partir daquele momento, serviria para levá-lo a qualquer lugar, substituindo suas pernas, que foram cobertas com uma linda manta branca com pequenos detalhes verdes, fruto do bom gosto de Maísa.

Jaime, assim que viu os empregados à sua espera, disse a Maísa:

— Tire-os daqui, não quero ver ninguém.

— Jaime, eles arrumaram tudo com tanto carinho para recebê-lo! Aceite esse gesto de amizade, será uma indelicadeza pedir-lhes para se afastarem. Poderão sentir-se ofendidos.

— Não me interessa se será ou não indelicadeza, e se eles se sentirem ofendidos será um problema deles, não meu! Já disse que não quero ver ninguém! O único que terá permissão para se aproximar de mim será Gregório.

— Está bem, Jaime, farei a sua vontade, apesar de não concordar com ela.

— Perdoe-me, querida, mas não vou me importar se concorda ou não, quero apenas que faça o que estou pedindo.

Com delicadeza, Maísa se aproximou dos empregados e, explicando-lhes o sentimento do marido, que não havia se acostumado àquela situação inesperada, pediu-lhes que se recolhessem e retomassem seus afazeres.

— Obrigada por tudo — agradeceu meio sem jeito. — Se precisar, pedirei a Gregório que os chame.

Saíram todos cabisbaixos e decepcionados. Entenderam a posição de Maísa, mas não aceitaram a de Jaime. Jacinta, sempre mais impulsiva, sussurrou:

— Nada faz com que esse homem abaixe seu topete!

— O que foi que disse, Jacinta?

— Nada não, dona Maísa, bobagem minha — respondeu, nervosa.

Maísa ouvira perfeitamente o que a criada dissera; nada disse a ela, mas pensou: "Infelizmente Jacinta tem razão. Quando será que Jaime vai perder esse orgulho tolo?"

Jaime foi acomodado no seu lugar favorito. Quando os dois enfermeiros se despediram, disse-lhes:

— Gostaria de tê-los trabalhando para mim. Sei que precisarei de ajuda e não quero ser um fardo para minha esposa. Podem ir conversar com Maísa, ela os encaminhará para meu advogado, que cuidará de tudo.

Os dois enfermeiros olharam-se sem saber o que responder. Jaime, percebendo a dúvida nos dois profissionais, adiantou-se:

— Se estão pensando no lugar que ocupam no hospital, posso garantir-lhes que, se aceitarem ser meus enfermeiros particulares, pagarei duas vezes o salário que recebem lá, e terão todos os seus direitos garantidos.

— Senhor — disse Jair, o mais novo —, não existe necessidade de manter dois enfermeiros. Seu estado não requer esse procedimento. Além do mais, em breve estará acostumado, e o que pensa agora ser impossível fazer sozinho, estará fazendo com toda a tranqüilidade. É preciso apenas esforço e boa vontade.

— Esforço e boa vontade quem decide sou eu se terei ou não. A vocês cabe apenas me responder se querem ou não trabalhar para mim.

— Sentimos muito, senhor — voltou a dizer Jair —, mas estamos bem e seremos mais úteis trabalhando no hospital.

— Vocês não entenderam, ganharão muito mais!

— Dinheiro não é tudo, senhor. Na nossa profissão, aprendemos a nos realizar através do bem que podemos fazer para os pacientes, que confiam e esperam muito de nós. Se assim não for, o verdadeiro sentido da nossa profissão deixará de existir.

— Vocês se contentam só com isso?

— Gostaríamos de ser mais bem remunerados, pois nossa profissão exige muita dedicação e esforço. Sem falar do lado emocional, porque convivemos na maioria das vezes com a dor e o sofrimento, mas...

— Mas?

— Mas os profissionais da área da saúde precisam entender a fragilidade emocional do paciente que está convivendo com a dor, dor esta muitas vezes de difícil aceitação.

— Como no meu caso? — perguntou Jaime, esperando que a resposta fosse a que queria ouvir.

— Senhor, somos sensíveis ao momento crítico pelo qual está passando, sua decepção e sua dificuldade em aceitar esse fato. Mas com toda a nossa experiência de trabalho no hospital podemos dizer com segurança que não é a maior. O senhor vive a conseqüência de um acidente trágico que lhe tirou, não sei se para sempre ou por certo período, a possibilidade de caminhar. Porém, ostenta e domina todas as outras funções de seu corpo, como antes. A capacidade intelectual continua a mesma, nada mudou, e é por isso que afirmo que existem dores, sofrimentos e mutilações muito mais dolorosas e trágicas do que a do senhor.

O outro enfermeiro, mais velho e mais comedido, disse:

— Jair, é melhor irmos embora, estamos atrasados.

— Vamos, sim. Só para completar, sr. Jaime, é preciso que o senhor pense que existem sofrimentos e aflições bem maiores que os seus, e não cair na autopiedade para não sofrer mais. Isso nós vemos todos os instantes no hospital.

Jaime — como sempre acontecia quando era contrariado, principalmente por alguém que julgava inferior a ele — respondeu, irritado.

— Pois muito bem, senhor...

— Jair.

— Pois muito bem, sr. Jair. Digo-lhes que estão desprezando uma excelente oportunidade de melhorar de vida, mas, se não querem, podem sair. Não temos mais nada a nos dizer. Ou melhor, saibam que quem mais necessita são os senhores, que, com certeza, devem ganhar muito pouco, e não eu, que posso pagar quantos enfermeiros quiser, tanto que ofereci uma proposta digna e vantajosa que os senhores cometeram a tolice de recusar. Enfim, não faltarão enfermeiros por aí.

— Desejamos que consiga alguém à sua altura, senhor. Com sua licença.

Viraram as costas e saíram.

Jair, indignado com a atitude de Jaime, comentou com o companheiro:

— Já imaginou o que será a vida de quem trabalhar para um homem prepotente e arrogante como esse?

— Deus nos livre! Gostei do que você falou para ele. Mereceu ouvir.

— Exatamente, falei o que precisava ouvir. Tem gente que pensa que o dinheiro o faz melhor que os outros, e jamais compreenderá a sensação de paz que o dever cumprido com dignidade e dedicação nos proporciona.

— É, e nunca sentirão a emoção do nosso coração, quando recebemos o agradecimento de quem teve nosso auxílio.

Gregório ouvira toda a conversa de seu patrão. Depois, disse-lhe, com humildade:

— Sr. Jaime, não se preocupe em contratar ninguém. Estou aqui para servi-lo, e o faço com muito gosto.

Maísa olhou para o mordomo e novamente para o marido. "Eu conheço essa fisionomia de algum lugar, mas de onde? Engraçado termos começado a reparar mais em Gregório só há bem pouco tempo."

— Maísa! — Jaime a chamou, irritado.

— Que foi, querido? Você me assustou.

— Em vez de ficar aí parada com esse ar absorto no rosto, leve-me até nosso quarto, porque quero descansar um pouco.

— Mal acabou de falar e se lembrou de que não poderia subir as escadas. — Droga! Como vou fazer para ir até o andar de cima, preso como estou nesta maldita cadeira de rodas?!

Gregório se adiantou:

— Não se preocupe quanto a isso, senhor. Dona Maísa já havia orientado para que transferisse o quarto do casal aqui para baixo. Assim o fizemos, está totalmente pronto, como o senhor está acostumado.

— Sairei de uma suíte para dormir em um quarto, é isso?

Maísa logo respondeu:

— Antes de reclamar, Jaime, veja primeiro nosso quarto, depois poderá dizer se gostou ou não.

— Leve-me até lá, então!

Ao chegar à entrada do novo quarto de dormir, Jaime não escondeu a surpresa. O local foi decorado exatamente como o outro, de que ele tanto gostava. Uma saleta e um banheiro ricamente equipado compunham todo o conforto da nova suíte.

— Como fizeram isso?

— Querido, você ficou quarenta dias hospitalizado. Logo que soube que necessitaria de uma cadeira de rodas para se locomover, dei ordens a Gregório para que chamasse os profissionais necessários e transformassem a sala de música e a biblioteca em uma suíte. As duas salas eram enormes e conjugadas, o que facilitou. Não ficou excelente?

— E os meu livros, discos, para onde foram?

— Para a sala da lareira. Achei que gostaria de ler e ouvir suas músicas preferidas naquele ambiente, que é tão aconchegante, sobretudo no inverno. Tudo foi feito com muito carinho para você, com a única intenção de proporcionar-lhe maior possibilidade de circulação.

— Tudo isso foi feito em quarenta dias?

— Não exatamente. Foi feito em trinta dias. Como vê, foi tempo suficiente para concluírem a obra e receber você com todo o conforto.

— Gostei, Maísa, gostei muito mesmo. Você foi genial. Obrigado.

— Deixou-me feliz, querido, obrigada.

Na empresa de Alberto, o telefone tocava sem cessar pela segunda vez, uma vez que ninguém atendera anteriormente. Assim que Marilda, secretária de Alberto, atendeu, ouviu do outro lado uma voz exasperada cobrando-lhe o fato de não ter atendido há mais tempo.

— Posso saber por que a demora para atender um simples telefonema?

— Desculpe-me, senhor, deseja falar com quem?

— Com o sr. Alberto, ele está?

— Está, senhor, vou passar a ligação.

Ao pegar o telefone, Alberto ouviu:

— Sr. Alberto?

— Sim!

— Estou telefonando para dizer-lhe que dona Cássia foi para a maternidade ontem à tarde e o bebê já nasceu. Ela pediu que o senhor fosse ver seu filho. É um menino.

Alberto não conseguia emitir um único som. Parecia um colegial vivendo essa experiência pela primeira vez.

— Por que só agora mandou me avisar?

— Não sei. Depois ela explica para o senhor, sou o marido de sua amiga, que me pediu que o avisasse.

— Ela e a criança estão bem?

— Pode ficar tranqüilo, os dois estão passando bem. Parabéns, sr. Alberto, minha mulher disse que é pai de um lindo garoto.

— Obrigado, estou indo vê-la.

Desligou o telefone e, antes de qualquer atitude correu, até a sala de Júnior, para avisá-lo do nascimento da criança.

— Filho, seu irmão nasceu! É um menino forte e lindo, segundo disse-me o marido da amiga de Cássia. Estou indo até o hospital, não quer me acompanhar?

— Fico contente pelo senhor, pai, mas vale lembrar do que combinamos, tudo bem?

— Claro, filho, não esqueci: pedir o teste de paternidade. Acertei?

— Acertou! Só vou comemorar o nascimento do suposto irmão quando tiver em minhas mãos a prova de que ele é realmente seu filho. Desculpe-me, pai, mas prefiro aguardar. Irei outro dia.

— Tudo bem, filho. Estou indo, então.

Sem demora Alberto chegou à maternidade. Entrou ofegante no quarto, onde Cássia segurava o filhinho no colo. Assim que o viu, ela, toda dengosa, disse a Alberto:

— Que bom que veio! Temia que não quisesse conhecer seu filho... ou melhor, *nosso* filho. Veja como se parece com você.

Alberto aproximou-se da cama, olhou emocionado a criança e falou:

— Que exagero, Cássia, recém-nascido não se parece com ninguém. Todos têm a mesma cara.

— Tudo bem, pode até ser, mas para mim ele é muito parecido com você. Afinal, é um pedacinho de você. Pegue-o, sinta seu coraçãozinho batendo junto ao seu. É uma emoção muito grande.

Alberto, meio sem jeito, segurou o pequeno recém-nascido em seu colo. Apesar de desajeitado, gostou de tê-lo em seus braços. Olhou-o com carinho e, em um ímpeto de amor, deu-lhe um beijo na testinha ainda avermelhada. Cássia gostava do que via e pensava: "Peguei-o direitinho. Tinha certeza de que, quando ele o visse, segurasse em seus braços, esqueceria o tal exame de paternidade que seus filhos inventaram, apoiados pela chata da Maísa. É só forçar um pouco mais e Alberto entrará nessa com tudo. Nem se lembrou de perguntar por que não o chamei quando vim para a maternidade".

Alberto devolveu a criança para a mãe com o maior cuidado, para não machucá-la. Cássia voltou a insistir.

— Alberto, quero que saiba que poderá ver seu filho sempre que quiser, não colocarei nenhum obstáculo quanto a isso. Tem o mesmo direito, pois ele é tão meu quanto seu, quero que fique bem certo disso. Essa criança é a nossa ligação, a prova de que um dia nos amamos muito e fomos felizes.

Alberto estava atordoado. Pensava com aflição: "Como terei coragem de pedir um teste de DNA? Cássia está sendo transparente, sincera, seria até uma desconsideração com ela fazer tal pedido".

Cássia observava todas as reações de Alberto, e a cada uma delas mais sentia-se segura quanto ao reconhecimento do filho.

Passado algum tempo, Alberto se despediu, afirmando-lhe que a socorreria sempre que houvesse necessidade.

— Pode contar comigo — afirmou.

A sinceridade de seu coração impediu-lhe de perceber no sorriso de Cássia certo ar de sarcasmo que experimentava o sabor da vitória. Assim que se viu só, ela ligou para Lucas, contando-lhe sobre a visita de Alberto e a certeza que tinha de que registraria a criança.

— Queria que você visse a emoção dele ao pegar no colo nosso filhinho. Cheguei a ficar comovida...

— Pelo amor de Deus, Cássia, não vai agora ficar com pena dele e estragar tudo, depois de tanta luta.

— Calma, não vou estragar nada, Lucas — falou Cássia, um pouco assustada com o tom áspero usado por Lucas. — Por que esse tom irritado? Nunca o ouvi falar assim, e logo hoje, que nosso filho acaba de nascer.

— Desculpe-me, mas é que estou com problemas e preciso de dinheiro para solucioná-los.

— O que posso fazer para ajudar?

— Tire algum dinheiro de Alberto.

— Mas como?

— Não sei, faça como quiser, mas consiga esse dinheiro. Estou precisando muito e urgente.

Lucas desligou o telefone, deixando Cássia pensativa e intrigada com o que poderia estar acontecendo para deixá-lo assim tão nervoso.

O Preço da Ambição   303

Enquanto isso, Alberto, dirigindo-se para sua empresa, falava consigo mesmo:

— Como posso fazer o que meus filhos desejam? Cássia tem razão, também achei essa criança muito parecida comigo, mas pedir um teste de paternidade seria uma afronta muito grande para ela, que tratou-me com tanto carinho e estava tão feliz...

Coçava a nuca, gesto que fazia sempre que alguma coisa o preocupava, e concluiu:

— Não vou pedir esse teste. Registrarei meu filho, é isso o que a minha responsabilidade de pai e minha dignidade de homem me impelem a fazer. Chegando à empresa direi isso a Júnior, e assunto encerrado.

Após tomar essa decisão, sentiu-se um pouco mais tranqüilo. Logo ao entrar na sua sala, pediu à secretária que chamasse o filho.

— Então, pai? Como é a criança? Ela e a mãe estão bem?

— Graças a Deus, correu tudo bem, Júnior, tanto a criança quanto Cássia estão ótimos.

— E o senhor, como está?

— Júnior, fiquei impressionado. Como a criança se parece comigo!

Júnior, pego de surpresa, respondeu de imediato:

— Pare com isso, pai, recém-nascidos não se parecem com ninguém.

— Foi isso exatamente o que pensei e disse a Cássia.

— E aí?

— Aí que ela falou a verdade, filho. Ao pegá-lo no colo, percebi que era um pedacinho de mim, essa é a semelhança.

Júnior mal podia acreditar no que acabara de ouvir. Deu alguns passos pela sala, ponderou e disse a Alberto:

— Não acredito, pai. Não posso crer que o senhor seja tão ingênuo a esse ponto. Enfim, vai cumprir o que nos prometeu, não vai?

— Sobre o teste de paternidade?

— Isso mesmo. Sobre o teste de paternidade. — Júnior sentiu medo de ouvir a resposta.

Mais uma vez Alberto coçou a nuca e, meio sem jeito, falou para o filho:

— Júnior, preste atenção ao que vou lhe dizer, pois gostaria muito que me entendesse. Não posso fazer isso, seria uma afronta para Cássia e até mesmo para meu filho.

— Pai, pelo amor de Deus, quem garante que ele é mesmo seu filho?! O senhor está sendo muito ingênuo, diria mesmo infantil. Acredita em tudo o que a Cássia fala, aceita tudo o que ela sugere, não considera nem a hipótese de ela estar blefando.

— O que é isso, Júnior? Você está exagerando, Cássia não brincaria com um assunto tão sério como esse, nem blefaria. É nosso filho, e ninguém brinca com o próprio filho.

— Perdoe-me pelo que vou dizer, mas ninguém digno, íntegro, leal e sincero brincaria com um assunto dessa importância, o que não é o caso de Cássia.

Diante da firmeza das palavras de Júnior, Alberto ficou sem saber o que responder. Baixou a cabeça, desconcertado, e Júnior, nesse momento, sentiu profundo carinho pelo pai, sempre tão honesto, esperto, mas que a seu ver procurava a juventude perdida naquele filho que julgava ser dele. Falando mais mansamente, disse-lhe:

— Pai, não tenha tantos escrúpulos em pedir o teste de paternidade. Cássia não merece tamanha consideração sua a ponto de aceitar sem questionar uma situação tão séria e grave como essa.

Alberto olhou o filho nos olhos, e quase suplicou:

— Por favor, meu filho, não insista, não posso fazer o que me pede. Não tenho coragem; quero esse filho, sei que ele é meu.

Diante dessa postura paterna, Júnior sentiu que nada mais poderia fazer para mudar o rumo que as coisas estavam tomando. Teria de ir por outro caminho, o caminho de Cássia. "Vou ligar para dona Maísa e pedir-lhe que me acompanhe até a maternidade. Falarei com Cássia, jogarei limpo e claro. Exigirei que ela mesma fale a verdade para o meu pai. Acho que esse é o único meio de livrá-lo daqueles dois chantagistas."

— Está bem, pai, sei que não vou conseguir mudar sua opinião; e, já que insiste nesse procedimento, sem querer ouvir seus próprios filhos, mas aceitando passivamente tudo o que Cássia exige, tentarei resolver isso de outra maneira. Porém, não me peça para cruzar os braços e ficar assistindo ao senhor entrar em uma canoa furada, sabendo que não conseguirá chegar à praia.

— Não estou entendendo. O que pretende fazer?

— Não precisa me entender e não vou lhe dizer agora o que farei. Só lhe peço que por enquanto não registre a criança, não a reconheça ainda como seu filho. Espere, por favor, mais dois ou três dias. Tudo bem? Concorda?

— Tudo bem, filho, prometo não fazer nada por enquanto.

— Confio no senhor. Ficaria muito decepcionado se me traísse. Tenho certeza de que ainda vai me agradecer. — E saiu, indo imediatamente ligar para Maísa. — Dona Maísa, sei que não é um momento oportuno para solicitar sua presença, mas confio muito na senhora. Em vista disso, gostaria de pedir-lhe um favor.

— Diga, Júnior.

— Poderia acompanhar-me em uma visita a Cássia, na maternidade?

— Ela já deu à luz?

— Já. É por essa razão que precisamos ir vê-la antes que seja tarde.

— Mas o que aconteceu, Júnior?

— Se a senhora puder se encontrar comigo, eu a colocarei a par de tudo o que está havendo, e poderemos juntos traçar um plano para abordar Cássia e exigir que ela mesma ponha um ponto final nessa trama sórdida.

— Ainda não entendi aonde você está querendo chegar, mas tudo bem. Quando pensa em ir?

— Se possível, hoje.

— Façamos o seguinte: Jaime precisa repousar logo após o almoço. Assim que ele se acomodar, por volta das quartoze horas, vou me encontrar com você em seu escritório. Está bem assim?

— Está ótimo, dona Maísa. Ficarei aguardando pela senhora.

— Até mais tarde, então.

Quando Maísa desligou, Jaime perguntou-lhe quem era.

— Era Júnior, filho de Alberto.

— E o que ele queria, sair com você?

Maísa espantou-se.

— Jaime, o que disse? Não está com ciúme de Júnior, está?

Diante do silêncio do marido, Maísa voltou a dizer:

— Escute bem o que vou lhe dizer, Jaime. Não vou aceitar que você comece a controlar os meus passos. Nunca escondi nada de você e não vou começar a fazer isso agora. Não posso crer que deixou de confiar e mim.

Um pouco envergonhado com a própria atitude de desconfiar do filho de um dos seus melhores amigos, rapaz que praticamente viu crescer, Jaime respondeu:

— É que agora não posso mais acompanhá-la como gostaria. Sempre saíamos juntos para todos os lugares, e, para ser franco, estou com ciúme, sim. Sou um aleijado, e isso está fazendo com que eu coloque muitas coisas na minha cabeça.

— Não consigo crer no que estou ouvindo! Você está dando mais importância a suas pernas do que ao amor que nos une. Jaime, agora você tem uma deficiência nas pernas; outros são deficientes visuais, outros, auditivos, enfim, até quem usa óculos possui uma deficiência visual, senão não precisaria de óculos para enxergar. Outros são diabéticos, cardíacos... Será que não está dando importância demais para você mesmo?

— Tente me entender, Maísa. É que agora não sou como antes...

— Pois para mim é, sim, como antes. Eu amo você, e não suas pernas. Amo a sua essência e quero-o comigo sempre, sem me importar se está sentado em uma cadeira de rodas ou em um banco de carro dirigindo em alta velocidade, como sempre fez. Agora, se quiser, posso lhe contar o motivo pelo qual Júnior pediu-me que o encontrasse.

Após relatar ao marido tudo o que sabia de Cássia, Maísa finalizou:

— Com certeza alguma coisa aconteceu para que ele queira ir com essa urgência visitar Cássia. Alberto havia prometido aos filhos que pediria o exame de DNA antes de registrar a criança, mas, pelo visto deve ter mudado de idéia. Júnior me pareceu muito nervoso.

— É, meu amigo entrou em uma fria. Desculpe-me pelo que eu disse, Maísa. Vá se encontrar com ele e ajude-o a resolver essa situação.

— Irei, sim.

Gregório se aproximou, trazendo os remédios de Jaime, que ele tomou sem nenhuma reclamação.

— Agora vai ser assim — falou —, sempre tomando remédios, coisa de que não precisei durante a minha vida toda.

— Senhor, perdoe-me, mas não terá de tomar remédios para sempre. Isso é uma fase, enquanto estiver convalescente, depois tudo voltará ao normal.

— Ao normal, Gregório?

— Sim, patrão, ao normal. Devemos aceitar as coisas que não podemos mudar, e a vontade de Deus prevalecerá sempre sobre a nossa.

— Mas ele ainda tem chance de voltar a andar, Gregório. O médico já solicitou a fisioterapia e a hidroterapia. Se existe alguma chance, por menor que seja, devemos correr atrás dela, não acha?

— Claro, senhora!

— Vocês ficam aí falando, falando, mas quem está aqui preso sou eu. É muito fácil resolver os problemas dos outros quando esses problemas não nos atinge.

— Jaime, faça um esforço para não voltarmos sempre ao mesmo assunto. Já conversamos sobre isso. Sua postura de revolta não vai levá-lo a nada. Em vez de lamentar, procure perceber quantas coisas poderá fazer mesmo sentado nessa cadeira.

— Por exemplo? — indagou, irônico.

— Por exemplo, dar-se conta de que terá muito mais tempo para ler, abrir sua mente e seu coração para outras questões que não o dinheiro. Ou melhor, pensar em uma forma de dar ao seu próprio dinheiro uma direção mais útil; notar as pessoas que vivem ao seu lado e a dedicação da qual você é o alvo. Enfim, amor, a única coisa que mudou foi a maneira de chegar e sair dos lugares, nada mais. O resto você poderá fazer e comandar como sempre fez.

— Fico impressionado como para você é fácil falar sobre as aflições dos outros, Maísa.

— Querido, eu sei como é difícil aceitar e superar isso tudo. Quero animar você, ajudá-lo a se esforçar para continuar vivendo e desfrutando da felicidade que merece. Existem pessoas que jogam basquete, nadam, passeiam, fazem tudo sentadas em uma cadeira que consideram amiga, pois lhes permite se locomover. Você também poderá fazer, é uma questão de tempo. Não fique triste, estarei sempre ao seu lado, jamais o abandonarei.

— Conte também com a minha dedicação e lealdade senhor, para sempre. Ou melhor, enquanto precisarem dos meus serviços.

Jaime sentiu que os dois falavam a verdade e se emocionou. "Não mereço tanta dedicação, principalmente de Gregório, para quem nada fiz além de pagar o seu salário e exigir que cumprisse minhas ordens. Meu Deus, por que foi acontecer isso comigo?!"

Capítulo XIX

A sórdida farsa chega ao fim

Maísa, ao entrar na sala de Júnior, foi logo perguntando o que havia acontecido para que tomasse a decisão de visitar Cássia na maternidade.

— Por que a preocupação, Júnior? Pelo que me lembro, seu pai comprometeu-se com vocês a fazer o teste de paternidade. Você desconfia que ele não o fará?

— Meu pai havia sim, dona Maísa, se comprometido, mas foi visitar Cássia no hospital e voltou cheio de cuidados, dizendo ser uma desfeita duvidar da palavra dela, que a criança é a cara dele, etc., etc.

— Você está brincando, Júnior!

— Não, não estou. E, acredite, estou tão ou mais perplexo que a senhora. Não posso aceitar uma postura tão ingênua e passiva de meu pai. Justo ele, um empresário de sucesso acostumado a resolver as questões mais embaraçosas. Vivido e experiente o bastante para não se deixar levar por palavras vazias que nada mais são do que chantagem emocional.

Todavia, caiu facilmente nessa trama de Cássia, aceita tudo como se fosse a coisa mais natural do mundo e não admite nenhuma possibilidade de ter acontecido uma traição.

— Júnior, sendo Cássia quem é, é natural que Alberto tenha se envolvido a esse ponto!

— É, talvez tenha mesmo razão. Nós sabemos muito bem quem ela é e do que é capaz.

— O que pretende fazer? Em que posso ajudar?

— Penso que poderíamos conversar com Cássia, abrir o jogo, dizer-lhe tudo o que sabemos, as provas que temos de que tudo não passa de uma encenação sórdida e mesquinha, e a partir daí exigir que ela mesma conte a papai quem é na realidade o pai daquela criança.

Maísa ponderou e respondeu:

— Pode ser que seja uma boa idéia, Júnior, mas e se mesmo assim Cássia se negar a revelar para Alberto a verdade?

— Direi que se ela recusar vou processá-la e pedir uma indenização por danos morais.

— Júnior, você não poderá fazer isso, teria de ser seu pai, ele é o ofendido.

— É verdade, nem pensei nisso.

Os dois se calaram. De repente, Júnior lembrou:

— Dona Maísa, temos as fotos e a fita. Podemos mostrar a Cássia e sugerir que, se ela libertar meu pai dessa trama que ela mesma armou, poderá sair dessa história com mais dignidade, bem melhor do que passar pelo vexame de ser desmascarada como uma golpista sem escrúpulos.

— Isso mesmo! Vamos então, porque não tenho muito tempo. Jaime está muito irritado, e não quero deixá-lo sozinho.

— Desculpe-me, cometi a indelicadeza de nem perguntar como está o sr. Jaime.

— Ele está bem. Ou melhor dizendo, quanto à saúde está muito bem, seguindo o esperado pelo médico, mas...

— Mas?

— O seu emocional está muito abalado. Não consegue aceitar a nova condição. Como você sabe, Jaime sempre foi muito independente, possui um gênio muito forte, e por isso está sendo muito difícil para ele suportar a conseqüência desse acidente, que o levou a uma invalidez.

— Diga-me, dona Maísa, a situação dele é definitiva? Não existe possibilidade alguma de voltar a andar?

— Segundo o médico que o atendeu no hospital, existe, sim, uma chance de ele voltar a andar, mas será necessário um tratamento muito intenso de fisioterapia e uma grande força de vontade. Amanhã um médico de nossa inteira confiança vai visitá-lo, avaliar suas condições reais, talvez pedir algumas radiografias. Enfim, Jaime começará um tratamento com os melhores profissionais da área. Terá, com certeza, os melhores cuidados; tudo o que puder ser feito, será. Se for necessário ir para fora do país, iremos.

— Penso que ele não deve perder as esperanças, mas agarrar essa chance com coragem e entusiasmo.

— É o que todos nós pensamos, Júnior. Gregório e eu estamos fazendo o possível para que ele se sinta melhor, mais confortável e eleve mais a auto-estima, mas às vezes é tão complicado lidar com Jaime...

— Se Deus quiser, tudo dará certo, dona Maísa, será apenas uma questão de tempo.

— Quero acreditar nisso.

O Preço da Ambição 313

— Podemos ir agora?

— Claro!

Os dois seguiram no carro de Júnior até a maternidade. Durante o trajeto, conversaram sobre diversos assuntos até que Maísa perguntou:

— Você não se esqueceu de trazer as fotos e a fita, não?

— Trouxe, sim — falou, batendo levemente a mão em sua maleta, próxima a ele.

— Tomara que corra bem, que Cássia compreenda e não crie mais problemas.

Assim que chegaram, subiram imediatamente para o apartamento de Cássia. Após baterem de leve na porta, entraram, meio desconcertados.

Ao vê-los, Cássia demonstrou toda a sua indignação na expressão facial.

— O que querem? Imagino que não vieram aqui para dar-me os parabéns e desejar-me boa sorte. Acertei?

— Acertou, Cássia — respondeu Maísa.

— O que querem, então? Respeitem o meu estado, por favor.

— Ora, Cássia, você não está doente, teve uma criança e está passando muito bem.

— Digam logo o que querem e deixem-me em paz!

Foi Júnior quem tomou a palavra:

— Dona Cássia — disse educadamente —, vim aqui em meu nome e de meus irmãos apelar para o seu bom senso e pedir que conte a verdade para meu pai.

— O que está falando? Que verdade quer que eu conte?

— Que ele não é o pai dessa criança.

Cássia sentiu o rosto perder a cor. Medo e raiva tomaram conta de seu ser.

— Mas ele é o pai do meu filho, essa é a verdade!

— Não, não é. Sabemos tanto quanto a senhora que não é.

— Como ousa me afrontar dessa maneira, Júnior?! Seu pai sabe que veio aqui me atormentar?

— Não!

— Mas ficará sabendo, pode acreditar nisso.

— Se eu fosse a senhora, não falaria nada.

— Posso saber por quê? Alberto é o pai, vai registrá-lo, e vocês não poderão fazer nada para modificar isso!

— Acreditamos que podemos modificar, sim, dona Cássia.

— Posso saber como?

— Claro, viemos aqui para isso.

— Então, me diga.

— Ouça, dona Cássia, nós temos informações que nos garantem que a senhora traía e sempre traiu meu pai. Esteve todo esse tempo com ele unicamente para envolvê-lo nessa trama sórdida que a senhora e seu amante inventaram.

— Vamos imaginar que seja verdade, o que não é. O que ganharíamos com isso?

— Ora, dona Cássia, não se faça de desentendida! Ganharia o que ambicionou esse tempo todo: a pensão. A criança seria herdeira dele, com os mesmos direitos que nós. Reconheço que pensaram em tudo, todo esse tempo ao lado dele, tudo para não levantar nenhuma suspeita.

— Mas você não pensava encontrar-me no seu caminho, não é, Cássia?

— Muito bem, mas do que adianta tudo isso se Alberto acredita em mim, em tudo o que digo para ele? Volto a perguntar: de que adianta terem descoberto isso? Nada mudará.

Foi Maísa quem, cada vez mais indignada, respondeu:

— Aí é que você se engana, Cássia, porque mudará sim. E, se não for por bem, será por mal, por meio de ameaças ou seja lá o que for. O que não podemos é deixar Alberto se envolver nessa mentira.

— Meu Deus do céu, como poderão provar tudo isso que afirmam?!

— No momento certo a senhora saberá — disse Júnior, achando mais prudente não mostrar por enquanto todo o material que tinha e que a incriminaria.

— Vocês estão blefando!

— Não. Não estamos. Amanhã acompanharei meu pai até aqui, e encontraremos com dona Maísa. Com muito cuidado, a senhora contará a ele a verdade, sem ofendê-lo mais do que se sentirá magoado assim que tomar conhecimento de toda essa sujeira.

— Não farei isso, e não adianta insistir! — Cássia falou quase aos berros.

— Vai. Vai, sim! — exclamou Maísa. — Será pior para você se Alberto souber por nós, porque iremos mostrar a ele tudo o que temos e que a incrimina sobremaneira. É melhor contar você mesma. Assim, pouparia Alberto de ver e ouvir certas coisas que o magoarão muito e farão com que a odeie.

— Vocês ainda não perceberam que será sua palavra contra a minha, a mulher em quem ele confia e, tenho certeza, ainda ama?

— Não serão apenas palavras, Cássia.

— Vamos parar por aqui, não quero saber de mais nada. Quero apenas que saiam e me deixem em paz. Quanto a você e seus irmãos, Júnior, é melhor irem se acostumando com o irmãozinho caçula.

Júnior, mudando de idéia, retirou da maleta as fotos e a fita, e mostrou a Cássia.

— Não são só palavras. Aqui estão fotos suas com seu amante, e nesta fita está gravada uma conversa bem interessante que manteve com o rapaz a respeito de meu pai e do que fizeram para pegá-lo. Estamos lhe dando uma oportunidade de sair disso com um pouquinho mais de dignidade. Se não quiser, mostraremos tudo para o papai, e garanto que sua posição perante ele ficará a pior possível.

— Não acredito que essas fotos sejam minhas, mas, se forem, por que não mostraram ainda para Alberto?

— Para poupá-lo de uma sofrimento desnecessário. Já basta o que sofrerá quando souber que não é o pai da criança.

Sentindo-se acuada e sem saída, Cássia ainda tentou um último golpe:

— Vou abrir um processo contra vocês por gravarem sem autorização para isso. Sabiam que isso dá cadeia?

— Abra um processo e terá de responder a outro.

— Por quê?

— Porque vamos processá-la pedindo indenização por danos morais. Escolha, Cássia, ou você ou nós contaremos a verdade. Se optamos por deixar essa tarefa em suas mãos, não é por sermos bonzinhos ou nutrirmos algum sentimento por você, mas para poupar nosso pai de tomar conhecimento dessas fotos e, principalmente, ouvir a conversa na qual falavam dele de uma maneira odiosa.

Cássia percebeu que de nada adiantou todo o projeto que ela e Lucas tramaram, nada dera certo. Foram descobertos. E pior: ficara nas mãos daquelas duas pessoas que odiava, sobretudo, Maísa.

Maísa, vendo que Cássia se consumia em raiva, ainda completou:

— E posso também acrescentar, Cássia, a conversa que ouvi de você e aquele rapaz, na pracinha, naquela tarde em que nos encontramos, lembra? Creio que, depois de ver e ouvir essas provas, tudo fará sentido para Alberto, e não colocará nenhuma dúvida de que estamos falando a verdade.

— Então, dona Cássia, o que responde?

— Está bem. Diga para Alberto vir aqui amanhã pela manhã. Conversarei com ele.

—- Como lhe disse, eu acompanharei meu pai. Estaremos aqui logo cedo. A senhora poderá vir, dona Maísa?

— Lógico, Júnior, estarei com você até o fim.

— Por favor, saiam, não têm mais nada que fazer aqui — disse Cássia, sem disfarçar a raiva que sentia.

— Bem, realmente não temos mais nada que fazer aqui. Vamos, dona Maísa. Até amanhã, dona Cássia.

— Vão para o inferno! — exclamou Cássia destilando toda a sua ira.

Assim que as visitas tão indesejadas se foram, Cássia ligou para Lucas em completo desespero:

— Lucas?!

— Sou eu, Cássia, o que foi?

— Venha até a maternidade, agora, depressa!

— O que houve?! — perguntou Lucas, nervoso, temendo a resposta.

— Não falarei por telefone. Estou muito aflita, e preciso falar com você, agora. Temos de pensar juntos para encontrarmos uma solução para a questão que acabou de surgir.

— Chego aí em meia hora.

A enfermeira, ao entrar no quarto de Cássia, percebeu seu estado alterado.

— A senhora acabou de dar à luz, é muito recente, precisa descansar.

— Estou muito nervosa!

— Pois então tente se acalmar.

— Vou tentar — afirmou Cássia, sem a menor convicção, apenas para se ver livre da enfermeira.

Em trinta minutos Lucas chegou.

— Pelo amor de Deus, Cássia, que pressa é essa? Espero que tenha realmente um bom motivo para fazer-me vir aqui a essa hora.

— Tenho. Tenho, sim. Aliás, um ótimo motivo.

— Diga qual é.

— Fomos desmascarados.

— Fomos o quê?

— Nosso plano foi descoberto.

Lucas sentou- se na beira da cama, mal acreditando no que acabara de ouvir.

— Repita!

— Fomos desmascarados, nosso golpe tão bem planejado foi descoberto.

— Como, quando e por quem?

— Júnior, o filho mais velho de Alberto esteve aqui acompanhado da antipática Maísa.

— E daí?

— Daí que eles me ameaçaram e exigiram que eu conte a verdade para Alberto.

— É só não contar — falou Lucas, achando que seria fácil resolver o problema.

O Preço da Ambição   319

— Serei obrigada a contar, Lucas. Eles possuem provas sobre o nosso relacionamento.

— Como assim, provas?

— Fotos, fita e o testemunho de Maísa, que nos encontrou no parque, lembra?

— Claro que me lembro.

— Pois bem. Eles disseram que, se eu não revelar a Alberto que ele não é o pai, mostrarão as provas que possuem.

— Não entendo. Se possuem essas provas, por que não as mostraram ainda a Alberto? Ele logo perceberia que não é o pai.

— Para não magoar ainda mais o pobrezinho. Receiam o que ele poderá sentir ao saber que tudo não passa de uma armação. Acreditam que, se for revelado por mim e sem tomar conhecimento das fotos, pensando ter sido um envolvimento casual, será mais fácil para Alberto aceitar, e não colocar tanto ódio no coração. Eu poderei até sair dessa história de uma maneira mais digna.

— Convenhamos que não deixam de ter razão.

— Eu me desespero e você ainda dá razão a eles, Lucas?! Estou pouco me importando com o sofrimento dele ou se vou sair com mais ou menos dignidade. A mim interessa a pensão pela qual tanto esperei e que vejo ir por água abaixo!

Lucas, já bastante, irritado disse:

— Escute aqui, Cássia, vou deixar bem clara uma coisa e quero que preste bastante atenção: eu entrei nessa com você para ganhar dinheiro, ou seja, garantir meu futuro através de uma pensão e de tudo o mais que poderíamos tirar de Alberto. O que você vai fazer ou como vai fazer não me interessa. Contanto que consiga que ele registre essa criança e, conseqüentemente, lhe dê a pensão, para mim vai estar tudo bem.

— Mas como vou fazer isso?!

— Não tenho a menor idéia. Depois de ter vazado toda a nossa trama, o que você quer que eu sugira? Estou transtornado demais para raciocinar.

Ambos se calaram, entregando-se aos seus pensamentos. Passado um bom tempo, Lucas, de súbito, falou, eufórico:

— Já sei, tive uma idéia!

— Diga — pediu Cássia, esperançosa.

— Com certeza eles virão aqui, não?

— Sim, virão amanhã, Alberto, Júnior e Maísa, parece que pela manhã. Aliás, não sei por que essa tal de Maísa está se metendo nisso.

— Isso não importa mais, deixe para lá. Quando eles chegarem, antes de qualquer acusação, faça-se de vítima. Diga o quanto está sendo pressionada, que não agüenta mais ser ameaçada, enfim, ataque para se defender. Tente não dar chance a Alberto de ouvi-los. Tenho certeza de que saberá fazer isso melhor que ninguém.

Cássia pensou, pensou e disse:

— Acho que pode ter razão, Lucas. Não vou me intimidar, até porque desconfio que não existe prova nenhuma, eles estão blefando.

— Mas você não viu as fotos?

— Não. Júnior mostrou um envelope dizendo conter as fotos e a fita, mas, ver mesmo, não vi.

— Melhor ainda. Temos uma chance de ser realmente um blefe.

Cássia acalmou-se um pouco. Com voz melosa pediu a Lucas:

— Vem cá amor, fique um pouco perto de mim.

O Preço da Ambição 321

Lucas aproximou-se mais, afagou seus cabelos displicente-
mente, sem nenhuma emoção maior, e respondeu:

— Não posso ficar mais, Cássia, tenho um assunto importante para resolver. Preciso ir. Amanhã à noite virei vê-la e
saber como foi tudo.

Desapontada, Cássia concordou:

— Está bem, Lucas, pode ir. Até amanhã.

— Até amanhã, Cássia. — Saiu sem olhar para trás e em
poucos minutos alcançou a rua.

Caminhando lentamente, com as mãos nos bolsos, Lucas
pensava: "Que azar! Deu zebra. Eles devem ter mesmo as provas que mencionaram. Não blefariam, principalmente Júnior,
que tem o maior respeito pelo pai. Ele está falando a verdade.
O que tenho de fazer agora é cair fora enquanto é tempo. Não
dá para ficar com Cássia, filho e sem dinheiro. A idéia do plano foi dela, e não minha, como ela sempre fala. Ela que fique
com o fruto, não tenho a menor aptidão para pai".

Andou mais alguns passos. Parou. Sua mente egoísta logo
achou uma forma de se sair bem, sem se importar com os
sentimentos das pessoas que deixaria para trás.

— Já sei o que vou fazer! — exclamou. — Sem dinheiro
não vou ficar; afinal, mereço uma indenização.

Deu meia-volta e retornou à maternidade. Entrou de novo
no quarto de Cássia e, com um largo sorriso, foi dizendo:

— Querida, tive de voltar. Você nem imagina do que estava me esquecendo.

Cássia, que cochilava, falou, assustada:

— Que foi Lucas, por que voltou?

— Porque me lembrei de que provavelmente amanhã ou
depois você receberá alta, e eu gostaria de enfeitar nosso

apartamento para recebê-los, você e nosso filhinho. Quero preparar um jantar bem gostoso para comemorar essa data tão importante. O que acha?

Feliz, Cássia sorriu também.

— Parece-me encantador, Lucas.

— Só há um problema, e sinto-me até constrangido em dizer.

— Pode falar.

— Estou completamente sem dinheiro. Você se importaria de emprestar-me algum?

— Evidente que não. Só que não trouxe dinheiro, só o cartão do banco.

— Se não se importar nem desconfiar de mim, poderia emprestar-me? Amanhã eu devolvo.

— Não vou me importar nem desconfiar de você, pode levar. Dê-me minha bolsa, que está no armário, por favor.

Lucas pegou a bolsa e entregou-a a Cássia, que, pegando o cartão, deu-o ao namorado.

— Querida, não sei a sua senha!

Cássia pegou na mesinha ao lado da cama um pedaço de papel e a caneta, escreveu a senha entregou-a a Lucas.

— Por favor, Lucas, tome cuidado. Assim que retirar o dinheiro, destrua a senha.

— Não tem perigo, querida.

— É, mais todo o cuidado é pouco nos dias de hoje!

Lucas guardou o cartão no bolso, beijou Cássia e se despediu.

— Amanhã, antes de vir, vou telefonar para ver se eles já se foram. Não quero correr o risco de encontrá-los.

— Tem razão. Se isso acontecesse, cairia por terra tudo o que tentar fazer.

O Preço da Ambição 323

— Agora, descanse, amanhã nós nos veremos. Trarei um lindo ramalhete de flores para você. — E saiu, deixando Cássia entregue aos seus pensamentos.

"Tomara que tudo dê certo. Mas, se acontecer o contrário e tudo der irremediavelmente errado, paciência. Eu e Lucas, juntos, criaremos nosso filho. Não vou me entregar a lamentações. Devo reconhecer que por uns tempos vivi momentos de muito glamour ao lado de Alberto. Sem dizer da minha conta bancária, que consegui suportando Alberto todo este tempo."

Lucas, assim como Cássia, também fazia seus planos, que, a bem da verdade, eram completamente diferentes dos dela. Neles, Lucas não incluía nem Cássia, nem o filho.

— Desculpe-me, Cássia — dizia a si mesmo —, mas amanhã, se tudo der errado, o que acredito que vai acontecer, vou retirar seu dinheiro do banco e sumir daqui. Lamento, mas não posso nem quero viver uma vida modesta a seu lado, não nasci para isso. Vou atrás de outra mulher que seja rica o suficiente e que possa me bancar.

Prosseguiu seu caminho, aliviado por ter em seu poder o cartão de Cássia, que, acreditava, lhe daria a liberdade financeira, pelo menos por certo período.

No dia seguinte, mais ou menos na hora que planejaram, Alberto, Júnior e Maísa entraram no hospital.

Alberto não desconfiava de nada. Acreditava no que lhe dissera Júnior: que gostaria de visitar Cássia e ver a criança de perto. Sentia-se satisfeito com a atitude do filho e da amiga.

Cássia encontrava-se sentada amamentando seu filho. No momento em que ela os viu, novamente o medo tomou conta do seu coração.

— Por favor, fiquem à vontade — disse.

Alberto, sem fazer cerimônia, aproximou-se da criança e com carinho depositou um beijo em sua testinha, ainda vermelha por conta do parto recente.

— Vejam como é lindo! — falou, sorrindo.

Tanto Júnior quanto Maísa sentiram um aperto no coração, pois tinham consciência do quanto ele sofreria ao tomar conhecimento da verdade. Júnior, mais que Maísa, sofria ao ver o pai naquela situação de conflito.

"Meu Deus, será que estou fazendo a coisa certa, o que é justo?" No mesmo instante, veio à mente de Júnior um pensamento que, por conta da forte emoção, não conseguia lembrar onde lera: "É preferível negar dez verdades do que aceitar uma só mentira".

— O que foi, Júnior? — Maísa sussurrou. — Está pálido...

— Nada, dona Maísa, apenas sofro pelo meu pai, e por instantes cheguei a me perguntar se é certo o que estou fazendo.

— Júnior, não será melhor para Alberto encarar a decepção agora do que experimentá-la mais tarde, quando descobrir tudo, o que fatalmente acontecerá? E quando esse momento chegar, poderá encontrá-lo totalmente envolvido com essa criança, que estará julgando seu filho. Creio que o sofrimento, assim, será bem maior.

— Tem razão, foi apenas um momento de dúvida.

— Além do mais, Júnior, aceitar essa mentira, porque sabemos que é uma mentira, pois temos provas disso, é ser conivente com a atitude desleal de Cássia ao bolar essa armadilha sórdida para seu pai. Não posso afirmar que estou certa, mas é o que penso.

O Preço da Ambição 325

— Já passou, dona Maísa. É isso mesmo o que tenho de fazer.

Após mais ou menos trinta minutos, a porta se abriu e a enfermeira entrou para buscar a criança. Cássia entregou-a, levantou-se e, pedindo licença, foi até o banheiro para se arrumar.

Finalmente os quatro se acomodaram para que tivessem a temível conversa.

— Não estou compreendendo a atitude de vocês — disse Alberto. — Por que tanta cerimônia? Este é um momento de alegria. A impressão que tenho é de que não sabem o que falar!

— Pai, é um momento muito delicado, sem dúvida, e gostaria que não se exaltasse.

— Por quê? O que está acontecendo, Júnior?

— Pai, Cássia tem uma revelação muito séria para fazer ao senhor. Pode falar, Cássia.

— Séria? Por favor, Cássia, diga-me logo o que está havendo!

Em um ímpeto de tentar se salvar de qualquer maneira, Cássia, com a voz alterada e mostrando indignação, arriscou:

— Alberto, estou sofrendo muito. Tanto seus filhos quanto Maísa estão inventando horrores sobre mim!

— O quê? — Alberto, surpreso, pôs-se na defensiva.

— É isso mesmo que ouviu. Estão me difamando, caluniando, falando sobre minha moral, enfim, dizem que sempre o traí e que esse filho não é seu. Você me conhece há tanto tempo, acha que seria capaz de um ato infame desses? E o que é pior: querem que eu lhe diga uma verdade que não existe. Obrigam-me a assumir um comportamento do qual sou completamente inocente. Não suporto mais esse tormento, essa pressão da qual estou sendo vítima!

Júnior e Maísa não podiam acreditar no que ouviam.

Alberto, dirigindo-se aos dois, perguntou-lhes:

— Vocês têm alguma explicação para isso? E, se tiverem, que seja uma bem convincente.

Cássia tornou a pressionar:

— Não lhes peça para explicar nada, Alberto. Com toda a certeza devem ter forjado provas falsas, montado fotos ou sei lá o quê. Para mim só importa o que você pensa. Alguma vez menti para você? Dei algum motivo para duvidar de mim? Acredita que brincaria com nosso filho? Responda a essas perguntas para si mesmo e, se não consegue crer no que lhe digo, o filho fica sendo só meu, cuidarei dele sozinha.

Alberto estava tão atordoado que não sabia mais o que pensar ou dizer.

Cássia continuou:

— Se não crê em mim, pode ir embora. O único pedido que lhe faço é que reconheça seu filho, dê um nome a ele para que, mais tarde, não venha a sofrer discriminação e acabar odiando você.

Júnior, não suportando mais a atitude impiedosa e leviana de Cássia, falou, indignado:

— Pai, pelo amor de Deus, ouça-me pelo menos! Acha mesmo que seus filhos, legítimos, estão felizes por vê-lo sofrer por conta de uma leviandade dessa senhora?

Alberto continuava sem saber o que fazer. Sua cabeça rodava, seu peito, atingido pela dor, impedia-o de raciocinar. Sentou-se e cobriu o rosto com as mãos.

— Por que isso está acontecendo comigo, por quê?

Júnior aproximou-se de Cássia com um ar ameaçador.

— Não encontro um adjetivo capaz de traduzir esse seu comportamento infame. Você tem um minuto para tentar dar a essa atitude um pouco de dignidade, se isso for possível. Conte a ele a verdade!

Cássia, intimidada, falou quase aos gritos:

— Veja, Alberto, está de novo me ameaçando, e na sua frente! Faça alguma coisa, defenda-me!

Alberto levantou-se.

— Por favor, meu filho, vamos acabar com isso. Essa sua desconfiança já vem de longa data e machuca-me profundamente. O bebê é meu, quer vocês aceitem, quer não, sei que é. Por que teima em querer provar o contrário?

— Porque... — a voz de Júnior tremeu, e ele sentiu que não conseguiria ir até o fim.

Maísa não pôde deixar de notar o sorriso irônico de Cássia ao olhar para ela. Seguiu seu forte impulso e pediu a Júnior que lhe entregasse as fotos e a fita, o que ele fez maquinalmente. Com voz firme e decidida, disse a Alberto:

— Meu amigo, sinto muito termos sido forçados a usar desse esquema, que, sabemos, não é muito nobre, mas foi a única maneira que encontramos de salvá-lo de uma trama sórdida elaborada por Cássia. Porém, prefiro vê-lo sofrer agora do que mais tarde, quando seu coração estiver preenchido com o amor e a presença dessa criança.

— Pare, Maísa, por favor! — gritou Cássia em desespero, percebendo que ela iria até o fim.

— Não, Cássia, não vou parar. Se Júnior está enfraquecido por conta do grande amor que sente pelo pai, e pelo respeito, eu não. Vou até as últimas conseqüências, porque considero injusto com o Alberto e com seu filho.

— Fale, Maísa — Alberto pediu, muito abatido. — Vou ouvi-la até o fim.

— Primeiro, veja estas fotografias. — E as entregou a ele.

Alberto as olhou com atenção, sem dizer uma única palavra. Quando terminou, Maísa colocou a fita no pequeno gravador.

— Agora, ouça com atenção. Creio que reconhecerá a voz e não terá dúvidas quanto à veracidade da gravação.

A cada palavra que ouvia, Alberto sentia como se o mundo desabasse a seus pés. Faltava-lhe o chão.

Júnior não tirava os olhos do pai, temendo acontecer-lhe algo mais sério.

Cássia permanecia calada, encolhida, pois sabia que dessa vez era para valer, não tinha mais conserto.

Ao terminar a fita, o silêncio se fez. Ninguém ousava falar nada, uma palavra sequer. Maísa e Júnior sensibilizaram-se com os olhos umedecidos de Alberto. "Meu pai está sofrendo muito!", pensava Júnior.

De repente, sem que ninguém esperasse, Alberto levantou-se, aproximou-se de Cássia e, sem lembrar ou se importar com seu estado de parturiente recente, surpreendeu a todos quando, erguendo o braço, deu-lhe violento tapa no rosto.

— Não faça isso, pai!

— Sua vagabunda! — E Alberto deu-lhes as costas, e retirou-se do quarto sem esperar por ninguém.

Apesar de tudo, Maísa condoeu-se da situação de Cássia. Chamou logo a enfermeira e pediu-lhe que a atendesse, pois não passava muito bem.

— Meu Deus, o que houve? — a enfermeira quis saber.

Antes que Maísa dissesse uma só palavra, Cássia respondeu:

— Eu... escorreguei e bati o rosto, só isso.

— Pode ir, senhora, tomaremos conta dela — falou a enfermeira, sem acreditar em uma só palavra que Cássia dissera.

— Obrigada, muito obrigada mesmo — disse Maísa, tendo certeza de que a enfermeira sabia que algo mais grave acontecera, estava apenas sendo discreta.

Só aí Maísa se deu conta de que Júnior havia ido à procura do pai.

— Foi uma pena, Cássia, poderia ter sido bem diferente.

— Vá para o inferno, Maísa!

Ao se ver só com a enfermeira, Cássia chorou lágrimas amargas de arrependimento.

"Acho que fui longe demais", dizia para si mesma. "Por que não fiz como Júnior queria? Pode ser que Alberto tivesse compreendido que essas coisas podem acontecer em um relacionamento como o nosso, e quem sabe até me ajudasse com a criança. Entretanto, fui seguir a sugestão de Lucas, e olha no que deu!"

Ao lembrar do namorado, sorriu. "Ainda bem que tenho Lucas. Ele me ama e, nós dois criaremos nosso filho juntos. Tenho dinheiro suficiente para os primeiros meses, enquanto não puder trabalhar. Quando a criança crescer um pouquinho, coloco-a na creche e volto ao batente. Vai dar tudo certo. Pelo menos não precisarei agüentar mais o chato do Alberto e esses filhos e amigos insuportáveis."

Pensando assim, virou para o canto e tentou dormir.

Capítulo XX

Quem semeia vento...

— Pai, não virá à empresa hoje? — Júnior perguntou a Alberto, pelo telefone.
— Não sei, filho. Sinto-me indisposto, chateado o bastante para não ter ânimo para sair de casa.
— O senhor está sozinho?
— Não. Deise está aqui e me fará companhia. Pode ficar tranqüilo.
— Está bem, pai. À tarde, ao sair do escritório, passarei aí para conversarmos um pouco.
— Ótimo, filho, eu aguardo você. Traga sua esposa e seus filhos, estou precisando de alegria.
— Pode deixar. Agora, tente ficar calmo.
— Vou tentar.
Júnior desligou o aparelho. "Pobre papai... Com essa idade e passando por situação emocional tão difícil. É necessário dar o maior apoio a ele." E voltou a atenção ao trabalho.

Alberto, entretanto, não conseguia aceitar o fato de haver perdido a chance de ter junto de si outro filho, que poderia encher seus dias com o sorriso e as traquinagens normais das crianças.

"Deu-me uma alegria tão grande, apesar de tudo, saber que seria pai novamente! E, no entanto, aquela ardilosa, falsa e vigarista tripudiava em cima de minha felicidade, rindo de mim sem nenhum escrúpulo. Como fui capaz de me envolver com alguém tão dissimulada?

— Em que pensa, papai?

— Nessa situação ridícula na qual me meti. Não posso me conformar em ter sido enganado de uma maneira tão sórdida sem nada perceber!

Deise abraçou o pai, fez-lhe um carinho e lhe disse:

— Não se torture tanto. Cássia não merece que sofra tanto por ela. Mesmo as situações mais amargas possuem a parte boa, e, nessa história, o bom foi Júnior e dona Maísa terem descoberto essa armadilha antes que o senhor registrasse a criança como seu filho.

— Não se pode confiar em mais ninguém, filha. Todo esse tempo ao meu lado, usufruindo do luxo, e, enquanto eu me preocupava em dar-lhe o melhor, fazê-la feliz, Cássia ficava tramando com o amante a maneira de arrancar cada vez mais dinheiro de mim. Como fui tolo!

— Pai, o que passou já está feito e não se pode apagar com a borracha, mas pode-se impedir que traga mais sofrimento ao que já sente. Esqueça, ou melhor, tente esquecer. Não dê tanta importância a quem nunca se importou com o seu bem-estar e a sua felicidade.

— Acho que tem razão, minha filha. Vamos mudar de assunto. E Armando? Ainda não falei com ele.

— Ele virá aqui mais tarde. Também está muito triste e preocupado com o senhor.

— Veja como é a vida, filha. Os filhos, quando são pequenos, adolescentes ou mesmo adultos, dão inúmeras preocupações para os pais. Isso é natural. Mas pais darem preocupação aos filhos, na minha idade, já não é tão normal. Preciso pedir desculpas a vocês.

— Não, sr. Alberto, o senhor não tem de pedir desculpas para ninguém. O senhor fez o que naquele momento julgava estar certo. Enganou-se, mas, diga-me, quem nesta vida nunca se enganou?

— Obrigado, filha. Vocês são ótimos filhos, e agradeço a Deus por tê-los perto de mim.

— Nós também agradecemos a Deus por ter nos dado um pai como o senhor, sempre presente e solícito. Agora, relaxe, sr. Alberto. Tive uma idéia.

— Diga que bela idéia é essa.

— Vá se trocar, tirar esse pijama e vestir uma roupa bem bonita. Vamos até a confeitaria comprar guloseimas para seus netos. Assim, quando chegarem, serviremos um delicioso café colonial. O que acha?

— Acho ótimo! Espere só um instante, que já volto.

— Que bom vê-lo mais animado, papai!

"Senhor, não permita que nosso pai caia na depressão. Dê-lhe forças para superar essa decepção."

Cássia estava inquieta com a demora de Lucas. Após seu telefonema, certificando-se de que Alberto já não se encontrava mais na maternidade, no dia anterior, dissera que não poderia ir, pois estava ocupado arrumando o apartamento; mas que, no dia seguinte, logo cedo, buscá-la.

"Já passa das dezesseis horas e ele não chegou", Cássia pensava, aflita. "O que estará fazendo?"

Foi interrompida em seus pensamentos pela entrada da enfermeira, que viera comunicar-lhe que já se encontrava de alta e que a diária terminaria às dez horas do dia seguinte.

— Meu marido deve estar chegando — disse Cássia, sem graça, e começando a ficar receosa. — Se ele não puder vir hoje, amanhã logo cedo com certeza estará aqui.

— A senhora tem até amanhã para desocupar o apartamento, caso contrário, terá de pagar outra diária.

— Tudo bem. Obrigada.

Assim que a enfermeira saiu, ligou mais uma vez para Lucas.

— Não atende! Onde será que ele se meteu?!

A noite chegou e nem sinal de Lucas. De nada adiantaram as várias ligações que Cássia fez na tentativa, em vão, de conseguir falar com o namorado.

Mal conseguiu pegar no sono durante toda a noite. Quando conseguia adormecer, logo acordava sobressaltada, e o medo tomava conta de seu coração, como se lhe desse a intuição de que algo muito sério acontecera.

— Meu Deus, o que será que está havendo? Lucas não devolveu o meu cartão do banco. E, se não aparecer, o que vou fazer?!

Querendo impedir a si mesma de pensar, disse em seguida:

— Que bobagem a minha ficar pensando em coisas desse tipo! É claro que ele virá me buscar, e mais claro ainda que devolverá meu cartão. Estamos juntos há tanto tempo, Lucas não faria nenhuma malandragem comigo. Não depois de toda essa trama que armamos contra Alberto. Seria inadmissível que agora que tudo deu errado ele fizesse o mesmo comigo.

Amargando a derrota sozinha, tentava afastar os maus presságios, mas eles voltavam rápido, fazendo-a pressentir que teria problemas.

Nessa angústia em que se encontrava, chegou o amanhecer, sem que Cássia tivesse conseguido uma única hora de sono reparador.

Levantou-se bem cedo, arrumou-se, e logo seu filhinho chegou nos braços da enfermeira, para acompanhar a mamãe. Cássia tomou o desjejum e ficou, com o bebê no colo, aguardando a chegada de Lucas, o que não aconteceu.

— Dona Cássia, é preciso que desocupe o apartamento para que possa ser limpo e higienizado. Ao meio-dia outra paciente entrará, e não podemos nos atrasar.

Cássia, como uma autômata, pediu ajuda à enfermeira e desceu com a criança, a decepção no coração e as lágrimas nos olhos. Passou pela secretaria e constatou que todas as pendências haviam sido pagas.

— Quem fez isso? — indagou, esperançosa.

— Temos ordens para não divulgar o nome da pessoa. Só podemos informar que tudo foi pago, e a pessoa deixou aqui certa quantia para que a senhora fosse para casa. — A recepcionista entregou para Cássia um envelope com uma quantia em dinheiro.

"Quem terá feito isso, meu Deus? Só pode ter sido Lucas. Claro, deve estar em casa me esperando. Por que não pensei nisso antes? Na certa preparou uma surpresa e não quis correr o risco de alguma coisa dar errado." Animou-se. "É mesmo um bobinho esse Lucas. Óbvio que só pode ter sido ele.

O Preço da Ambição 335

Quando chegar em casa, vou entrar na dele. Não estragarei todo esse esquema que armou para surpreender-me."

A alegria voltou ao seu coração. Abraçou o filho e lhe disse:

— Logo estaremos em casa e vamos encontrar o papai. Tudo deu certo. Mamãe se preocupou à toa.

Chamou um táxi e dirigiu-se ao seu apartamento.

Enquanto o táxi rodava, Cássia, com o filho adormecido em seus braços, reparava pela primeira vez no trajeto que a levava para a seu lar. Ruas arborizadas, casas bonitas e prédios luxuosos. Era um bairro de classe média alta.

"Não posso negar que Alberto sempre foi generoso comigo. Deu-me esse apartamento, pequeno, é verdade, mas num prédio elegante, em um bairro bonito." Inquietou-se com a lembrança do que fizera com Alberto. "Será que não exagerei? Magoei muito uma pessoa que só me fez bem, que mostrou-me um mundo de glamour e sofisticação. Tomara que eu não me arrependa de tê-lo trocado por Lucas."

Logo o carro estacionava diante de seu prédio. Auxiliada pelo porteiro, em um instante abria a porta de casa, mal podendo conter a ansiedade de ver a surpresa tão bem preparada por Lucas.

E realmente a surpresa foi grande.

Ao entrar, nada do que esperava aconteceu. Somente o vazio e o silêncio aguardavam-na.

Trêmula, acendeu a luz da sala, escurecida por conta das cortinas fechadas, e constatou, desesperada, que ninguém a esperava.

Colocou a criança no berço e avidamente começou a procurar indícios de Lucas. Em vão. Armários vazios indicavam a falta de intenção dele de retornar. Sentou-se, sentindo-se arrasada, quando, olhando em direção à televisão, avistou um envelope preso na tela.

A esperança retornou.

— Que tola eu sou! Claro que isso faz parte da surpresa de Lucas!

Animada, pegou o envelope e começou a ler a carta:

Querida Cássia,

Tenha certeza de que sinto por você um carinho muito grande, mas tente compreender que ninguém vive apenas de carinho. Nosso plano não deu certo; depois de tanto tempo investindo nesse projeto tudo foi por água abaixo. Desculpe-me, mas não tenho a menor aptidão para ser pai, e muito menos marido de mulher pobre.

Apostei em você, não deu em nada. Paciência. Sei que possui força e coragem para criar sozinha o nosso filho. Não farei falta, por isso estou partindo.

Antes que me esqueça, aí está o seu cartão do banco. Prometi que devolveria, não prometi? Só que fui obrigado a retirar todo o dinheiro, porque estou numa pior. Veja isso como uma indenização por todo o tempo que me dediquei a você. Deixo anexo ao cartão essa quantia para suas primeiras despesas.

Não se desespere, logo encontrará outro Alberto que concordará em bancá-la. Não se incomode tentando me encontrar. Quando ler esta carta, já estarei bem longe, e em breve irei para fora do país.

Sem mais, Lucas.

O ódio fervia o coração de Cássia.

— Bandido, miserável! Além de me abandonar, ainda me deixa sem dinheiro!

As lágrimas desciam copiosamente pelo seu rosto. Cássia experimentava o gosto do mesmo fel que destilara sobre Alberto, o fel da deslealdade e da traição.

— E agora, o que será de mim e do meu filhinho?! Que idiota eu fui!

O choro estridente do pequenino chamou-a de volta à realidade. Cássia levantou-se, enxugou o pranto e foi atendê-lo.

— Então, Maísa, soube notícias de Alberto?

— Ele está indo bem, Jaime. Deise lhe faz companhia, acredito até que o tenha levado para sua casa.

— Alberto é muito fechado — continuou Jaime. — Nunca foi de se abrir totalmente com as pessoas. Deve estar sofrendo um bocado.

— Com toda a certeza — concordou Maísa.

Gregório, aproximando-se, anunciou a presença de Leandro e Andréia. Maísa, com alegria, comentou com o marido:

— Que bom que eles vieram! Faça-os entrar, Gregório.

Em seguida, o casal abraçava seus amigos.

— Sei que estou em falta com você, Jaime, mas é incrível como estou cheio de trabalho. Está cada dia mais difícil arrumar um tempo para visitar os amigos, e Andréia anda me cobrando isso.

Maísa, que conhecia muito bem o marido, logo percebeu a contrariedade no seu semblante.

— Quisera eu estar assim como você, Leandro, cheio de trabalho. Entretanto, estou é cheio de tempo para não fazer nada.

— Não fale assim, Jaime! — exclamou Andréia. — Quando menos esperar, não precisará mais dessa cadeira.

— Não costumo sonhar, Andréia.

— Pode não ser um sonho, Jaime, e sim uma realidade da qual você precisa correr atrás. Já iniciou o tratamento de fisioterapia?

— Já — respondeu Maísa. — Ele está com um dos melhores fisioterapeutas desta cidade.

— Vocês consultaram outro médico, Maísa?

— Claro. Entramos em contato com nosso médico, e ele veio examiná-lo em casa.

— O que ele achou?

— Para nossa surpresa, mostrou-se bastante otimista. Pediu alguns exames, ressonância, enfim, todos os procedimentos que julgou necessários, e pelos resultados acredita que Jaime tem boas chances de voltar a andar. Isso se ele colaborar e fizer tudo direitinho, sem amolecer. O seu esforço é muito importante para alcançar o resultado que deseja.

— Ele vai conseguir — encorajou-o Leandro.

— Depois de determinado tempo, serão pedidos novos exames para ver se houve modificação significativa no quadro. Jaime e eu estamos confiantes, não é, querido?

— Você está confiante, Maísa. Eu apenas aguardo, sem muitas expectativas, os resultados.

— Bem, chega de falar de doença, vamos mudar de assunto — disse Maísa, animada.

— Vamos, sim, querida — apoiou-a Jaime. — Diga-me, Leandro, como vai a questão de seu projeto? Já se passou um bom tempo desde a nossa viagem, e até hoje nada aconteceu. Desistiu?

— De forma alguma, Jaime, jamais desistirei. Muito pelo contrário, estou trabalhando mais do que nunca para isso. Mas, infelizmente, continuo contando apenas com o apoio de Alberto e do dr. Jorge. Infelizmente... — repetiu, tristonho.

— Jaime, estive pensando...

— Pode parar, Maísa, não precisa nem continuar.

— O que é isso, Jaime? — Maísa fingiu não ter entendido o que ele queria dizer.

— Não se faça de desentendida. Sei muito bem aonde você quer chegar, e já estou respondendo que não.

— Puxa, Jaime, a gente...

— Querida, já lhe disse, e penso ter sido bem claro: não tenho interesse por esse assunto.

Maísa olhou para os amigos, principalmente Andréia, e falou, sem jeito.

— Tudo bem, Jaime, mas acho que não é o caso de ficar nervoso. Estou tentando simplesmente dar um sentido à nossa vida.

— Por quê? Eu já não lhe basto? Minha companhia não é mais agradável, é isso?

— Não, não é isso. Sua companhia é muito agradável, e sou feliz com você. O que quero dizer está relacionado a um sentido mais nobre, altruísta. Temos condições para tal.

Andréia e Leandro olharam-se, e ele, entendendo o desejo da esposa, disse aos dois:

— Meus amigos, não se desgastem por causa disso. Essa é uma questão que deve trazer àqueles que a praticam uma sensação de paz e alegria. Quando isso não acontece é porque não chegou ainda o momento propício para esse propósito.

— É verdade, Maísa, a vontade necessita ir amadurecendo no coração, tomando forma até que se imponha de verdade. A partir daí nada será obstáculo para a realização dessa intenção.

Maísa segurou as mãos do marido.

— Eles têm razão, querido, um dia isso acontecerá. Vamos aguardar. Pode ser que não estejamos ainda prontos para essa tarefa.

Mudando completamente o rumo da conversa, Jaime perguntou à esposa.

— Maísa, tem visto se tudo anda correndo bem com a família de Manuel?

— Tenho sim, Jaime.

— As coisas estão andando conforme você me contou? As providências que tomou, todas elas, estão de acordo com as suas ordens?

— Pode ficar tranqüilo quanto a isso. A viúva e os filhos dele estão bem, nada lhes falta. Abrimos uma conta no banco, e todo início de mês deposito a quantia necessária. Como já disse, nada lhes falta.

— Você agiu muito bem, Maísa. Manuel foi um excelente funcionário, é justo que olhemos agora por sua família.

Leandro, que prestava atenção à conversa dos amigos, lhes disse:

— Vocês não acham que essa atitude nobre que tiveram com a família de seu motorista já é um início desse propósito de que falávamos há pouco?

— Mas fiz isso sem pensar em outra coisa que não ajudar uma família, que, com certeza, teria passado por sérias dificuldades. Agi naquela ocasião da maneira como imaginei que Jaime gostaria que eu fizesse.

— Maísa — tornou Leandro —, é sobre isso que estávamos falando. Você agiu por um impulso de generosidade, e é justo esse impulso que se tornará cada vez mais freqüente até que passe a ser uma constante no coração. Quando acontece isso, ou seja, quando o coração age em favor do bem, sem que espere nenhuma recompensa, apenas pela satisfação de praticar a fraternidade com seu semelhante, é porque o momento chegou. O trabalhador estando pronto, o trabalho aparece.

— É preciso não ter vergonha nem receio de ser bom, fraterno e generoso, Jaime. Esse é o caminho para a evolução da alma.

Jaime olhou para Andréia, que lhe falara.

— Estou muito distante de vocês!

— Não existe distância que resista ao amor, Jaime.

— Bem, vocês aceitam um café? — Maísa ofereceu, receosa da atitude que Jaime poderia ter, pois sabia muito bem que ele não gostava de ser contrariado, e quando isso acontecia sempre respondia com agressividade.

Tião, ao retornar da casa de Talita, trazia em seu coração a preocupação diante do estado cada vez mais avançado da doença em que se encontrava a mãe dela.

"Não consigo entender", pensava. "Por que as casas de saúde rejeitam os pacientes com doenças longas e incuráveis? Até aceito que possa ser, de verdade, falta de leitos, de verba. Mas o sofrimento dessas pessoas e de seus familiares deveria ser mais respeitado pelos governantes, que nada mais fazem do que cuidar de si próprios."

— Tião? — Era Cida, sua esposa, chamando-o.

— Fale, mulher, o que foi?

— Você fica aí parado, pensando não sei em que, enquanto sozinha eu faço todo o serviço?! — exclamou, mal-humorada.

— Que mau humor é esse, mulher?

— Ora, pensa que eu não me canso?

— O que quer que eu faça?

— Que vá comprar um pouco de carne para o almoço, estou muito ocupada.

— Já estou indo. Quer saber em que eu pensava?

— Para ser sincera, não, Tião. Tenho muito trabalho por fazer, e seus pensamentos não me interessam. Aliás, acho que você está querendo ficar parecido com o dr. Leandro. Mas existe uma diferença gritante, Tião!

— Do que é que você está falando?

— Estou falando que ele tem dinheiro suficiente para bancar o bonzinho, e você não!

— Como você é azeda, não, Cida? Está sempre resmungando, lamentando, queixando-se de tudo. Precisa prestar mais atenção ao mundo aí fora. Quem sabe assim dará mais valor ao que temos..

— Ah, me deixa trabalhar!

Tião olhou a mulher, que se afastava, decidida. "É melhor eu ir comprar o que ela quer antes que seu humor fique pior." Mandou Cida cuidar do bar enquanto ele saía.

Caminhava a passos largos, sem prestar muita atenção à sua volta, quando esbarrou no irmão mais velho de Talita, que também ia apressado.

— Ei, rapaz, aonde é que vai assim, com tanta pressa?

— Até a farmácia — respondeu o garoto. — Tenho de comprar uma pomada para passar no corpo da mamãe.

O Preço da Ambição 343

— Por quê? Estive lá agorinha mesmo, e você não me disse nada.

— Não gosto de ficar levando para as pessoas somente os problemas, sr. Tião. Mamãe gostou da visita do senhor, fez bem para ela. Achei que poderia resolver sozinho.

— Mas o que está acontecendo?

— O médico já tinha dito que, de tanto ela ficar deitada, poderiam aparecer umas feridas, que tem um nome difícil. Se acontecesse, era para passar esta pomada. — Mostrou o nome escrito em um papel. — Isso vai aliviar bastante.

— Pergunte para o farmacêutico o nome e depois me diga.

— Tudo bem, sr. Tião

— Você tem dinheiro para esse remédio?

— Não. Mas o dr. Leandro disse que poderia comprar o que precisasse na farmácia que depois ele pagaria.

— É verdade! Lembro-me de que ele falou, sim. Combinou com o dono para que entrasse em contato com ele, que viria pagar a despesa. Mais tarde volto lá para ver como sua mãe está.

— Obrigado, sr. Tião.

Separaram-se, e cada um seguiu seu rumo. Tião ia pensando: "Tão jovem e com tanta responsabilidade nas costas... Às vezes não entendo a vida. Uns têm tão pouco, e outros não sabem o que fazer com tanto dinheiro!"

"Por que os encarnados não conseguem aceitar ou entender as diferenças sociais, irmão Jacob?"

"Porque acreditam ser esta a única existência do espírito, Celeste. Questionam as diferenças, sejam elas sociais, físicas ou intelectuais, mas, repare, fazem muito pouco ou quase nada para colaborar na busca da solução desse problema. Nenhuma criatura sofre injustamente, Celeste, e se a dor aparece é porque teve seu início em algum lugar do passado, senão nesta, em encarnações anteriores. Mesmo tomando consciência de que cada um é herdeiro de si mesmo, que nada aparece sem um motivo justo, que tudo cumpre a Lei de Causa e Efeito, aqueles que se encontram em situações melhores, privilegiadas, estando na posição de ofertar e auxiliar os menos favorecidos devem agir com fraternidade, indo em socorro dos que choram, minimizando sua dor tanto quanto possível. Ninguém deve carregar a cruz que pertence a outrem, mas andar ao lado do seu semelhante, incentivando-o na coragem, na esperança e na fé no Criador; orientando-o na maneira mais correta de ir em busca do seu melhoramento pessoal e moral. É dever cristão praticar a caridade, e essa prática se faz de diversas maneiras; até quando se diz um 'não', quando esse 'não' contribuir na renovação e elevação da alma."

"Entretanto, irmão Jacob, o que vemos na humanidade são criaturas agindo imprudentemente, sem nenhum critério moral, para conseguir fortunas, enquanto outros choram sem perspectiva de melhorar as próprias condições."

"Esquecem-se de que a violência é gerada na revolta, no desespero e na inconformação. Se todos se unissem e tentassem compreender que Deus criou a felicidade para suas criaturas, e que o sofrimento são os próprios homens que criam através da imprudência e da irresponsabilidade, viveriam em condições mais felizes e teriam mais paz no coração."

"Existem muitos espíritos maus, não é mesmo?"

"Sim, existem. A maldade vem da falta de Deus no coração. Esses se negam a aceitar o amor do Criador, julgam-se poderosos o suficiente para não precisar de Deus. Afundam-se no orgulho, na vaidade e no egoísmo e acabam se perdendo na maldade, para satisfazerem a si mesmos. Mas um dia se cansarão, perceberão o tempo que perdem e a inutilidade de se tornar um agente do mal. Nesse dia, acordarão e clamarão por misericórdia. Deus é paciente, deu a todos a eternidade para aprenderem o significado do bem e a importância de saber amar."

"Será que Jaime aprenderá, irmão? Parece-me tão irredutível em suas convicções..."

"Aprenderá, sim. Tudo a seu tempo. No momento oportuno, desabrochará para a fraternidade real, compreenderá a importância da amizade e saberá que o valor da alma se sobrepõe à posição social ou à conta bancária. Tomará consciência de que, para Deus, o que importa é a vestimenta da alma, e não a do corpo."

"Pena que poucos sabem disso. Mas existem inúmeros irmãozinhos que se entregam às lamentações e se esquecem de que somente por meio de sua ações equilibradas e sensatas poderão, não raro, reverter o quadro da dor."

"Lamentar não adianta, Celeste. Nossas buscas, nossas lutas estão aí, e são elas que nos dão a oportunidade de progredir e vencer uma a uma. Nosso querido irmão Bezerra de Menezes diz o seguinte: 'Para os pertinazes, os caminhos se abrem mesmo durante a turbulência'. Quando se quer de verdade, consegue-se o objetivo, mais cedo ou mais tarde. Se de fato queremos fazer o bem, algo útil para o semelhante ou para nós mesmos, acabamos vencendo todos os obstáculos e fazendo aquilo que planejamos sem nos desviar do caminho e sem nos importar com a demora ou com os empecilhos que teremos de enfrentar."

"Como sinto-me feliz ouvindo-o falar, irmão Jacob! Aprendo a cada dia como me tornar melhor."

"Obrigado, Celeste. Agora é melhor retornarmos à Colônia. Vamos?"

"Sim, vamos!"

Os dois espíritos retornaram à Pátria Espiritual, levando na sua essência a certeza cada vez forte de que a evolução se faz com amor, e o amor está intrinsecamente ligado ao trabalho, à caridade e, acima de tudo, à compreensão de que todos somos irmãos, criaturas do mesmo Criador, e, por conta disso, temos o mesmo direito à grande casa de Deus.

Capítulo XXI

Uma revelação estarrecedora

O tempo passava.
Apesar de receber o melhor tratamento, com técnicas avançadas, Jaime relutava em mudar. Continuava no mesmo estágio. Amargo, teimoso e irredutível em suas atitudes, que acreditava serem certas, não dando chance a si mesmo de se transformar em uma pessoa melhor. Nada ouvia que fosse contrário a suas opiniões.

Pelos exames, constatou-se que, com esforço e paciência, poderia readquirir os movimentos de suas pernas. Mas, enquanto Maísa se agarrava a essa possibilidade com esperança, Jaime, ao contrário, não acreditava nessa hipótese e se entregava ao desânimo, considerando-se vítima do destino cruel.

Tornara-se ciumento e possessivo. Alimentava o medo de perder Maísa e, quanto mais se prendia a esse receio, mais sufocava a esposa. Queria-a junto a si durante todo o tempo e, quando ela saía, queria explicações e informações sobre tudo o que ia fazer. Não gostava de sair de casa para não ser alvo de olhares que o incomodavam e, por isso, sempre se recusava a acompanhá-la.

— Jaime — dizia-lhe Maísa —, não agüento mais essa sua insegurança, esse medo tolo de me perder. Comporta-se de uma maneira infantil. Se eu não o quisesse mais, já teria largado você, porque a única coisa que me obriga a ficar ao seu lado é o amor que sinto. Ficar com você é opção minha, desejo meu!

Nessas horas, ouvindo essas palavras doces de Maísa, Jaime se acalmava e tornava-se carinhoso com ela. Porém, seu humor variava a cada minuto, deixando todos que com ele conviviam em constante sobressalto.

Gregório era o amigo sempre presente e o enfermeiro de todas as horas. Não raro Jaime questionava a fidelidade do mordomo, sempre tão solícito mesmo nos momentos em que Jaime o chicoteava com duras palavras.

— Maísa, não consigo compreender o porquê de tanta dedicação de Gregório. Nunca perde a calma e nada parece afetá-lo quando o trato com mais rigor. Não acha estranho?

— Não sei se é estranho, Jaime. Deve ser o jeito dele mesmo, sempre leal e disponível. Faz tudo com o maior prazer, sente satisfação em servir você. Deve admirá-lo, e respeita-o como patrão e homem mais velho que ele.

— É isso que às vezes me incomoda. Gregório se contenta em me servir, não se importa se o que mando é ou não sua obrigação fazer.

— O que me chama mais atenção em Gregório é uma outra questão.

— Qual?

— A impressão que tenho de já ter visto seu rosto em algum lugar, principalmente seus olhos.

— Pode ser que já o tenha visto antes de nos casarmos.

— Não. Tenho certeza de que não. É uma impressão muito forte de já ter visto aquelas feições, aquela expressão em algum lugar que não sou capaz de identificar. Ah, deixa isso para lá!

— O fisioterapeuta já chegou?

— Faltam ainda vinte minutos para o horário. Enquanto o aguarda, não gostaria de ler um pouco? — perguntou Maísa, mesmo sabendo qual seria a resposta.

— Não quero ler, obrigado. Leve-me até o jardim para aquecer-me ao sol.

Pacientemente, Maísa empurrou a cadeira de rodas até o jardim verdejante que circundava toda a bela mansão. Encostou-a próxima a um canteiro repleto de rosas brancas e amarelas.

— Que belas rosas, não, querido?

— Sim, são belas, mas possuem mais espinhos do que flores. Melhor seria se fosse o contrário, mais rosas que espinhos — disse Jaime, sempre se lamentando.

Maísa, sendo sensível involuntariamente às inspirações de Celeste, respondeu:

— Por que não experimenta mudar essa sua afirmação?

— Como assim, que afirmação?

— Que possuem mais espinhos que rosas.

— E como você quer que eu diga?

— Por que não experimenta dizer: Veja como esses espinhos possuem belas rosas?

— O que é isso agora, Maísa?

— O que pretendo lhe dizer, Jaime, é que na vida torna-se necessário aprender a ver as coisas boas e belas, mesmo que elas estejam sufocadas pelos espinhos.

— Definitivamente não compreendo mais você!

— Não encontro nenhum motivo para que não me compreenda. Diz isso apenas porque estou aprendendo a reavaliar e mudar os meus antigos conceitos? Quanto mais a noite é escura, mais enxergamos o brilho das estrelas.

— Aonde você quer chegar, Maísa?

— Quero chegar à sua falta de vontade de voltar a caminhar. Está se escondendo de quê? A sua cadeira de rodas é o espinho que fará com que seu coração se torne uma bela rosa, se quiser e se esforçar para que isso aconteça. Há quanto tempo está se submetendo à fisioterapia, à hidroterapia, às massagens, sendo alvo do esforço incessante dos profissionais que o atendem com o intuito de ativar sua coluna, dando vida novamente às suas pernas? E você, por não se esforçar o suficiente, apresenta poucas melhoras.

— O que quer que eu faça?

— Que pare de se lastimar, saia dessa autocompaixão e veja nessa noite escura que é sua invalidez as estrelas que poderão brilhar na sua alma, se você permitir e abrir seu coração para poder enxergá-las e recebê-las.

Jaime começou a ficar irritado.

— É melhor pararmos com essa conversa. Você está pegando a mania de Andréia, sempre querendo ensinar alguma coisa.

— Não seja criança, Jaime. Andréia não sai por aí ensinando as pessoas. Se ela o faz é somente quando solicitada para isso. E quer saber mais? Se estou ficando parecida com ela só me causa alegria, porque para mim é um elogio.

Foram interrompidos por Gregório, que anunciou a chegada do fisioterapeuta.

— Leve-me até a sala, Gregório.

— Pois não, senhor.

— Enquanto você faz a sessão, irei para nosso quarto descansar um pouco, Jaime.

— Você me faz companhia, Gregório?

— Claro, senhor!

Durante duas horas, Jaime foi submetido aos exercícios, dedicando-se com esforço, o que não era comum. Ao terminar a sessão, recebeu elogios de incentivo.

— Parabéns, sr. Jaime. Pela primeira vez senti grande força de vontade no senhor. Deu o máximo que podia, e isso é ótimo. Se continuar assim, com esse desejo forte de voltar a caminhar, alcançaremos um resultado satisfatório. Sei bem que é doloroso e cansativo, que é preciso muita paciência e os resultados são lentos. Mas é o único jeito de conseguirmos alcançar o objetivo.

Jaime alegrou-se com os comentários.

— Vou me esforçar!

Terminada a sessão, Jaime solicitou a Gregório que o levasse para tomar um banho, no que foi prontamente atendido.

— Gregório, você tem notado uma mudança significativa no comportamento de Maísa?

— Com todo o respeito, senhor, devo dizer-lhe que notei, sim, uma mudança, para melhor, no comportamento de dona Maísa.

— Explique-se melhor.

— Dona Maísa está mais afável, tratando a todos com mais consideração e amizade.

— Continue, Gregório.

— Considero isso como um sinal de que começa a perceber a inutilidade da soberba, sentimento que não leva ninguém a lugar algum a não ser ao sofrimento de muitas vezes se achar sozinho.

— Gregório, posso fazer-lhe uma pergunta cuja resposta gostaria que fosse a verdadeira?

— Claro, senhor, meu dever é servi-lo satisfazendo suas vontades.

— Por que nunca quis sair daqui, não ambicionou mudar de emprego, alcançar novos horizontes trabalhando em outro ramo, talvez ganhando mais? Afinal, sei que tem estudo para isso.

— Senhor, nunca tive vontade de ir-me embora daqui, e só irei se for dispensado.

— Não pretendo fazer isso, Gregório, mesmo porque prometi a meu pai que nunca o despediria e vou cumprir minha promessa. Só não compreendo o porquê da sua abnegação em me aturar. Nunca se incomodou com as humilhações que o fiz passar?

— Senhor, também obedeço ao desejo de minha mãe, que é nunca deixá-lo sozinho. Ela pediu-me isso, e apenas realizo o desejo da pessoa mais importante na minha vida, que foi a minha mãe.

Jaime pensou e respondeu em seguida:

— Desculpe-me, mas tem de haver um motivo maior. Não posso crer que seja somente pelo desejo de sua mãe.

Jaime percebeu que, discretamente, rolou uma lágrima do olho de Gregório. "Por que será que ele se emocionou? Isso está me parecendo muito estranho. Tem de haver algo mais forte que um simples desejo da mãe dele, uma empregada da casa."

Passado algum tempo, Maísa se juntou a eles, e Jaime, ignorando a presença de Gregório, comentou com a esposa:

— Você, que é muito esperta, ajude-me a elucidar o enigma de Gregório. Está aguçando minha curiosidade todo esse seu comportamento.

— Não entendo você. Que enigma é esse?

— Quero saber a razão de toda essa dedicação comigo, se tenho plena consciência de que nem sempre o tratei com cortesia.

Gregório permanecia de cabeça baixa, sem ousar dizer uma palavra sequer.

— O que você acha disso, Gregório? — perguntou Maísa.

— Desculpe-me, senhora, mas não sei o que dizer. Não existe mistério algum. O que o sr. Jaime está estranhando não passa de simples admiração.

— Sabe do que estou me lembrando, Gregório? Nunca vi um documento seu. Esquisito, não?

— Não vejo nada de esquisito, Jaime. Gregório nasceu nesta casa, pelo que você me contou. A mãe dele trabalhou aqui durante anos, é natural que nunca tenha pedido seus documentos. Pelo que sempre soube, seu pai o queria muito bem e tratava-o como a um filho e.... Jaime, espere aí!

— Que foi, Maísa?

— Lembrei, lembrei onde eu vi um rosto parecido com o dele!

— E onde foi? — indagou Jaime, ansioso.

— Só um instante, eu já volto.

Maísa correu até a biblioteca, retirou da gaveta uma grande caixa onde guardava as fotografias mais antigas e avidamente procurou por uma foto determinada. Assim que a encontrou, olhou-a bem e disse para si mesma:

— É ele, o mesmo rosto, os mesmos olhos! Meu Deus, a semelhança chega a impressionar. Será que... não, não é possível.

Fechou a caixa e colocou-a no mesmo lugar. Foi, nervosa, ao encontro de Jaime e Gregório, levando nas mãos a fotografia.

— Veja esta foto, Jaime!

— Mas é a foto de meu pai! — exclamou Jaime, sem entender aonde Maísa queria chegar.

— Repare bem nela.

— Sim, reparei, mas o que tem isso a ver com Gregório?

— Agora olhe bem para o rosto de Gregório e compare.

Jaime, como que adivinhando a conclusão de Maísa, olhou para Gregório, que mantinha o rosto voltado para baixo e pediu-lhe que o encarasse. Gregório o obedeceu. Jaime empalideceu, e com voz trêmula falou:

— Por Deus, Gregório, você é idêntico ao meu pai! Os mesmos olhos, sobrancelhas espessas, nariz, boca, enfim... Como nunca reparei nessa semelhança? Como se explica isso? Convivendo com você diariamente e nunca enxerguei na verdade o seu rosto.

Tanto Maísa como Gregório permaneciam calados. Jaime, nervoso e deixando sair toda sua indignação, disse, quase gritando:

— Como explica essa incrível semelhança, Gregório?!

— Só existe uma explicação, querido.

— Não é possível! Não pode ser que você seja... — Não conseguiu dizer a frase até o fim.

— Desconfio que ele possa ser seu irmão — completou Maísa.

— Meu irmão?! — repetiu Jaime, sem saber na verdade o que deveria dizer naquela hora.

Gregório permanecia em absoluto silêncio. Não expressava nenhuma reação.

— Por favor, Gregório, vá agora mesmo buscar seus documentos, quero vê-los.

Sempre calado, Gregório foi até seu quarto e, em instantes, colocava nas mãos de Jaime sua certidão de nascimento e seu R.G.

— Maísa, ele é filho de meu pai com Celeste! Meu pai o registrou como seu filho. Agora entendo o seu empenho em me pedir que nunca o demitisse. Ele é meu irmão! Como isso pôde ficar velado esses anos todos? Como ninguém desconfiou de uma coisa tão importante como essa?!

Maísa, mantendo-se mais calma e consciente, quis saber:

— Gregório, por que nunca revelou sua verdadeira identidade? Por que se sujeitou a viver como empregado nesta casa, sendo muitas vezes humilhado por Jaime e tendo o mesmo direito à mansão como herdeiro legítimo que é?

— Responda, Gregório — pressionou-o Jaime.

— Desculpem-me, mas nunca quis cobrar nada, nem trazer para o sr. Jaime o desgosto dessa revelação. Imaginei que ele ficaria magoado quando soubesse de tudo, e não me enganei, pois vejo-o agora machucado, pois, além do mais, trata-se de uma infidelidade de seu pai.

— Da qual você não tem culpa alguma, Gregório.

— Obrigado, dona Maísa. A minha dedicação pelo sr. Jaime nasceu do meu sentimento fraterno, que é sincero, e o fiz consciente de que agia da maneira correta, fazendo a coisa certa, como deveria ser feita.

— Mas nunca sonhou em ser rico?

— Não, senhor. Bem cedo comecei a perceber que dinheiro demais, em excesso, pode trazer muito desequilíbrio e fazer com que a pessoa que o possui passe a agir como se fosse o dono do Universo. Nunca quis isso para mim. O que sempre desejei foi seguir os conselhos de minha mãe, que trabalhou nesta casa até a sua morte, e nada cobrou de nosso pai.

Jaime e Maísa estavam boquiabertos.

— O dinheiro não é tudo, sr. Jaime, e tentei mostrar-lhe isso através do sentimento da amizade, do respeito e da dedicação.

— Mas não se revoltava quando o agredia com as minhas palavras rudes e várias vezes grosseiras?

— Não. Eu me entristecia, sim, mas nunca me revoltei, pois sabia que, um dia, a vida o ajudaria a descobrir outras belezas que não fossem as que o dinheiro pode comprar.

Jaime cada vez mais se confundia. Não sabia o que fazer ou o que falar. Por instantes sentiu desejo de abraçar Gregório como irmão, mas ao mesmo tempo achava que se assim o fizesse perderia a autoridade sobre ele. "Como dar ordens para o próprio irmão?"

Celeste aproximou-se de Maísa e a inspirou:

"Tome a iniciativa. Una os dois irmãos para que ambos possam, em pouco tempo, cumprir a tarefa que a espiritualidade colocará em seus caminhos, para que Jaime, com o auxílio de Gregório, consiga florescer a sua alma."

Sendo sensível à inspiração de Celeste, mas sem nada perceber de diferente em sua atitude, Maísa disse, entusiasmada como se tivesse tido naquele instante um posicionamento cabível ao momento, para que aliviasse a tensão reinante:

— Por que vocês não se reconhecem como dois irmãos e se abraçam fraternalmente?

— Maísa!

— Qual o espanto, Jaime? Quer aceite, quer não, Gregório é seu irmão por parte de pai. Chegou através de um deslize

O Preço da Ambição 357

dele, eu sei, mas o que importa é que seu pai o reconheceu e o registrou, e isso nos faz crer que ele queria que um
dia você também o aceitasse. Se assim não fosse, não o teria
assumido, para que ninguém jamais descobrisse a verdade.
Entretanto, ele se expôs ao reconhecê-lo, pois sabia que um
dia aconteceria o encontro e, com certeza, esperava que se
reconhecessem e se amassem como irmãos.

Gregório percebia a confusão que se instalava na cabeça
de Jaime e, por conhecê-lo tão bem, poderia até arriscar o
motivo real dessa apreensão. "Ele está com receio de que eu
exija a parte a que tenho direito na herança de nosso pai.
Como é tolo esse meu irmão... não consegue ver nada mais
além das aquisições materiais. Não pensa que, se eu quisesse
me impor como herdeiro, já o teria feito há muito tempo."

— O que você gostaria de dizer, Gregório?

— Não muita coisa, dona Maísa. Apenas que, para mim,
essa revelação não muda em nada a minha conduta dentro desta casa e ao lado de vocês. Não exigirei nada além
do respeito e da consideração com os quais gostaria de ser
tratado. Quero tranqüilizá-lo, sr. Jaime, quanto à questão financeira; não pretendo cobrar nada. Desde pequeno soube
quem era o meu pai, mas aprendi com minha mãe que não
devemos exigir nada que os outros não nos queiram dar
espontaneamente.

Jaime recebeu essas palavras como se fossem lâminas a
ferir seu coração. "Ele é muito melhor do que eu. Por que será, meu Deus, que não consigo enxergar nada além da minha
fortuna? Por que estou tão preso a ela? Como pode alguém
conviver com seu próprio irmão, sendo tratado como um empregado, e não se revoltar, não exigir nada do que é seu por

direito? Gregório é bem melhor do que eu", tornou a dizer para si mesmo.

— Então, Jaime, não vai pelo menos cumprimentar seu irmão de uma maneira mais afetiva, como por exemplo um aperto de mão?

— Deixe, dona Maísa, ele ainda está surpreso com tudo isso. Precisará de um tempo para aceitar esses fatos novos, como por exemplo a infidelidade de seu próprio pai, infidelidade essa da qual sou a prova viva.

— Obrigado, Gregório. Fico comovido com sua compreensão. Realmente precisarei de certo tempo para assimilar e aceitar tudo isso. Sempre vi meus pais tão unidos e felizes... Todavia, não se entendiam como eu imaginava. Meu pai traiu minha mãe, e eu nunca poderia esperar por isso.

— Não os julgue, querido. As coisas acontecem muitas vezes sem que tenham sido planejadas ou aliadas a uma intenção de ferir outra pessoa. O motivo desse deslize não sabemos, mas se Gregório foi reconhecido, se tanto ele quanto sua mãe foram mantidos aqui e se, por diversas vezes, como você mesmo afirmou em outras ocasiões, ele pediu que nunca o despedisse, acredito eu que por detrás disso não existe uma atitude tão vergonhosa assim. Ao contrário, em minha opinião tratou-se de uma postura muito digna. Não concorda?

— E minha mãe, Maísa, como deveria estar se sentindo? Será que não sofria com tudo isso?

— Você a julgava feliz?

— Sim, com certeza!

— Jaime, ninguém consegue esconder por tanto tempo um sentimento. Se ela estivesse sofrendo tanto, em algum momento teria deixado aparecer sua infelicidade. A máscara sempre cai, Jaime.

— Senhor, eu não tocaria nesse assunto se não tivesse certeza de que poderia trazer mais entendimento, beneficiando seu coração.

— O que quer dizer com isso, Gregório?

— O dr. Leôncio, deve se lembrar dele, era advogado e amigo íntimo de nosso pai. Pois bem, ele possui uma carta na qual nosso pai relata o porquê do seu envolvimento com minha mãe, que ocasionou meu nascimento.

— Por que nunca me disseram nada, nem você e nem o dr. Leôncio?

— Porque o desejo de nosso pai era que lhe entregasse essa carta somente no momento em que você naturalmente tomasse conhecimento da verdade sobre nós. O dr. Leôncio respeitou a vontade do amigo.

— Você o conhece? Mantém contato com ele? Há muito tempo não o vejo, para ser exato desde a morte de meu pai.

— Eu o conheci aqui mesmo, nesta casa, e nos falamos algumas vezes. Já está bastante idoso e se aposentou. Em um dos nossos encontros, confidenciou-me a respeito dessa carta. Porque temia partir sem que ela jamais chegasse às suas mãos, deu ordens à família para que a entregasse a mim, no caso de sua morte.

— Por que a você e não a mim?

— Porque o desejo de nosso pai era que você a recebesse somente após saber a verdade, o que poderia ainda não ter acontecido no caso de sua morte.

— Pelo amor de Deus, Gregório, volto a perguntar: sabendo de tudo isso, por que guardou silêncio durante todos esse anos, vivendo como um empregado? Não consigo aceitar isso!

— Porque o maior tesouro que minha mãe me deixou foi a dignidade e o respeito pelas pessoas. Ensinou-me a não ambicionar riquezas materiais, mas as riquezas da alma. Ela sempre me dizia que aquilo que tivesse de ser meu um dia chegaria às minhas mãos por via natural e honrada.

A cada instante Jaime se surpreendia mais e mais com aquele homem, que sempre julgara ser seu empregado, e que no entanto possuía os mesmos direitos que ele.

— Não me sinto bem. Preciso descansar um pouco.

— Quer que lhe traga um chá, senhor?

— Não, apenas um copo de água.

Com presteza, Gregório foi satisfazer a vontade de seu patrão.

Assim que ele saiu, Jaime perguntou à esposa:

— Acha que devo chamar o dr. Leôncio e pedir-lhe que me entregue a carta?

— Claro, Jaime! Ela lhe pertence, foi para você que seu pai a deixou, é a você que ele quer se explicar.

Gregório chegou com a água, e Jaime lhe disse:

— Vou pedir-lhe dois favores muito especiais.

— Diga, senhor.

— Gostaria que se comunicasse com o dr. Leôncio pedindo-lhe que, se for possível, venha até aqui e traga-me essa carta, preciso vê-la. O outro favor é que tenha um pouco de paciência comigo e espere que eu compreenda e aceite essa situação toda para poder abraçá-lo como meu irmão que é. Quero fazer isso de maneira consciente, sem mágoas; enfim, que seja um abraço verdadeiro, de irmão para irmão.

Necessito apenas colocar minha cabeça em ordem. Você me entende?

— Claro que sim. O senhor tem todo o tempo que quiser e de que necessitar. Se dona Maísa não tivesse notado minha semelhança com nosso pai, acredite, jamais lhe revelaria toda essa história.

— Tenho certeza disso, Gregório, e lhe agradeço muito por sua discrição por todo estes anos. Agora, por favor, ajude-me a me deitar, quero descansar um pouco.

Solícitos, Gregório e Maísa acomodaram Jaime no leito e se afastaram, permitindo-lhe repousar.

Capítulo XXII

Os rumos da vida

Gregório, sem perda de tempo, entrou em contato com o dr. Leôncio e, quatro dias após o incidente, estava Jaime de frente ao antigo advogado e amigo de seu pai.

— Que prazer revê-lo, dr. Leôncio! — exclamou Jaime. — Há quantos anos não nos víamos?

O advogado, ostentando sua vasta cabeleira branca e seu sorriso cativante, respondeu:

— O prazer maior é meu, Jaime, em rever o filho do meu dileto amigo. Lembrava-me de você ainda bem jovem, entusiasmado, impulsivo. Devo dizer que estranho vê-lo com a fisionomia tão tristonha e com uma aparência de desânimo.

— Tenho motivos para isso. Não percebe, doutor? Não vê o meu estado?

— Vejo. Notei sua condição física. Mas se for esse o motivo desse desalento todo que vejo em seu rosto, francamente, meu rapaz, parece-me um pouco exagerado de sua parte. Como aconteceu?

— Acidente de carro. — E Jaime narrou ao advogado tudo o que acontecera, até onde se lembrava.

Em seguida, foi Maísa quem falou de todo o drama que viveram até a volta para casa em uma cadeira de rodas.

Leôncio, com a experiência dos anos vividos e a sabedoria daqueles que possuem fé, foi logo dizendo:

— Não seria mais adequado ostentar em seu rosto a alegria por ter renascido nesse acidente?

— O senhor acha que vale a pena viver desta maneira, inválido, incapaz?

— Olhe, meu filho, a vida sempre vale a pena, em qualquer situação que se apresente. Cada dia que passamos aqui é uma dádiva, uma nova oportunidade recebida, e devemos aproveitar a cada minuto a chance concedida por Deus, a nossa permanência aqui na Terra, ao lado dos familiares, amigos e podendo dar continuidade aos nossos afazeres terrenos.

— Dr. Leôncio, acredita realmente que alguém merece perder sua capacidade de se locomover e passar os restos dos dias preso a uma cadeira de rodas, dependente de outras pessoas?

— Continuo afirmando que vale a pena, sim. Posso lhe parecer cruel, mas consegue perceber que a sua deficiência física não é das mais traumáticas? O que me diz das pessoas tetraplégicas, que não têm nenhuma chance de recuperação? As deficientes visuais ou mentais? Quantas imperfeições físicas existem piores que a sua, e quantas crianças, jovens ou adultos conseguem produzir, criar, e vivem felizes, apesar de suas imperfeições físicas? Sabe por que conseguem? Porque não caem na autopiedade e não perdem a esperança e a vontade de viver. Sabem da importância e da grande bênção que é a vida. Usam as potencialidades que estavam latentes dentro de si mesmas, permitindo que elas se desenvolvam.

Maísa sentia gratidão por aquele advogado já idoso, que tentava mostrar ao seu marido uma saída, a única possível, que é a aceitação da realidade para, a partir daí, construir uma vida nova e feliz.

O advogado continuou:

— Sem dizer, meu rapaz, que, quando andamos muito apressados, sem ter tempo para ver ninguém, a vida se encarrega de dar um jeito de nos ajudar a enxergar o que, de verdade, precisávamos ver, mas o nosso descuido nos impediu.

— Preste atenção ao que ele está dizendo, querido.

— Estou prestando, Maísa. Continue, dr. Leôncio.

— Veja você: teve ao seu lado alguém dedicado, leal, íntegro, servindo-o sem se lamentar. Entretanto, só agora pôde notar sua incrível semelhança com seu pai. Teve junto a si, Jaime, um irmão esses anos todos e não conseguiu enxergá-lo. Por que isso acontece? Porque as pessoas agem pensando somente em seus próprios problemas e vêem o mundo através da óptica pessoal, até que possam perceber que ao seu redor existem outros seres dividindo o mesmo espaço e querendo alcançar também a felicidade.

Jaime, assim como Maísa, estava boquiaberto.

— O senhor fala desse modo porque não sofreu o que eu sofri. Não está preso; ao contrário, pode ir aonde quiser, porque nada o detém. Quem não sabe o que é o sofrimento não está apto a aconselhar.

— Jaime, você está ofendendo o dr. Leôncio.

— Deixe-o, dona Maísa, sei bem o que é isso, sei como se sente.

O Preço da Ambição 365

— Sabe?! — perguntou Jaime, irônico.

— Sei. Sei muito bem. Passei pelo mesmo estágio em que você está até que compreendi que não adianta brigar com a vida. Ao compreender isso, passei a nadar de acordo com a correnteza. Foi então que me dei conta de que as águas foram se acalmando, e o meu coração se encheu de paz.

— Desculpe-me, mas não consigo entendê-lo.

— Entenderá. Tenho pouco tempo de vida, Jaime. Sofro de um câncer de intestino, e já foi constatada metástase em outros órgãos.

A revelação caiu como uma bomba entre os presentes. Não sabiam o que dizer. Maísa foi a primeira a falar:

— O que o senhor está nos dizendo?

— A verdade, dona Maísa. Quando soube, minha reação foi semelhante à de Jaime. Briguei com o mundo inteiro, infernizei a vida da minha mulher, dos meus filhos. Comportei-me como uma criança mimada que não aceita as ordens dos pais. Aos poucos fui compreendendo que não se deve inventar problemas, porque os reais sempre aparecem. Eu já os tinha, e achei que não seria prudente alimentá-los com os desnecessários, os que nasciam da minha vaidade e do meu orgulho, que me diziam não merecer essa aflição. Hoje, convivo com a dor de uma maneira mais equilibrada e procuro usufruir cada dia como se fosse o último a passar aqui na Terra. Sei que, ao contrário de você, não tenho a menor chance de cura, por isso vivo um dia de cada vez.

Quando Leôncio terminou, o silêncio se fez. Ninguém, principalmente Jaime, tinha coragem de dizer ou acrescentar uma só palavra. Por fim, Jaime, com timidez, perguntou:

— O senhor, estando assim tão doente... por que saiu de sua casa e veio até aqui satisfazer um desejo meu?

— Porque não poderia deixar de cumprir um desejo de meu amigo, e também dizer a você, Jaime, que seu pai era um homem íntegro e digno. E, se aconteceu esse fato, não foi por ele desrespeitar sua mãe. Ao contrário, foi com o consentimento dela.

— Consentimento dela?! Como assim, explique-se melhor.

— Você sempre foi testemunha da felicidade dos dois, não é certo?

— Certíssimo, dr. Leôncio.

— Pois muito bem, posso garantir-lhe que essa felicidade era real. Eles se entendiam muito bem e respeitavam-se sinceramente. Viviam unicamente para satisfazer um ao outro. Por ocasião de seu nascimento, Jaime, esta casa conheceu os dias mais felizes que um casal poderia viver. Os dois ostentavam uma alegria contagiante, e assim foi até o dia em que você completou dez anos de idade. Foi realizada uma linda festa, condizente com a expectativa e os desejos de uma criança. Tudo nesse dia corria bem, até o instante em que sua mãe, dizendo sentir-se mal, desmaiou entre os convidados. Imagine o alvoroço. Sem demora, seu pai chamou um médico e, carregando a esposa, levou-a até o quarto do casal, colocando-a na cama e aguardando a chegada do doutor. Enfim, após esse incidente, o médico que a examinou solicitou vários exames para poder fechar um diagnóstico. Mais tarde constatou-se que sua mãe era portadora de uma doença grave, degenerativa, que a impediria de desempenhar sua condição de esposa.

— Mas que doença era essa, doutor? Lembro-me bem de que minha mãe, antes tão alegre, passou a ficar calada, pensativa. Nunca desconfiei que se tratava de um mal físico. Como na maioria das vezes eu a vi feliz ao lado de meu pai, não desconfiei que pudesse sofrer de alguma doença.

— Sua mãe sofria de uma doença chamada esclerose múltipla. Foi somente isso que seu pai me disse, e não tocou mais no assunto. Para ajudá-la, foi contratada uma empregada de nome Celeste, que passou a ser companhia constante de sua mãe. As duas se tornaram amigas, e sua mãe, consciente de seu estado, percebeu o envolvimento de seu pai com Celeste, envolvimento esse que culminou com o nascimento de Gregório. Tanto seu pai quanto Celeste tratavam sua mãe com respeito e muito amor, poupando-a de presenciar qualquer gesto de afeto entre os dois. Após o nascimento de Gregório, mantiveram a discrição perante todos, e somente eles, e depois o próprio Gregório, sabiam da sua verdadeira identidade. Sua mãe gostava muito de Gregório e, enquanto viveu, tratou-o com o maior carinho.

Jaime estava atônito com toda aquela história. Jamais desconfiara ou imaginara nada a esse respeito. Tratara Gregório sempre como o filho da empregada, e agora sentia-se constrangido diante de tanta nobreza de sentimento — de seus pais, de Celeste e do próprio Gregório. "Como são muito melhores do que eu", pensava.

— Agora posso compreender a preocupação de meu pai para que eu nunca o despedisse — comentou com o advogado.

— É, meu rapaz, existem coisas que estão acima da compreensão de muita gente, e uma delas é a dignidade com que certas pessoas norteiam suas existências.

Gregório permanecia cabisbaixo e em silêncio. Maísa aproximou-se do mordomo e lhe disse, colocando a mão em seu ombro:

— Gregório, tenha paciência com Jaime. Assim que passar o primeiro impacto dessa noticia, ele irá abraçá-lo como irmãos que são.

— Não se preocupe comigo, dona Maísa, eu estou bem.

O advogado retirou da pasta um envelope e entregou-o a Jaime.

— Aqui está a carta que seu pai lhe deixou. Pertence a você. Cumpri o que prometi ao meu amigo, agora é você quem vai decidir o que fazer. A verdade já foi descoberta. Espero que use seu bom senso e sua sabedoria para não cometer uma injustiça.

O dr. Leôncio colocou nas mãos de Jaime o envelope e despediu-se.

— Minha missão foi cumprida, nada mais tenho a fazer aqui. Qualquer dúvida ou informação, podem me procurar em minha casa, que os atenderei com prazer. Lembre-se, meu rapaz, você pode não tomar conhecimento da existência de Deus, mas Ele sabe da sua existência, das suas angústias, dos seus medos e, principalmente, do que necessita para promover sua evolução espiritual. Ele lhe deu em abundância o que precisa para acordar e perceber o lugar certo para cada coisa. Hoje eu aprendi que ninguém chega à Terra sem trazer sua história. O que se faz para os outros, faz-se para si mesmo. Tente aceitar sua condição e faça o melhor que puder com o que lhe restou. — Apertou a mão de cada um e se foi.

— Que grande ser humano é o dr. Leôncio, não, Jaime?

— Tem razão. É realmente uma grande pessoa.

— Não vai ler a carta de seu pai?

— Claro. Claro! — E Jaime abriu em seguida o envelope.

Suas mãos tremiam e seus lábios estavam apertados.

Querido filho,

Não sei como estará ao ler esta carta. Poderá ser daqui a um mês ou daqui a alguns anos. Gostaria muito que estivesse sorrindo, mas, se por algum motivo não estiver, que tenha discernimento para resolver suas questões sem cair nas lamentações ou na autocompaixão.

Imagino sua surpresa ao tomar conhecimento da existência de um irmão, que, mesmo tão próximo, vive às margens de todas as regalias a que tem direito. Não quero que julgue minha conduta. Só posso lhe dizer que houve um motivo muito forte para que isso acontecesse.

Agi assim com o conhecimento de sua mãe, que demonstrou o maior gesto de altruísmo e compreensão. Tenha certeza de que jamais a desrespeitei ou deixei de amá-la. Os homens, você bem o sabe, possuem necessidades que nem mesmo nós poderíamos explicar.

A vida pregou-nos uma peça muito cedo e, beneficiado com a grandeza de sua mãe, relacionei-me com Celeste, e desse relacionamento nasceu Gregório, que foi muito amado por mim, seu pai, e por sua mãe, que soube dedicar a ele o carinho que somente as almas nobres possuem.

Você deve estar se perguntando que motivo é esse que justifica um ato que, aparentemente, é frio e desrespeitoso em relação à sua mãe e a você. Não posso dizer se mereço ou não recriminação. Não sei se teria de ter sufocado minhas necessidades físicas e emocionais. Mas, se não o fiz, foi porque não consegui fazê-lo, talvez pela minha própria fraqueza humana.

Meu grande amigo Leôncio está a par de tudo e autorizado por mim a esclarecê-lo quanto ao motivo que me levou a agir dessa maneira. Mas, na realidade, o que me importa agora é estabelecer a união entre você, meu querido e amado primogênito, e Gregório, também querido e amado por mim.

Pode vir a ser difícil administrar essa nova situação, mas lembre-se de que Gregório possui uma índole boa, é uma pessoa honesta, digna, e merece toda a sua consideração e aceitação como seu irmão.

Não se apegue a questões menores, meu filho. Afinal, todos somos inquilinos neste planeta, nada nos pertence de verdade. Um dia devolveremos esta casa a seu legítimo dono, Deus, e voltaremos para nossa pátria verdadeira, e nela não cabem as aquisições materiais.

Sua mãe e eu nos entendíamos, e mesmo durante a aflição que a vida nos impôs com a doença inesperada dela, conseguimos superá-la, e, da maneira que podíamos, fomos felizes, porque acreditávamos que a felicidade vai muito além de posses e medos. E nós, unindo nossas almas, usufruímos da felicidade que Deus permitiu.

Celeste também foi respeitada. E pode parecer estranho, mas formamos um triângulo no qual existiram respeito e consideração mútua.

Desculpe-me por não ter falado tudo isso pessoalmente, mas preferi dessa forma. Você terá certeza da verdade através da certidão de nascimento de Gregório. Registrei-o, porque, como você, ele também é meu filho.

Pode confiar em Leôncio, ele é o melhor amigo que alguém pode ter. Acredito que, quando tiver esta carta nas mãos, provavelmente já terei ido ao encontro de sua mãe. Por isso quero deixar aqui, para você, meu filho, o melhor conselho que poderia dar-lhe: construa sua felicidade alicerçada no amor verdadeiro; não se prenda somente à riqueza, porque ricos são aqueles que conseguem tirar muito do pouco, e não os que tiram pouco do muito que possuem.

Perdoe seu pai. Espero continuar merecendo seu respeito.

Jaime terminou a leitura da carta com lágrimas nos olhos. Sentia-se envergonhado perante as demonstrações de grandeza e amizade que presenciara naquele dia. A lembrança de seu pai tomou conta da sua mente e do seu coração.

"Um homem sério", pensava, "educado e gentil". Jaime jamais vira um empregado de seus pais ser tratado com indiferença ou desrespeito, como tantas vezes ele mesmo fizera com aqueles que o serviam, inclusive Gregório, que agora sabia que era seu irmão. Tivera uma educação primorosa, entretanto, deixara-se contaminar pela vaidade e soberba.

Suas lágrimas aumentavam, e ele, sem se importar com a presença de Maísa e Gregório, continuava entregue aos seus pensamentos.

"Que criatura pequena eu sou! Compro tudo o que quero com o meu dinheiro, e só agora me dou conta de que existem coisas que dinheiro algum pode comprar, como por exemplo a dedicação e a lealdade de um amigo."

Maísa e Gregório permaneciam calados, respeitando o momento delicado pelo qual Jaime passava.

"Quem sabe tudo isso não aconteceu para que meu marido despertasse para a realidade da vida? Tomara que Jaime consiga entender que existem outras pessoas no mundo e que todas elas, de alguma forma, sofrem aflições."

Por sua vez, Gregório também tecia suas conjecturas: "Pode ser que agora ele perceba que o Universo foi criado para todos, e não para poucos, e que esse mesmo Universo não gira em torno de si mesmo".

Passados alguns instantes, que para os três pareceram séculos, Jaime finalmente olhou para Gregório e, abrindo os braços, disse-lhe com um sorriso tímido:

— Dê-me um abraço, meu irmão!

Gregório fitou Maísa, que o incentivou com um pequeno gesto. Com passos vagarosos, aproximou-se de Jaime, e, para que ele o alcançasse, ajoelhou-se diante dele. Ambos se abraçaram, misturando as lágrimas, que desciam copiosas pelas faces dos dois irmãos.

Um mês se passou.

Todos percebiam o esforço de Jaime para que assumisse em seu coração a nova situação. Muita coisa em sua vida se transformara, e ele não poderia mais lutar contra a realidade.

— Pode ser que Andréia e Leandro tenham mesmo razão — dizia a si mesmo. — Nada nos pertence de verdade, principalmente a nossa vida. Jamais imaginei viver tal situação, e muito menos que meu mordomo fosse, na realidade, meu irmão. Já é tempo de aceitá-lo de fato, sem alimentar nenhum ressentimento.

Gregório interrompeu suas divagações:

— Senhor, trago-lhe um xícara de chá com pequenas guloseimas.

Jaime olhou firme para Gregório e, tomando uma decisão repentina, disse-lhe:

— Gregório, puxe uma cadeira e sente-se aqui do meu lado. É hora de tomarmos certas decisões e colocarmos tudo nos seus devidos lugares. — Não pôde deixar de notar a surpresa que se estampou no rosto do mordomo.

— O que está dizendo, senhor? Que decisões são essas?

— Estou lhe pedindo que se sente aqui ao meu lado, pois preciso falar-lhe.

Obedecendo ao pedido, Gregório se acomodou próximo a ele.

— Pode falar, senhor.

— Em primeiro lugar, quero que, a partir de agora, deixe o "senhor" de lado e chame-me apenas de Jaime.

— Mas, senhor...

— Jaime, Gregório. Apenas Jaime. Quero assumir de verdade a condição de seu irmão mais velho, e "senhor" não cabe em uma relação entre irmãos.

O coração de Gregório bateu mais forte e encheu-se de alegria e esperança.

— Obrigado, Jaime — foi o que conseguiu dizer.

— Gostaria também que mudasse seu comportamento e agisse como meu irmão, não mais como meu empregado.

— Como assim?

— Quero que vá a uma agência de emprego e contrate alguém para substituí-lo na função de mordomo. Você não é mais empregado desta casa, mas meu irmão, e vamos viver, nós três, como uma verdadeira família.

— Jaime, eu não sei o que dizer! — exclamou Gregório.

— Então, não diga nada. Vá chamar Maísa, por favor.

Gregório levantou-se, mal acreditando no que acabara de ouvir. Em instantes, voltava acompanhado de Maísa.

— Deseja falar comigo, querido?

— Sim. Sente-se, por favor. — E Jaime repetiu para a esposa tudo o que havia falado e resolvido com Gregório. Depois completou: — Quero que chame meu advogado para resolvermos a questão desta casa e do restante dos bens. Gregório tem os mesmos direitos que eu.

— Não — interferiu Gregório. — Isso eu não quero. Não permitirei que mexa em nada. Não é nem nunca foi minha intenção tomar posse de herança alguma.

— Mas, Gregório... — ia dizer Maísa, quando foi interrompida por ele.

— Dona Maísa...

— Maísa, por favor — corrigiu a esposa de Jaime.

— Pois bem, Jaime e Maísa, o que de verdade almejei a minha vida toda eu consegui. Quero apenas ser reconhecido como seu irmão. Ambiciono apenas o carinho e a consideração de uma família de verdade. Viver aqui usufruindo da companhia de vocês é a realização desse sonho.

Novamente Jaime e Maísa se surpreenderam com a reação de Gregório. Jaime voltou a dizer:

— Gregório, você receberá uma quantia mensal para suas despesas enquanto se prepara para tomar conhecimento do funcionamento da empresa e, no futuro, quando estiver apto, fará parte do corpo empresarial, com funções específicas. Por enquanto, ocupará o cargo de meu assessor. Concorda?

— Jaime, agora quem não sabe o que dizer sou eu. Estou perplexo com sua atitude.

— Queria que apenas me escutasse e não questionasse minhas decisões, porque foram muito bem pensadas e planejadas. Considero-as justas. Devo-lhe isso, Gregório.

— Você me deixa muito feliz com seu entendimento em relação a toda essa história — disse Maísa. — E tem razão, é justo que Gregório agora possa usufruir de tudo a que tem direito.

— Ainda não acabei.

— Por favor, Jaime, o que falta agora? Não está exagerando?

— Já lhe pedi, Gregório, que não interfira nas minhas decisões. Para ser sincero, demorei a assimilar isso tudo na minha cabeça. Pensei muito bem e tomei a decisão que achei mais justa com você. Posso ser grosseiro, mal educado às vezes, cabeça-dura, mas não sou tão mesquinho quanto posso parecer.

— Desculpe-me... — disse Gregório, timidamente.

— Continuando, quero que saia da ala dos empregados e se transfira para um quarto aqui dentro da mansão.

— Poderíamos colocá-lo em nosso antigo quarto, no andar de cima.

— Ótimo, Maísa, faça isso.

— Agora, uma última coisa.

— Fale, querido.

— Gregório, vá com Maísa até a garagem e escolha um carro para você. Com exceção do meu, que quero conservar mesmo sem poder dirigi-lo, e o que pertence a Maísa, pode escolher o que mais gostar. E, por favor, mude sua maneira de se vestir. Troque esse uniforme por roupas comuns. E você, Maísa, comunique aos empregados toda essa mudança, e diga-lhes que Gregório agora é patrão, e que passem a respeitá-lo como tal.

Tanto Maísa quanto Gregório estavam atônitos. Impressionavam-se com a mudança que se operara em Jaime. Mas, ao mesmo tempo que se surpreendiam, sentiam-se felizes por perceberem que naquele momento surgia uma família de verdade. Maísa, de uma maneira espontânea, aproximou-se de Gregório, abriu os braços e, com um lindo sorriso nos lábios, disse-lhe:

— Dê-me um abraço, cunhado!

Celeste orava a Deus em agradecimento aos benefícios que seu filho recebera.

"Graças a Vossa bondade, Senhor, meu filho foi reconhecido como membro dessa família. Peço-Lhe por todos, meu Pai, que nenhum deles se perca na imprudência ou irresponsabilidade. Que se amem e se respeitem como irmãos que são. Que as virtudes que hoje percebo no coração de Gregório impeçam-no de mudar seus conceitos cristãos, afastando-o da vaidade e da ostentação que o dinheiro pode trazer aos desavisados. Que ele não caia na ilusão da fantasia efêmera que a fortuna pode proporcionar. Enfim, que não se desvie do caminho seguro que somente a honestidade, a dignidade e o amor ao semelhante podem garantir."

Após a oração feita com sentimento, Celeste retornou à Colônia espiritual, indo ao encontro de Jacob para deliciar seu espírito com as sábias orientações do querido amigo.

Capítulo XXIII

A oportunidade tão sonhada

Seis meses se passaram.
Muita coisa se modificou na residência de Jaime e Maísa. A casa em que antes só se falava em futilidades, festas, aquisições transformou-se em palco de palavras mais consistentes, objetivos mais nobres, e não mais apenas o desejo de exibir a vaidade de seus moradores.

Gregório cada vez mais contribuía para a transformação interior de seu irmão e sua cunhada. Jaime tornara-se mais acessível, e seu esforço em se tornar uma pessoa melhor era visível. Aos poucos ia conseguindo seu intento.

Todas as decisões de Jaime relacionadas a Gregório foram realizadas a contento e respeitadas por todos. Gregório, apesar de se sentir à vontade em sua nova condição de integrante da família, não mudara sua maneira de tratar Jaime. Respeitava-o e se esforçava ao máximo para não desagradá-lo. Não media esforços para ajudá-lo a enfrentar sua invalidez. Tornara seu amigo inseparável, leal, sincero e confidente.

O tratamento de Jaime, apesar de intensivo, ainda não surtira o efeito esperado pelo seu médico.

— Falta-lhe força de vontade, confiança e perseverança — dizia-lhe sempre o fisioterapeuta.

— Mas eu me esforço! — respondia Jaime.

— Não o suficiente. Já se esforçou mais, entretanto agora noto que, de uns tempos para cá, está se entregando, e isso não é bom. Se quiser realmente voltar a andar, sr. Jaime, será preciso se dedicar mais, muito mais.

— É o que sempre digo a ele — falou Gregório. — Está ouvindo, meu irmão, como é importante sua colaboração? Quando temos um objetivo saudável e construtivo, devemos agarrá-lo com força e coragem. Você é ainda muito novo, tem muita vida pela frente.

— Isso mesmo — concordou Maísa. — Logo estará chegando o Natal, e quero tê-lo de pé, elegante, ao meu lado, para comemoramos juntos com Gregório a noite mais linda do ano.

— Ele conseguirá — afirmou Gregório. — Vamos intensificar ainda mais os exercícios indicados, e assim o tratamento com o fisioterapeuta, acredito eu, trará benefício maior. Quero crer que Jaime vai se motivar e se levantar dessa cadeira quando menos a gente esperar.

Jaime ouvia tudo sem dizer uma palavra sequer.

"Como Jaime está mudando...", pensou Maísa.

Leandro entrou em casa apressado e ofegante.

— Andréia, vim buscá-la para irmos até a casa de Talita.

— O que foi, aconteceu alguma coisa grave?

— Sim. A mãe dela piorou, e é necessário levá-la até o hospital. Seu estado é muito complicado, segundo o que Tião me disse, parece que é bastante grave.

— Vamos, então.

Após dar ordens ao motorista para que buscasse as crianças na escola e as levasse até a residência dos avós, Andréia e Leandro seguiram rumo à casa de Talita.

Assim que chegaram próximo ao humilde barraco, situado no meio da favela, perceberam o vaivém de pessoas. Pedindo licença, foram entrando.

Deitada no catre, Leandro e Andréia encontraram Jussara rodeada pelos filhos, que não continham o choro convulsivo.

— Por que não chamaram a ambulância para levá-la até o hospital? — perguntou Leandro.

Tião aproximou-se dele e lhe disse, em voz baixa:

— Chamamos, sim, dr. Leandro, mas até agora não apareceu. Disseram que estavam sem ambulância disponível.

— Nesse caso, não percamos mais tempo. Ajude-me a colocá-la no meu carro e vamos levá-la até o hospital mais próximo.

Assim foi feito.

Colocaram-na deitada no banco traseiro e cobriram-na com cuidado. Leandro, acompanhado por Tião, tomou a direção do hospital, enquanto Andréia ficou cuidando das crianças.

— Quero acompanhar minha mãe — pediu o filho mais velho.

— É melhor não, vamos esperar aqui — disse carinhosamente Andréia. — Crianças não podem entrar no hospital.

O importante é que a mamãe se interne para receber o tratamento necessário. Vocês estão com fome?

— Estamos — respondeu o caçula. — A gente não comeu nada hoje, porque a mamãe começou a passar mal.

Andréia lembrou-se de que estava sem o carro e, não encontrando nada que pudesse preparar para agradar os garotos, falou, animada:

— Aqui por perto tem algum lugar onde possamos encontrar algo gostoso para vocês comerem?

— A lanchonete mais próxima fica muito distante daqui.

— E o bar de Tião?

— Não sei se lá tem alguma coisa. Só a senhora vendo.

— Eu quero comer pastel — voltou a dizer o menorzinho.

— Pare com isso! — o mais velho ralhou. — É muito feio ficar pedindo as coisas!

— Deixe-o, vamos satisfazer a vontade dele. Onde podemos encontrar o pastel?

— Bem perto do ponto do ônibus tem uma barraca que vende pastel.

— Vamos até lá.

As crianças se animaram. Andréia fechou a porta do barraco, e seguiram adiante.

Enquanto isso, Leandro e Tião chegaram com Jussara ao hospital.

Leandro impressionou-se com a multidão que se aglomerava na entrada, esperando atendimento.

"Como aqueles com menos recursos financeiros sofrem, meu Deus", pensou. "O que é pior e nos deixa desanimados é que nada se faz para reverter esta situação caótica."

Tião percebeu a indignação do amigo.

— Essa é a realidade de uma grande maioria, dr. Leandro. Nada se faz e nada se consegue quando se é miserável. Nós somos os excluídos, os que, para os poderosos, não existem.

— Chega a ser revoltante! — exclamou Leandro, cada vez mais indignado. — Olhe, Tião, olhe o estado deste hospital, sem nenhuma conservação, sem limpeza, sem dar ao enfermo o mínimo de dignidade!

Jussara piorava cada vez mais, e não conseguira ainda ser internada.

— Vamos colocá-la nesta maca, aqui no corredor, e aplicar soro até conseguirmos uma vaga — disse a atendente.

— Ela precisa de internação e atendimento urgente e específico — Leandro afirmou. — Esta senhora está muito mal, sofre de câncer e não tem condições de ficar em um corredor esperando atendimento.

— Sinto muito, senhor, mas não temos vaga, e isso é o que podemos fazer enquanto ela aguarda. O médico logo virá atendê-la aqui mesmo, no corredor.

Diante da revolta de Leandro, Tião disse-lhe:

— Não adianta revoltar-se. O pobre, o excluído, já está acostumado com o descaso dos homens que se julgam melhores. O que nos ajuda a sobreviver é a atenção de Deus.

Apesar de todos os argumentos de Leandro, Jussara foi colocada em uma maca e encostada no corredor, ao lado de outras tantas que, como ela, esperavam pacientemente que alguém fosse vê-las.

Leandro caminhava de um lado para o outro, expressando com esse gesto toda a sua indignação pelo sistema injusto e quase cruel que presenciava naquele momento.

Após uma espera de quatro horas, o médico apareceu e iniciou o exame dos pacientes. Chegando a vez de Jussara, logo no início do exame percebeu o que havia ocorrido. Chamou os responsáveis por ela, no caso Leandro e Tião, e informou-lhe secamente, sem nenhuma expressão ou emoção:

— Esta paciente está morta!

Leandro sentiu como se o chão faltasse sob seus pés.

— O que está me dizendo?! Que ela está morta?! Morreu dentro de um hospital que demorou a atendê-la? Não posso crer!

Demonstrando uma frieza característica daqueles que já se acostumaram a não se envolver com o sofrimento alheio, o médico respondeu:

— Nós não podemos fazer milagres, não temos condições de salvar todos que aqui chegam. — Virando-se para o enfermeiro, completou: — Levem-na para o necrotério. Será encaminhada para o I.M.L., para sabermos a causa de sua morte.

A revolta e a indignação de Leandro fizeram com que dissesse, quase aos gritos:

— Não precisa ir para a necropsia para saber a causa de sua morte: eu sei! Ela morreu vítima do descaso, da indiferença e do mal atendimento deste hospital. Morreu porque não foi tratada como um ser humano; morreu, como muitos morrem, porque não encontram profissionais que os trate como seres humanos que possuem sonhos, histórias, desejos e objetivos de vida, atrás dessas roupas pobres e surradas. Essas pessoas morrem porque foram excluídas da sociedade hipócrita que constitui o mundo de hoje, sociedade essa que só pensa em si própria, em ganhar dinheiro em vez de amparar os mais fracos, os desvalidos. Verbas imensas são desviadas para satisfazer a vaidade e o orgulho de alguns, enquanto outros tantos minguam por causa da miséria!

O médico, nervoso e surpreso com a reação de Leandro, tão inesperada para quem estava acostumado a nunca ser questionado nas suas atitudes, disse ao segurança:

— Tire-o daqui.

— Não preciso que ninguém me tire daqui, doutor. Saio por mim mesmo, e o faço porque não posso mais presenciar tanta indiferença em relação ao sofrimento alheio!

E afastou-se, acompanhado por Tião. Assim que chegaram ao carro, dirigiu-se ao amigo:

— Desculpe-me por ter me exaltado daquela maneira, amigo, mas não pude me conter. É revoltante ver o descaso com que os menos favorecidos são tratados. Muitos julgam que essas pessoas não têm nada a perder. Não consideram suas vidas, suas famílias, seus filhos, como os de Jussara, que acabam de se tornar órfãos. Eles, enquanto sofriam, nem imaginavam que sua mãe estava sendo tratada como um ser que não deixa rastros por onde passa, e muito menos saudade.

— Não há necessidade de se desculpar, dr. Leandro. Ao contrário, deve se orgulhar de ter coragem de gritar em prol daqueles que não têm condições de fazê-lo.

— Vamos dar a notícia às crianças e depois tomar as providências necessárias para o sepultamento de Jussara.

A tristeza marcava o rostinho daquelas crianças ao verem a mãe morta sem ter tido nenhuma chance de melhora. Na realidade, os mais novos nada compreendiam, a não ser o medo que traziam no coração infantil, pois sabiam que não teriam nenhuma chance de sobrevivência fora de um orfanato.

Talita e seus irmãos agarravam-se em Leandro e Andréia como a uma tábua de salvação. Eram o retrato da fragilidade: corpos franzinos, olhos tristes e coração magoado. A vida os atingira quando apenas iniciavam a caminhada rumo ao futuro.

Após o enterro, negaram-se a voltar ao barraco em que moravam, pois perdiam-se no pavor de ficarem sós.

Leandro, por meio de um amigo, conseguira um lugar para ficarem até que tudo fosse decidido e resolvido pelo Juizado da Infância e Adolescência. Assim que os deixaram abrigados, prometendo voltar para vê-los e acompanhá-los até a decisão final, Leandro e Andréia retornaram ao lar.

— Querido, quanta tristeza pude notar naqueles olhinhos! Meu coração se parte ao meio cada vez que me lembro daqueles rostinhos sofridos!

— Eu também, Andréia. E mais ainda por constatar a injustiça e a desigualdade social. Enquanto alguns deixam o dinheiro mofando nos bancos, sem dar a ele um destino mais nobre que não seja o próprio prazer, outros tantos morrem à mingua, vítimas do descaso e do egoísmo da sociedade. Preciso encontrar um meio de ajudar essas crianças, Andréia, mas não vejo como.

— Agora você precisa descansar. O seu abatimento e a sua indignação impedem-no de encontrar a solução. Vá devagar, Leandro, eles estão provisoriamente amparados. Devemos confiar na providência divina. Nós encontraremos uma saída.

— Tem alguma sugestão?

— Não. Por enquanto, nenhuma, mas também não vou perder a esperança nem a confiança no nosso Pai Maior. Vou acreditar que encontraremos a saída, o que for melhor para esses garotos.

Vinte dias se passaram desde a morte de Jussara. Em cada visita de Leandro e Andréia, Talita se dependurava no pescoço de Leandro e dizia:

— Tio, leva a gente para morar com o senhor. Nós não daremos nenhum trabalho, ficaremos obedientes e bem quietinhos.

O coração do casal se partia em emoção.

— Talita, o tio pede que tenham um pouco mais de paciência. Estamos providenciando o melhor lugar para vocês. Só é preciso esperar um pouco.

Certa noite estavam os dois, Leandro e Andréia, distraindo-se com as peripécias dos filhos quando o telefone tocou.

— Leandro? É Alberto!

— Alberto, que surpresa! Não nos falamos há algum tempo... O que houve para sumir assim?

— Realmente dei um tempo na minha vida. Devia isso para mim, precisava colocar as idéias em ordem. Depois daquele episódio com Cássia, demorei um pouco a me recompor e ter vontade de sair novamente. Porém, o motivo de estar lhe telefonando é outro.

— Diga, Alberto, sou todo ouvidos — brincou Leandro.

— Gostaria muito de conversar com você e, se for possível, pessoalmente. Atrapalho se for até aí?

— De forma alguma! Venha, teremos muito prazer em recebê-lo.

— Chego em quarenta minutos.

— Estamos esperando.

Desligando o aparelho, disse a Andréia:

— O que será que Alberto quer conversar comigo? Depois de toda aquela confusão com Cássia, quase não nos vimos mais.

— Espero que não seja nada grave.

— Querida, coloque as crianças na cama, assim poderemos conversar com mais tranqüilidade.

— Está bem. — Pegou os filhos pelas mãos. — Dêem boa noite ao papai, é hora de irem para a cama.

— Mamãe, a gente quer ficar aqui brincando!

— Querido, papai vai receber um amigo, é uma conversa de adulto. Se quiserem, podem ficar vendo desenho no quarto por uma hora, que tal?

— Oba!

Despediram-se do pai e subiram correndo, disputando quem chegava primeiro. Andréia, após acomodá-los na cama, desceu para fazer companhia ao marido.

Não demorou muito e Alberto tocava a campainha da porta.

— Entre, amigo, que prazer recebê-lo!

— O prazer é meu, Leandro. Senti saudade de vocês, das nossas saídas para as noitadas, enfim, da maneira como nos divertíamos.

— Precisamos recomeçar nossos encontros, principalmente para animar Jaime a reconstruir sua vida social.

— Ainda mais agora, que tem um irmão para auxiliá-lo na empresa, quase não sai mais de casa.

— Que história bonita essa do Gregório, não?

— De fato. Sujeitar-se a ser tratado como um empregado, tendo o mesmo direito que Jaime, sem falar ou reclamar nada... É difícil encontrar gente assim.

— Ele é um ser humano muito digno — disse Andréia. — Deu-nos um grande exemplo de altruísmo e verdadeira amizade.

— Bem, o motivo que me trouxe aqui é outro.

— Fique à vontade, Alberto.

— Leandro, como está a questão do seu projeto? Já se passou tanto tempo e você não falou mais nada. Desistiu ou ainda sonha em realizá-lo?

— Jamais desistirei, Alberto. Por mais que batalhe, porém, não encontro pessoas dispostas a abraçar esse sonho comigo, vestir a camisa da solidariedade. Com exceção de você e do dr. Jorge. Lembra-se dele?

— Claro!

— Pois bem, o máximo que consegui foi comprar um terreno próximo àquela comunidade, mas preciso de parceria para a construção e, sobretudo, para manter o funcionamento, o que não sai barato. Mas por que a pergunta?

— É que, depois de tudo o que me aconteceu, comecei a perceber o quanto de dinheiro gastei com futilidade, fazendo a vontade de uma pessoa que apenas me usou para exibir sua vaidade e seu egoísmo. O que vou lhe propor já foi conversado com meus filhos. Todos os três aprovaram minha idéia e estão dispostos a ajudar no que for possível, por isso quero fazer-lhe uma oferta.

Leandro sentiu o coração bater mais forte.

— E que oferta é essa, Alberto?

— Preste atenção. Possuo uma propriedade muito grande em uma zona rural, a mais ou menos trinta quilômetros daqui. Lá existe uma casa confortável, bem espaçosa, com pomar e horta. É uma excelente propriedade, com muito espaço e muito verde.

Leandro começou a ficar ansioso.

— Por favor, Alberto, aonde você quer chegar?

— Quero chegar ao seguinte: estou lhe propondo fazer nessa propriedade o seu tão sonhado projeto. O que acha?

— O que acho?! Fantástico e perfeito! Mas, infelizmente, não posso alugar e muito menos comprar. Não tenho condições para um investimento desse porte.

— Leandro, não estou vendendo nem alugando o meu imóvel para você. Estou lhe oferecendo para ocupá-lo como quiser.

Leandro olhou para sua mulher, mal disfarçando a ansiedade que tomara conta de seu ser.

— Não estou entendendo, Alberto. Como ocupá-lo? Explique-me melhor.

— Leandro, a minha intenção, caso você aceite, é cedê-lo a você em regime de comodato, por tempo indeterminado, enquanto estiver à frente desse trabalho social. Então, o que me diz? Aceita?

— Não sei o que dizer, Alberto, você pegou-me de surpresa! É claro que não poderia acontecer-me coisa melhor do que essa oferta, mas não sei se devo. Fico constrangido, não sei se é certo. Afinal, uma propriedade desse porte...

— Escute bem, Leandro: ninguém me obrigou a isso, estou lhe oferecendo porque quero de alguma forma participar desse trabalho nobre que pretende realizar. Estou ficando velho, já vivi muito e já gastei muito também, de uma maneira frívola, fútil, sem beneficiar ninguém que realmente precisasse. Achei que era a hora de modificar esse estado de coisas. Quero me transformar em um alguém melhor, e você está me dando essa oportunidade. Gostaria que aceitasse.

Andréia levantou-se a abraçou o marido.

— Querido, aceite! É o inicio da realização do seu sonho. Pense em quantas pessoas serão beneficiadas com esse trabalho, jovens e crianças, inclusive os filhos de Jussara. — Dirigindo-se para Alberto disse-lhe apenas. — Obrigada, amigo.

Alberto sorriu.

— Então, Leandro, aceita?

— Seria um tolo se não aceitasse! — respondeu Leandro, eufórico.

— Então, façamos o seguinte — continuou Alberto. — Pense em como pretende fazer, como funcionará, quem atenderá. Depois de tudo pronto, nós nos encontraremos para tratar dos documentos necessários para o comodato e para o funcionamento da casa. E não se esqueça de dar um nome à obra. Antes que eu me esqueça, acredito que não precisará fazer nenhuma reforma na casa ou adaptar dependências. Ela está em ordem, bem cuidada e conservada. É só entrar.

— Alberto, você conseguiu mexer com o mais íntimo do meu ser. Está dando-me oportunidade de realizar o meu ideal acalentado há tanto tempo...

— Tudo acontece na hora certa, querido. Você sempre acreditou, batalhou, não desistiu diante das dificuldades que enfrentou. Agora, Deus achou que chegou a hora, abençoou seu objetivo, que é muito nobre, e colocou Alberto no seu caminho para seguir com você.

— Falta dizer-lhe mais uma coisa, Leandro.

— Diga, Alberto!

— Isso não invalida o que lhe prometi quando você me procurou e falou com mais detalhes sobre seu projeto. Serei parceiro nessa jornada, ajudarei na manutenção dessa obra.

— Mais uma vez, obrigado, Alberto.

Os dois amigos se abraçaram, selando uma parceria que, a partir daquele momento, daria frutos nascidos da prática da caridade pura e desinteressada.

Quando se viram sozinhos, Leandro e Andréia se abraçaram, emocionados. Choraram de alegria pela expectativa de ver o sonho realizado.

— Jamais esperei que Alberto tivesse uma atitude dessas.

— Você merece, Leandro. É um batalhador honrado e sincero.

— Amanhã mesmo começarei a trabalhar nesse projeto. Quero que suas portas se abram o mais cedo possível. Existem muitas crianças aguardando um teto.

— A começar pelos filhos de Jussara! — exclamou Andréia.

— Tem razão. A começar pelos filhos de Jussara — repetiu Leandro, sem esconder a emoção.

Capítulo XXIV

Aprendendo a falar de flores

A partir da conversa que teve com Alberto, Leandro criou alma nova.

A esperança preencheu todo o seu coração e, em conseqüência desse sentimento, entregou-se com afinco na elaboração final do seu projeto social.

Optara por um orfanato. Acreditava poder levar novo brilho aos olhos opacos de tantas crianças que viviam em condições cruéis e miseráveis.

— Mas existem tantos orfanatos por aí! — diziam muitos. — Já não são suficientes?

— Não — respondia Leandro. — Ao percorrer as zonas mais pobres, pude constatar que existem mais crianças carentes de família do que casas dispostas a ampará-las. É necessário construir o que falta! — exclamava, confiante.

Quando tudo ficou pronto, Andréia perguntou ao marido:

— Como se chamará o orfanato? Não o ouvi mencionar nenhum nome.

— Canto dos Pássaros. Vai se chamar Canto dos Pássaros — repetiu, feliz.

— Bonito nome, querido! Gostei muito. O que o fez escolhê-lo?

— Creio que com cuidado, educação, orientação e respeito ofertado de maneira natural, esses pequenos pássaros voltarão a cantar através do sorriso de seus lábios e da esperança de seus corações.

— Você tem razão.

Leandro colocara à venda o terreno que possuía. A intenção era usar a verba dessa transação na compra de um microônibus para o transporte das crianças até a escola, assim como fazer frente às necessidades que a casa teria de locomoção.

Pensara em tudo cuidadosamente. Nenhum item fora esquecido, todas as questões foram muito bem estudadas e planejadas. Atenderiam crianças de zero a dezoito anos, ministrando-lhes cursos profissionalizantes, atividades físicas e artísticas, como dança, pintura e teatro. O contato com a natureza seria constante, através do pomar e da horta, que seriam incentivados a cuidar. Profissionais foram escolhidos com cautela.

Quando tudo ficou pronto, o Canto dos Pássaros foi legalmente inaugurado em meio a balões, doces, guloseimas e muita alegria.

Como era de se esperar, os primeiros hóspedes foram os filhos de Jussara, que, orgulhosos e felizes, transitavam pelas dependências com suas roupas novas, e certos de que, a partir daquele momento, teriam um lar e pessoas que olhariam por eles. O futuro deixava de ser obscuro, e a incerteza dera lugar à esperança de que seriam alguém na vida.

Andréia aproximou-se do marido, que parecia ainda não acreditar que finalmente conseguira realizar o sonho acalentado por tanto tempo.

— Contente, querido?

Leandro, passando o braço pelo ombro de sua esposa, respondeu:

— A palavra "contente" é insuficiente para exprimir meus verdadeiros sentimentos e emoções. Na verdade, não sei bem explicar o que me vai na alma.

— Você acreditou e se esforçou muito, Leandro. Merece viver essa emoção, essa alegria contagiante.

— Vou lhe dizer uma coisa, Andréia: por diversas vezes perdi o sono tentando encontrar uma maneira de conseguir realizar esse projeto. Parecia-me não haver saída, diante de tantos obstáculos e negativas que recebia. Tive receio de perder as esperanças.

— Mas não perdeu, querido, e isso é o que importa. Você lutou contra o desânimo, não permitindo que sufocasse sua luta. Foi um guerreiro, e hoje é justo que se considere um vencedor.

— Ainda não me considero um vencedor. Existem muitas coisas por fazer, e minha caminhada apenas se inicia. Não podemos nos esquecer de que tudo foi possível graças à generosidade de Alberto e de seus filhos, que abriram mão desta bela propriedade em favor dos pequenos desabrigados.

— Você disse uma verdade. Não pude deixar de notar a euforia de todos eles no dia da inauguração.

— Eu também reparei. Era uma alegria sincera, sem máscaras, e isso só vem provar que realmente foi uma atitude ditada pela bondade de seus corações.

— É uma pena que Jaime ainda não tenha vindo conhecer a casa. Maísa disse-me que ele achou a atitude de Alberto meio maluca.

— No tempo certo ele virá. Chegará o dia em que Jaime compreenderá a atitude de Alberto e se sentirá estimulado a colaborar também.

— Seria muito bom se isso acontecesse. Por que não o convida a vir aqui?

— É conveniente não forçarmos nada, vamos deixá-lo vir por vontade própria.

— Tem razão, Andréia.

Alberto chamou os filhos até sua casa, expressando o desejo de estar junto de sua família. Na verdade, seus filhos estranharam um pouco essa sua atitude, pois sabiam que seu pai nunca fora dado a reuniões familiares, apesar de dedicar aos filhos atenção e verdadeiro amor paternal.

— E aí, sr. Alberto, qual o motivo deste encontro? — disse Armando, brincalhão.

— É verdade, pai, estou curiosa — completou Deise.

— Calma, gente, não entendo a causa de tanta surpresa. Conheço nosso pai, e sei o quanto ele sempre se interessou pelo nosso bem-estar. Isso não é tão estranho assim.

— Para você, com certeza, não, Júnior, que está sempre com ele na empresa. Mas para mim e Deise não é tão comum.

Alberto só observava a reação dos filhos.

— Então, pai, não vai dizer o que deseja?

— Vou, minha filha, vou sim. Gostaria que não me interrompessem. O assunto é importante para mim. Quero que me escutem primeiro antes de expressar uma opinião. Assim que eu terminar, estarão livres para dizer o que pensam. Tudo bem?

— Tudo bem, pai, pode falar, vamos ouvir com atenção — Júnior garantiu, em nome de todos.

Alberto engoliu em seco, tomando coragem para falar o que pretendia.

— Gostaria em primeiro lugar de dizer-lhes mais uma vez o quanto sou agradecido e o tanto que os admiro pelo fato de terem concordado com o empréstimo da nossa propriedade para que Leandro realizasse o sonho tão digno de abrir um orfanato. Vocês tiveram uma atitude muito nobre.

Deise, mais emotiva, o interrompeu:

— Pai, se tivemos esse ato de generosidade é porque aprendemos com o senhor, que sempre foi um excelente pai para nós. Deu-nos além do que precisávamos para viver bem.

— E depois — continuou Armando —, temos muito mais do que o suficiente para nós.

— Concordo com meus irmãos, pai — foi a vez de Júnior. — O que para nós era apenas uma visita esporádica tornou-se um lar de verdade para muitos que nada tinham, e que acabaram levando vida para uma propriedade tão grande, mas vazia.

— Mais uma vez, obrigado, filhos. Sei que cometi muitos erros no sentido de não dividir a nossa fortuna com os valores reais de nobreza. Mas desde aquela viagem de navio, ouvindo os planos de Leandro, objetivos tão altruístas, o seu empenho para conseguir realizar um sonho, não seu, na realidade, mas de muitas crianças que perambulavam pelas ruas, sem família, sem teto, enfim, sem esperança de vida, comecei a questionar minha atitude diante dessa realidade. Analisei a maneira como conduzia minha vida cheia de prazeres.

— Desculpe-me, pai, mas temos de considerar que muitas dessas crianças não querem sair das ruas, querem ser livres para se entregar às drogas e aos atos de delinqüência.

— O que você está dizendo, Júnior, também questionei e levei essa dúvida a Leandro.

— E o que ele respondeu?

— Disse-me que não podemos julgar todos por alguns. Na realidade, muitos deles saem de casa por sofrer maus tratos dentro da própria família. Não conhecem o respeito porque não lhes foi mostrado. Não sabem o que é um lar porque nunca tiveram um de verdade. Enfim, vivem na escuridão porque nunca ninguém lhes mostrou a luz. Mostraram-lhes o mal, e se esqueceram de ensinar-lhes o bem. Leandro me disse que cada caso é um caso, e cabe àqueles que possuem conhecimento, informação e Deus no coração separar uns dos outros. Se salvarmos uma só criança com nossa atitude de amor e de caridade, nosso esforço já terá valido a pena. O que não devemos é dar tudo como perdido, sem nada fazer, sem tentar reverter uma situação.

— É, tem lógica!

— Tem, sim, Deise, muita lógica. Como exigir que alguém goste de alguma coisa se nunca teve nem sabem o que é? Vejam aquelas crianças que estão no Canto dos Pássaros. A alegria com que vão para a escola, fazem sua higiene pessoal, se respeitam... Estão conhecendo o que de verdade deve ser um lar. Leandro mostrou-me isso, e hoje conscientizei-me de que ele tem razão.

— Pai, o senhor está nos dizendo tudo isso para chegar a alguma coisa específica — disse Júnior. — Conheço-o muito bem. O que de verdade quer nos dizer?

— Vou logo ao assunto. Tomei conhecimento de como Cássia está vivendo e confesso a vocês que sinto vontade de ajudá-la a se reerguer.

— Pai! — exclamaram os três filhos ao mesmo tempo.

— Calma. Não é nada do que porventura possam estar pensando. Não pretendo me reaproximar dela, não tenho essa intenção. Quero apenas ajudá-la a ter condições melhores de criar seu filho.

— Explique-se melhor — pediram.

— Explico. Soube por um amigo que Cássia foi abandonada por Lucas, que, desde o nascimento da criança, parece ter viajado para o exterior, levando todas as economias dela, e nunca mais deu notícias, nem para registrar o bebê. Sem emprego e cheia de dívidas, dela e de Lucas, a única solução que Cássia encontrou foi vender o apartamento para saldar seus compromissos e garantir seu sustento por algum tempo. O tempo passou e o dinheiro acabou. Hoje, segundo esse meu amigo, ela em nada lembra a Cássia de outrora. Mora em um quarto de pensão e trabalha em uma lanchonete de bairro próxima de onde mora.

— E o que o senhor tem em mente? Não se esqueça de que foi ela mesma quem procurou essa situação. Perdeu tudo o que tinha por conta de sua ambição e maldade.

— Júnior tem razão, pai. Não pretende lhe dar outro apartamento, não é mesmo?

— Fiquem tranqüilos, não vou lhe dar nada.

— O que quer fazer, então?

— A família de Cássia mora no interior do Rio Grande do Norte e, segundo soube, ela sonha em voltar para junto deles. O que pretendo fazer é financiar sua viagem para que possa viver mais dignamente ao lado dos seus, e para que seu filho possa vir a ter mais estrutura familiar. Quem sabe voltando às suas origens ela não se transforma em uma pessoa melhor?

— Meu Deus! Como pode uma pessoa que sempre trabalhou como uma secretária executiva, tendo seu próprio apartamento, acabar em uma lanchonete de bairro e morando em uma pensão? É realmente de se lamentar que isso tenha acontecido.

— Deise — respondeu Júnior —, ela possuiu tudo o que uma pessoa pode desejar, mas sua ambição fez com que desejasse mais. Seu egoísmo, sua deslealdade e, acima de tudo, sua falta de caráter se incumbiram de jogá-la na rua da amargura. Cássia passou por cima de valores essenciais para o crescimento do ser humano, e hoje apenas colhe o que semeou imprudentemente.

Os três perceberam um ar de tristeza nos olhos de Alberto. "Papai ainda a ama!", pensaram.

— Bem, o que vocês resolvem? Apóiam ou não a minha vontade?

Os três irmãos olharam-se e, nesse olhar, entenderam que queriam o mesmo: apoiar, mais uma vez, o desejo de seu pai.

— Pai — Júnior se adiantou —, sabe que tudo o que o senhor resolve fazer nós apoiamos, porque o que mais queremos é vê-lo tranqüilo e realizado. Sua atitude é digna, compatível com o homem de bem que sempre foi, por isso tem o nosso apoio e a nossa admiração.

— Obrigado, meus filhos. Amanhã mesmo vou procurar esse meu amigo e, por meio dele, promover a ida de Cássia. Não quero aparecer em nenhum momento. Pedirei a ele para agir como se estivesse dando um empréstimo a ela. Assim, creio eu, não se sentirá tão humilhada.

Deise se levantou e abraçou o pai.

— Sinto muito orgulho do senhor, de ser sua filha. Ainda encontrará alguém que lhe dê o amor que merece.

— Não, filha, não quero mais saber disso. Estou muito velho para pensar novamente em romance. O amor de vocês e dos meus netos me satisfaz. Pretendo colaborar com Leandro em sua obra, assim darei um sentido maior à minha vida e aprenderei a outra forma de amar, a verdadeira. Quero dizer-lhes que também sinto muito orgulho de vocês. Apesar da fartura em que sempre viveram, nunca se deixaram contaminar pelo egoísmo que impede qualquer gesto de fraternidade.

No dia seguinte, Alberto foi procurar seu amigo.

— Laércio, gostaria de pedir-lhe um grande favor.

— Diga, Alberto, em que posso ajudá-lo?

— É sobre Cássia.

— O que pretende fazer?

Alberto relatou ao amigo a sua intenção, pedindo-lhe que em nenhum momento deixasse Cássia saber que ele estava por trás daquilo.

— É um gesto nobre o seu, amigo. Providenciarei tudo com muito gosto.

— Veja o montante dessa viagem e acrescente alguma coisa a mais para as primeiras despesas dela longe daqui, até que consiga emprego.

— Pode deixar. Farei tudo como me pede. — Laércio pensou um pouco e em seguida perguntou: — Alberto, incomoda-se se lhe perguntar se foi sempre assim?

— Assim como?

— Generoso a esse ponto. Sempre me pareceu bem diferente.

Alberto coçou a cabeça, como sempre fazia quando alguma coisa o incomodava ou preocupava.

— Para lhe ser franco, não. Sempre procurei levar uma vida digna, dentro dos padrões éticos da honestidade, mas, quanto à minha fortuna, nunca dei a ela um destino mais nobre, mais humano. Como você sabe a usei, sim, de uma forma... vamos dizer... fútil, satisfazendo minhas vontades e de meus filhos. Achava isso perfeitamente natural. Hoje, sei que não é bem assim. Podemos nos satisfazer, mas dentro do limite do bom senso, lembrando principalmente que tudo o que desperdiçamos é o que faz falta para quem não tem o necessário. Gastei muito dinheiro em viagens, restaurantes, festas, enfim, pensava exclusivamente no meu prazer.

— E o que, ou quem, fez você mudar?

— Um amigo chamado Leandro. Ele me mostrou, sem interferir nas minhas atitudes ou conceitos, que podemos ter tudo o que queremos, mas não devemos nos esquecer daqueles que nada têm. Isso foi se infiltrando em meu ser, aos poucos, até que a vida deu-me um golpe duro demais por intermédio de Cássia. Sofri muito, Laércio, e por conta desse sofrimento compreendi que não havia construído nada sólido, somente futilidades e devaneios. Nem consegui perceber que não havia sentimento verdadeiro por parte dela. Perdi-me nos prazeres que a fortuna nos proporciona e me dei conta de que muitas vezes ela nos presenteia somente com satisfações materiais que logo se desfazem, deixando vazia a nossa alma.

— E por que você ainda quer ajudar Cássia?

— Porque também contribuí para que ela agisse assim. Dei-lhe tudo sem questionar a real necessidade. Na verdade, comprei sua companhia. Nunca me importei em parar para pensar no que de verdade existia no coração dela. Talvez pudesse ter evitado tudo o que houve se tivesse prestado mais atenção a suas posturas, suas atitudes nem sempre louváveis e, principalmente, suas mentiras. Ela deu vários sinais, eu é que não me importei com nenhum. Não aceito sua crueldade comigo, mas também assumo que devo ter tido uma parcela de culpa em tudo isso, porque não impus limites. Ajudando-a a refazer sua vida, sinto-me em paz comigo mesmo e espero que ela também encontre a sua.

— É, meu amigo, como dizem os mais sábios: a vida floresce a alma.

— Passei a acreditar nisso, amigo.

Alberto se despediu de Laércio, levando a certeza de que tinha agido acertadamente.

— Entrarei em contato com você, Alberto.

— Estarei aguardando.

Jaime observava com atenção a imensa área externa de sua mansão. As árvores que sombreavam a piscina de uma azul límpido integrando-se com o perfume e a beleza dos jardins bem-cuidados. Sentiu enorme prazer em estar ali fazendo parte daquela paisagem exuberante.

"Tudo isso me pertence", dizia para si mesmo, em pensamento, com um prazer exagerado. "Sei que Gregório tem os mesmos direitos que eu em tudo, mas não importa. Continuarei a administrar nossa fortuna, como sempre. Fiz tudo certo, como deveria ser feito. Não tenho a menor intenção de prejudicá-lo em nada, ao contrário, quero que usufrua de tudo da mesma maneira que eu."

Seu olhar tomou um ar absorto, longínquo. Teve uma sensação estranha e se questionou: "Por que será que sou tão apegado ao meu dinheiro, à posição social, ao *status*? Por que tenho um receio infundado de perder tudo? Jamais teria uma atitude igual à de Alberto: dar em regime de comodato uma propriedade tão bela quanto à que emprestou a Leandro. Admiro a sua coragem e generosidade, mas julgo uma loucura o que ele fez".

Passados poucos minutos, sentiu uma sonolência e um relaxamento que o fez desejar dormir.

— Gregório, por favor, ajude-me a me deitar nessa espreguiçadeira. Quero descansar um pouco.

— Não prefere ir para o quarto, Jaime?

— E perder a delícia deste lugar, a sombra e a brisa fresca tocando meu corpo? Não, Gregório, prefiro ficar aqui. Ajude-me.

Gregório ajeitou-o no lugar desejado.

— Está bem assim?

— Está ótimo. Maísa onde está?

— Em seu quarto.

— Peça-lhe que não me desperte. Quero cochilar um pouco.

— Fique à vontade Jaime, ninguém vai incomodá-lo. — Gregório afastou-se.

Jaime direcionou o olhar para o céu totalmente azul e, em poucos segundos, ao contrário do que esperava, adormeceu profundamente.

Viu-se próximo a uma fonte de água cristalina. Sentou-se, e se deliciava com o frescor da água em seu rosto quando ouviu seu nome ser pronunciado por uma voz doce, que chamava-o:

"Jaime!"

Olhou instintivamente e deparou com Celeste, a antiga empregada de sua mãe, acompanhada de Jacob.

"Você me reconhece, Jaime?"

Acredito que sim. Imagino que seja Celeste, a mãe de Gregório."

"Exatamente. Este é o meu mestre, Jacob."

"Prazer. Mas onde estou?"

"Seu corpo está adormecido, Jaime, mas seu espírito, desperto e semiliberto, veio até este lugar, atendendo a um chamado nosso."

"Então isto é um sonho?"

"Vamos considerar que sim."

"E o que vocês querem de mim?"

"Você vive se perguntando o porquê do seu apego à sua fortuna. Vamos lhe dar a resposta, Jaime, com a permissão do Mais Alto, para que possa promover a sua evolução e cumprir seu propósito nesta encarnação."

"Diga-me então o porquê de eu estar tão enraizado na minha riqueza que não consigo doar um pouco do muito que tenho para quem nada tem, como faz Leandro, e agora Alberto."

"É uma história que vem lá de trás, em uma encarnação passada, e que envolve você e Gregório."

"Não compreendo."

Jacob adiantou-se.

"Na sua encarnação passada, você e Gregório foram muito amigos. Trabalhavam com afinco e guardavam quase tudo o que ganhavam com o objetivo de fazer fortuna. Tudo seguia normalmente, até que você se apaixonou por Djanira, moça rica e voluntariosa, que de pronto também caiu de amores por você. Sem esperar muito tempo, casaram-se, e você passou a desfrutar dos prazeres que o dinheiro pode proporcionar. Levaram Gregório para morar na fazenda, trabalhando como administrador, o que ele aceitou com muito gosto. Mas não conseguia esconder a inveja que sentia do amigo, então rico e poderoso. Sua ambição fez com que traísse a amizade de vocês. Gregório se insinuou para Djanira e, após várias mentiras e calúnias, conseguiu que ela expulsasse você da fazenda, passando a viver com Gregório e satisfazendo a vaidade dele de usufruir da opulência. Você voltou para a vida modesta de antigamente e, não se conformando com a perda da mulher e sobretudo da fortuna, jurou que nunca mais ninguém tiraria um centavo seu, sem importar que motivo fosse. 'Serei rico de novo', dizia, 'mas somente eu serei beneficiado, ninguém mais'."

Jaime ouvia com atenção.

"Tudo o que colocamos na nossa mente como uma crença, acreditando firmemente, segue-nos por anos e séculos até que nós mesmos consigamos desmistificá-la, trocando-a por uma crença verdadeira e altruísta. Ao desencarnar, você levou consigo esse desejo forte e imprudente de possuir fortuna, e, por ocasião do seu preparo para uma nova experiência na Terra, solicitou a prova da riqueza. Queria dar a ela uma finalidade justa e nobre, ajudando nos projetos sociais e mantendo-se atento às misérias humanas. Julgava-se livre do seu propósito egoísta."

"Por favor, continue."

"Foi-lhe concedida a prova que desejava. Você nasceu em meio a grande fortuna, mas esqueceu-se de realizar seu propósito humanitário. Foi permitido esse encontro para lembrá-lo do compromisso assumido."

"E Gregório?"

"Gregório seguiu-o de perto como seu irmão não reconhecido, e, já tendo entendido seu erro do passado, quis saldar seu compromisso com você abrindo mão da fortuna a que sabia ter direito, sofrendo assim o efeito do ato vil que fizera contra você."

"E Maísa, também esteve envolvida nessa história?"

"Sim. Maísa foi Djanira. Arrependida da maneira como agira com você, pediu novamente para tê-lo como companheiro, para oferecer-lhe o amor que negou por acreditar nas mentiras de Gregório."

"Eles sabem disso?"

"Não, Jaime. O esquecimento é a maior bênção que Deus concede às Suas criaturas. Tanto Gregório quanto Maísa estão conseguindo cumprir o propósito elaborado na espiritualidade e ajudam-no através de um sentimento sincero."

"E quanto a mim?"

"Você, Jaime, ainda não se libertou da crença de que sua fortuna pertence exclusivamente a você, e que se doar o mínimo que for ao seu próximo correrá o risco de ficar pobre. É necessário, caro irmão, praticar a caridade e dar uma finalidade nobre à sua fortuna. Junte-se a Leandro, integre-se à corrente da fraternidade. Assim permitirá que sua alma floresça novamente e, em conseqüência desse crescimento, se desapegará das coisas materiais, que tanto prejudicam a alma humana. Você se voltará para os bens espirituais, que elevam o homem e o fazem procurar Deus em si mesmo, cultivando as virtudes e os valores da alma."

"Então o que sinto na realidade é medo de ficar pobre outra vez?"

"Vamos dizer que sim. Mas deve saber que pobre não é aquele que não tem dinheiro, mas sim aquele que se diz sem tempo para amar."

"Ao acordar me lembrarei deste sonho, de tudo o que ouvi e aprendi?"

"Não. Vai se lembrar apenas de ter sonhado com Celeste. Começará a pensar e sentirá o desejo de ir conhecer o trabalho social de Leandro. Através das visitas, irá amadurecendo em seu coração um sentimento maior e mais nobre, até que ele se solidifique por meio de um acontecimento muito importante em sua vida, que acontecerá dentro do Canto dos Pássaros. Com o tempo, ficará mais suscetível às nossas inspirações e entenderá que chegou o momento de falar de flores."

"Falar de flores?!"

"Sim. Quem fala de flores, fala de beleza e perfeição. Quem aprende a falar de flores enfeita a vida de seu próximo e a sua própria. Ficará com a impressão e a sensação de que precisa fazer algo, e conhecerá com facilidade o caminho."

Jaime faria novas perguntas, mas os dois espíritos afastaram-se, orientando-o a retornar ao corpo físico, o que ele fez de pronto.

Assim que seus olhos se abriram, Jaime espreguiçou-se gostosamente.

— Hum... que sensação gostosa estou tendo! — disse para si mesmo.

Maísa, logo que percebeu o despertar do marido, aproximou-se e disse-lhe, brincando:

— Que folga, hein, seu preguiçoso?

— Tirei um cochilo tão gostoso, Maísa, que até sonhei.

— Sonhou? E com quê?

— Não me lembro muito bem do teor do sonho, só sei que Celeste estava nele.

— Celeste?!

— Sim, a mãe de Gregório.

— Será que ela veio lhe agradecer por ter aceitado o filho como irmão?

— Não sei, Maísa, não me recordo de nada.

— Quer que eu mande trazer-lhe um suco, ou chá?

— Aceito um suco bem gelado.

Maísa sentou-se próxima ao marido e, após perceber seu silêncio, que avaliou prolongado, disse-lhe:

— Jaime, você me parece pensativo. Algum problema que eu não saiba?

— Não, Maísa, problema algum. Só estou pensando...

— Posso saber em quê?

— Maísa, o que você pensa de mim?

— Como assim, Jaime?

— O que você pensa do meu caráter, da minha maneira de ser? Como acha que eu sou?

— Acho que você é uma boa pessoa, e eu o amo.

— Querida, não é disso que estou falando.

— Do que é, então?

— Quero saber o que acha de mim, do modo como me comporto com as pessoas, com a sociedade.

— Entendi. Vou lhe responder sinceramente. Como lhe disse acho que você é uma ótima pessoa, trabalhador, honesto. Tem todas as qualidades que uma esposa poderia desejar em um marido, mas...

— Mas?

— Você se perde nas questões sociais, Jaime. É muito radical e severo com o seu próximo. Seus julgamentos são apressados e intolerantes. Da mesma maneira que você é mão aberta para satisfazer nossos desejos, é completamente seguro e intransigente para auxiliar quem quer que seja. Não raro torna-se prepotente ao falar com gente de situação inferior à sua, e isso não é bom.

Ao terminar, Maísa notou o abatimento no rosto do marido.

— Chateou-se comigo?

— Não, querida, preciso aprender a ouvir as verdades. Estou pensando em reavaliar alguns conceitos. Talvez você tenha mesmo razão. Gostaria de mudar minha postura, mas preciso de tempo, porque não é fácil.

— Se quiser mesmo mudar, Jaime, conseguirá. Certa ocasião eu li em algum lugar um pensamento que tocou tanto o meu coração que comecei a ponderar sobre mudar meu jeito um tanto fútil de ver a vida. Não lembro o nome do autor, mas acho que o ajudará também. Quer ouvi-lo?

— Claro!

— Então preste atenção: "O grande privilégio é ter feito uma diferença com o nosso trabalho e com a nossa vida; porque o segredo da felicidade não é só ganhar dinheiro, que a maioria acabará perdendo de uma forma ou de outra; o segredo é ter feito uma diferença". Percebe, Jaime? Faça uma diferença na sua vida, incluindo nela o máximo de excluídos que puder. Entendeu o que quero lhe dizer?

O Preço da Ambição 409

— Entendi, querida. Quero e vou pensar sobre isso, preciso apenas de um tempo.

— Use apenas o tempo que precisar realmente, porque senão ele passará muito rápido e, quando você se der conta, verá que não nasceram as sementes do bem que você deixou de plantar.

Jaime baixou a cabeça e, pela primeira vez, se deu conta de que realmente precisava se modificar.

Capítulo XXV

O amor vence o medo

Trinta dias se passaram desde esse episódio.
Durante esse período, Maísa fora percebendo que Jaime permanecia longo tempo quieto e pensativo. Preferia ficar só e em silêncio. Vez ou outra chamava a esposa e mantinha com ela um diálogo sobre as questões sociais, especulava suas idéias, ouvia com atenção seu ponto de vista, enfim, tentava se inteirar de um assunto para o qual sempre tivera má vontade. Depois de algum tempo de conversa, pedia-lhe que o deixasse sozinho para refletir.
Certa tarde, Maísa, negando a sair, disse-lhe:
— Jaime, tenho notado uma mudança em seu comportamento. O que está incomodando você, posso saber?
— Não é bem um incômodo, Maísa, mas tenho pensado muito sobre todas essas questões que conversamos, e cada vez mais sinto desejo de modificar minha postura diante dos outros e de mim mesmo.
— E por que não o faz?

— Porque não sei como começar! — exclamou Jaime.

— Que tal do começo? — brincou Maísa.

— Aceito a sugestão. Diga-me apenas qual é o começo.

— Acredito que visitar a casa de Leandro, o Canto dos Pássaros, tomar conhecimento desse trabalho tão importante que ele desenvolve com a infância e a juventude seria um excelente começo. O que acha?

— Você pensa mesmo assim?

— Penso.

Jaime se calou por alguns minutos, e logo retomou a palavra, dando à voz um tom mais decidido:

— Creio mesmo que você tem razão. Gostaria de ir até lá.

— Iremos no momento em que você quiser, querido.

— Poderia ser hoje? Pergunte a Gregório se ele nos acompanha.

— Não precisa, Jaime, minha resposta é sim — respondeu Gregório, que se aproximava.

— Ótimo. Mas é preciso que eu encontre Leandro. Verifique se ele vai estar lá, sim?

— Vou ver isso agora. — E Gregório afastou-se para telefonar.

— Jaime quer ir até o Canto dos Pássaros?! — Leandro, assim que soube da intenção do amigo, ficou admirado.

— Sim. Deixou-nos surpresos, ainda mais porque foi uma decisão dele, tomada naturalmente. Aliás, Leandro, de uns tempos para cá Jaime anda mesmo muito diferente.

— Como assim, Gregório?

— Tem estado mais sensível, circunspecto, sempre querendo conversar com Maísa sobre as questões sociais. Diria até mais humano.

— Alegro-me em saber disso.

— Então, você poderia ir até lá encontrar-se com ele?

— Claro, Gregório. Façamos o seguinte: às quinze horas estarei lá aguardando. Está bom para vocês esse horário?

— Está ótimo, estaremos lá. Obrigado, Leandro!

— O prazer em recebê-los é meu, Gregório.

Pontualmente às quinze horas o carro de Jaime estacionava à porta principal do Canto dos Pássaros.

— Não posso deixar de dizer-lhe o prazer que sinto em recebê-lo, meu amigo! — exclamou Leandro, muito feliz. — Vamos entrar.

— Gostaria primeiro de conhecer a área externa desta bela propriedade, Leandro. Pode ser?

— Evidente que sim. Vamos, vou acompanhá-los.

Jaime percorreu grande parte dos extensos jardins e pomares, e não podia disfarçar sua surpresa e admiração por aquele trabalho feito com tanto capricho, com a única finalidade de proporcionar às crianças ali residentes uma qualidade de vida melhor e mais digna, com a qual as próprias crianças nunca sonharam.

— Estou espantado com tudo isso — tornou a dizer Jaime. — Realmente é uma beleza. Você está de parabéns, amigo.

— Obrigado, mas tudo isso só foi possível graças à generosidade de Alberto e de seus filhos, que abriram mão desta propriedade em favor dessas crianças.

— Você tem razão, de fato é muito difícil renunciar a algo que nos dá prazer em favor do próximo.

— Ainda mais de um espaço como este — falou Maísa.

— A renúncia é inerente às grandes almas, Maísa. Geralmente nós, homens comuns, estamos mais ligados ao nosso bem-estar. Queremos ter tudo à nossa volta, não admitimos perder o controle daquilo que julgamos nos pertencer, esquecendo-nos de que aqui na Terra temos somente o usufruto, e que um dia tudo aqui ficará. Os olhos que ficam cegos diante do sofrimento alheio sem nada fazer para minimizar a dor de um semelhante, perdidos apenas no seu egoísmo, jamais verão a luz. Não quer entrar para conhecer as dependências internas?

— Claro, vamos sim.

Entraram.

Assim que os viu, Talita correu a abraçar Leandro.

— Tio! — E deu um carinhoso abraço em Leandro, que retribuiu, contente. — Está com visitas?

— Sim, Talita, são meus amigos!

— Então são meus também!

Agindo da mesma maneira, a menina abriu os braços e abraçou cada um deles, fazendo com que mais uma vez Jaime se surpreendesse.

— Como você se chama? — indagou à pequena.

— Talita!

— Que nome bonito! — Maísa elogiou.

— Obrigada, tia. Vieram conhecer nossa casa?

— Viemos sim. Vocês têm uma casa muito bonita, Talita.

— É verdade. Foi o tio Leandro que conseguiu para nós.

— Gosta muito do tio Leandro, não?

— Gosto. Mas não sou só eu que gosta, todos que moram aqui gostam muito dele e da tia Andréia.

— Nós também gostamos muito, meu bem — respondeu Maísa.

— Bem, vamos conhecer as outras dependências?

— Sim, Leandro, vamos sim.

Tudo foi mostrado e explicado em detalhes por Leandro. Os três visitantes, a cada minuto, mais se entusiasmavam com a graciosidade com que tudo fora preparado. Jaime sentia que alguma coisa estava se modificando em seu coração. "Preciso encontrar o meu caminho", dizia para si mesmo. "Talvez seja este."

A partir daquele dia, tornou suas visitas mais constantes. Sentia-se bem quando rodeado pelas crianças, que carinhosamente chamavam-no de tio. Talita tornou-se uma presença marcante junto de Jaime, que, a cada dia, mais gostava da menina, admirando-a por sua inteligência e esperteza. Era graciosa para falar e para brincar.

Jaime, sem perceber, tomara-se de amor pela menina, considerando-a quase como uma filha. Conversavam por longos períodos, e Talita o divertia com seu canto infantil e sua dança graciosa.

— Eu gosto do senhor, tio — afirmava a menina, sempre que estavam juntos.

Era comum Maísa colocar a cadeira de rodas próxima às grandes árvores existentes no local e Jaime se distrair vendo Talita, com as outras crianças, subir com presteza nelas. Nessas horas, lembrava-se da sua própria infância e sentia saudade da época em que podia correr e andar livremente.

"Por que será que só valorizamos certas coisas depois que as perdemos?", perguntava-se. "Nunca prestei muita atenção às minhas pernas, ao que elas representavam no contexto do meu corpo. Só agora que as perdi é que percebo sua real importância."

Era uma linda tarde de domingo.

Mais uma vez Jaime admirava as peraltices dos garotos subindo e descendo das árvores como bichinhos ágeis, quando percebeu que o galho no qual Talita se apoiava era muito fino. Temendo algum possível acidente, gritou para ela:

— Talita, esse galho é muito fraco, pode se quebrar com o seu peso!

— Não é não, tio, ele me agüenta sim.

— Por favor, Talita, desça daí.

— Está bem.

Ao se virar para obedecer o tio, o que Jaime temia aconteceu. O galho não agüentou o peso da menina e partiu-se, jogando Talita ao solo.

Tudo se desenrolou tão rápido que Jaime só pôde ouvir o grito da garota quando ela caiu pesadamente ao chão. O desespero tomou conta de Jaime ao ver que Talita não se levantava e não falava. Em um ato extremo de esforço, esquecendo-se de si mesmo e de sua limitação, levantou-se em um ímpeto e andou até onde estava a menina, tentando socorrê-la. Não conseguindo erguê-la, sentou-se ao lado dela e colocou sua cabecinha desacordada em seu colo.

— Socorro! Ajudem-me! Venham depressa, Talita precisa de socorro! Rápido, por favor!

Enquanto esperava que alguém aparecesse, orou a Deus pedindo auxílio para a menina. Pouco a pouco Talita foi se mexendo e aconchegou-se no colo de Jaime.

Leandro, Maísa e Andréia chegaram ao mesmo tempo. Pararam estarrecidos com a cena que presenciavam.

— Jaime, você andou! — exclamou Maísa. — Como foi isso?!

Só então Jaime se deu conta de que havia se levantado da cadeira de rodas e andado até onde estava Talita.

— Você andou! — repetiu Maísa.

Jaime abraçou mais forte o corpinho daquela criança que tanto tocara seu coração e lhe disse:

— Você está bem, meu anjo?

— Estou. Só o meu braço é que dói muito.

— Já vai passar. Vamos levá-la até o hospital. Pode ser que tenha quebrado o braço.

— O senhor vai comigo, tio? Tenho medo!

— Não precisa ter medo. Todos nós iremos com você, logo vai passar.

— Eu acredito no senhor, tio.

Assim que chegaram ao hospital, Talita foi atendida e constataram, através de uma radiografia, uma fratura em seu braço esquerdo.

Assim que Talita teve o braço engessado e foi medicada adequadamente, todos retornaram ao orfanato.

Jaime permanecia calado, sem entender o que, de verdade, havia acontecido. "Como consegui andar?", indagava-se, confuso.

— Desça, querido — Maísa disse-lhe.

— É preciso pegar a minha cadeira.

— Jaime, você andou. Não precisa mais de cadeira.

— Não sei, Maísa, não sei como isso aconteceu.

— Aconteceu porque seu amor foi mais forte que o seu medo de tentar. Você, movido por esse sentimento, esqueceu que não andava, tendo em mente apenas que precisava acudir Talita. E, impulsionado pela afeição que sente por ela, encontrou motivo para se levantar.

O Preço da Ambição 417

— Mas não sei se posso andar de novo.

— Pode sim, tio, vem que eu te ajudo.

Jaime olhou para Leandro, que o incentivou, dizendo:

— Confie, amigo. Você já podia andar, apenas não sabia disso e tinha medo de tentar e não conseguir. Agora que descobriu que pode, não se entregue ao temor novamente.

Tímido, Jaime deu a mão para Talita, que, mesmo com um bracinho engessado, tentava encorajá-lo. Devagar, ainda inseguro, ele desceu do carro e, com passos lentos, quase se arrastando, acompanhou a menina.

— Você verá, Jaime, como agora, com as sessões de fisioterapia, logo estará correndo por entre as árvores.

— Deus o ouça, Leandro!

— Tenho certeza de que Ele me ouvirá.

Após ponderar por algum tempo, Jaime, impressionado com a euforia de todos — sobretudo de Maísa, que o cobria de mimos e agrados —, pediu à esposa que lhe trouxesse o talão de cheques. Preencheu uma folha e entregou-a a Leandro.

— O que é isso, amigo?

— É a contribuição que lhe darei a partir de hoje, para que seu trabalho prossiga em segurança e essa crianças possam ter o que há de melhor para um ser humano: um lar de verdade.

Leandro impressionou-se com o valor do cheque.

— Jaime, o que é isso? É uma quantia muito alta, não há necessidade de dispor de tanto. Tenho entrado em contato com alguns empresários e acredito que vai dar certo.

— Deixe esses empresários de lado, meu amigo, não quero que se preocupe mais com isso. Essa é a quantia que receberá todos os meses. Creio que é o suficiente. Somada às contribuições de Alberto, Jorge e a sua, imagino que não precisará ir em busca de mais ninguém. Cuide apenas para que tudo funcione da melhor maneira.

Foi a vez de Leandro se emocionar. Aproximou-se do amigo, colocou as mãos em seu ombro e lhe disse:

— Muito obrigado, Jaime. Somente Deus poderá retribuir a generosidade de vocês.

— Já usufruímos demais da nossa fortuna. Maísa tem razão quando me diz que é preciso dar um rumo mais nobre ao nosso dinheiro. Esse tempo todo que tenho vindo aqui, aproveitando da companhia dessas crianças, e principalmente hoje, quando num impulso levantei-me para socorrer Talita, me fez ver claramente que as alegrias momentâneas passam rápido e nada deixam de concreto. Entretanto, a felicidade construída alicerçada no bem e na fraternidade, essa, sim, é real e permanente. Quero melhorar e peço-lhe, Leandro, que me ajude.

— Querido, quanto sonhei em ouvi-lo falar assim! — Maísa tinha lágrimas nos olhos.

— É, Maísa, mas tenho ainda muito a aprender. Talvez esteja dando apenas o primeiro passo. Preciso de tempo.

— Mas o primeiro passo é o começo, Jaime. Toda caminhada se inicia com o primeiro passo.

— Maísa tem razão, Jaime, você permitiu que uma réstia de luz da generosidade entrasse em sua alma iluminando-a, e a luz, por menor que seja, sempre vence a escuridão.

— Obrigado, Andréia.

— Tio, agora que o senhor já anda, quer jogar bola comigo?

Jaime olhou na direção da voz que escutara, e viu um garotinho de mais ou menos quatro anos segurando uma bola e olhando-o, confiante, na certeza de haver conquistado um companheiro para o futebol.

— O tio ainda não pode jogar, querido — respondeu Maísa —, mas assim que voltar a andar com segurança será seu companheiro no jogo. Você espera?

— Por que ele não pode, se eu o vi andando?

— Você ainda é muito pequeno para entender. O tio terá de fazer exercícios para fortalecer as pernas, porque ficou muito tempo sentado. Assim que ele voltar a correr como você, os dois poderão jogar. Está bem?

A criança deu de ombros e se afastou.

Voltando-se para o marido, Maísa perguntou-lhe:

— Feliz, querido?

— Muito. Agora tenho certeza de que voltarei a andar como antes.

— E isso graças ao amor que deixou entrar em seu coração.

— Concordo com você, querida, e sinto-me um pouco envergonhado por ter sido tão resistente quanto às questões da caridade.

— Não tem por que se envergonhar. Nosso coração é como a flor: desabrocha sempre no tempo certo.

Gregório aproximou-se deles.

— É melhor nós despedirmos, está ficando tarde. Jaime deve estar cansado, afinal, o dia hoje foi de intensas emoções.

— Tem razão, Gregório, estou mesmo um pouco cansado. Mas não posso negar que minha alegria é bem maior que o meu cansaço.

— Vamos, então — decidiu Maísa.

Despediram-se dos amigos e retornaram, levando no coração o contentamento pelo despertar espiritual de Jaime.

Carta ao Senhor

Senhor... preciso Vos escrever!
Aqui na terra muitos se esqueceram de Vós
e caminham por estradas tortuosas, sem saber o que
fazer,
ou fazendo o que não se deve.
Parece-me, Senhor,
que o homem mutilou a sua alma,
e permitiu que o desamor se apoderasse dela!
Seu caminhar é perdido;
todos gritam pela paz, entretanto,
conservam o coração violento.
Imploram a Vós pela paz e mantêm os olhos frios e
sem brilho.
As palavras que dizem imprudentemente
Ferem como chicotes!
Mas...
em meio a esse turbilhão, vejo poucos
ou muitos
quebrando os grilhões da indiferença
e caminhando seguros...
para falar de amor!
Com coragem praticam a lei da caridade;
E é para esses, Senhor, que Vos sentem,
e para os outros que se perdem,
que Vos peço luz!
Ilumine os homens com o Vosso olhar
e auxilie-os a enxergá- Lo,

para que a vida possa mais e mais florescer seus corações,
deixando-os fortes para sentir o cheiro do amor
impregnando-lhes a alma.
Quem já O conhece manterá os braços estendidos
para amenizar a dor,
e os inconseqüentes que insistem em viver nas trevas
conseguirão enxergar no fim do túnel
a luz intensa do Vosso amor!

Capítulo XXVI

Herdeiros de nossas atitudes

Após o incidente, Jaime intensificou as sessões de fisioterapia. Parecia incansável em seus esforços para conseguir voltar a caminhar livremente.

Tanto Maísa quanto Gregório apoiavam-no, encorajando-o cada vez mais. Tudo corria muito bem dentro da normalidade prevista.

Jaime já conseguia dar os passos mais firmes e seguros. Readquirira sua antiga confiança, mas algo se transformara em seu coração. Perdera a arrogância e a autoridade com a qual sempre tratara seus auxiliares mais próximos. Mantinha com Gregório longas conversas sobre o comportamento humano e a importância de se aproximar de seu semelhante com cordialidade.

Gregório, certa ocasião, lhe dissera que a nobreza de um homem está na sua capacidade de se tornar pequeno, permitindo que os outros se aproximem sem receio. Isso ficara marcado na mente de Jaime, que começou a trabalhar novas questões e conceitos, visando seu próprio benefício espiritual.

Uma nova idéia começava a fazer parte de seus pensamentos, mas, por julgá-la ainda precoce, nada dizia a Maísa e Gregório. Esperava o amadurecimento da idéia e deixava os dias se passarem dividindo-se entre seus exercícios de fisioterapia e as visitas ao Canto dos Pássaros.

Alberto alegrou-se com o telefonema de Laércio.

— Então, meu amigo, alguma novidade?

— Sim, Alberto. Já fiz tudo exatamente como você me pediu.

— Ótimo! Quer dizer que ela aceitou seu empréstimo?

— Aceitou sim, e agradeceu de um modo comovente.

— E quando pretende embarcar?

— Embarcou hoje pela manhã, Alberto.

— Mas você fez de um jeito que ela não desconfiasse que eu estava por trás disso tudo, não?

— Acredito que não desconfiou de coisa alguma. Pelo menos não percebi nada em seu comportamento que me fizesse pensar o contrário.

— Muito bom, Laércio!

— Mas Cássia me pediu um favor que considerei um pouco estranho.

— Como assim?

— Pediu-me que a encontrasse no aeroporto na hora de seu embarque; que eu não a questionasse sobre o assunto, mas que fizesse a delicadeza de ir até lá encontrar-me com ela, pois era algo muito importante.

— E você foi?

— Claro!

— Então diga-me o que ela queria!

— Entregou-me um envelope fechado, contendo uma carta, e pediu-me que o entregasse a você.

— Por que não me trouxe ainda?

— Calma, amigo, tive um compromisso importante que tomou parte do meu tempo. Mas não se preocupe, eu o enviarei agora mesmo pelo motoboy. Em vinte minutos ele estará aí.

— Obrigado, meu amigo. Mas, ia me esquecendo, quanto à parte financeira, deu tudo certo ou lhe devo algum dinheiro?

— Não me deve nada. A quantia que você destinou foi suficiente; ou melhor, mais que o suficiente. Cássia viajou levando consigo uma boa reserva para seus primeiros meses com sua família.

— Muito bom, Laércio. Mais uma vez, obrigado por tudo.

— Alegra-me ter podido ajudá-lo. Até outro dia.

Assim que se despediram, Alberto entregou-se aos seus pensamentos, tentando em vão adivinhar o conteúdo dessa carta. "O que será que Cássia pretendeu enviando-me essa carta? Não basta tudo o que me fez sofrer? Bem, é esperar para ver."

Esgotado o tempo de trinta minutos, Alberto recebeu em suas mãos o tão esperado envelope. Fechou a porta do escritório, dizendo à secretária que não queria ser incomodado por ninguém. Sentou-se confortavelmente e iniciou a leitura:

Alberto, acredito que deva estar estranhando muito esta minha carta, mas não poderia viajar sem deixar registrado aqui, para você, o meu mais profundo agradecimento pela sua nobreza em, mais uma vez, ajudar-me.

Sei perfeitamente que você está por trás dessa minha viagem, como sei também que foi você quem pagou o hospital quando tive o meu filho. Lucas me abandonou, nunca mais deu-me notícia alguma ou perguntou pelo filho, que é dele. Fui uma tola, Alberto, a minha ambição cegou meu coração, que não conseguiu ver a diferença entre você e Lucas, e por conta dessa leviandade enveredei pelo pior caminho.

Em nenhum momento acreditei no empréstimo do dr. Tomás. Tive certeza desde o início de que só uma pessoa nobre como você poderia relevar a afronta recebida e tomar uma atitude como essa. Esse seu gesto generoso faz-me sentir ainda menor em relação ao meu comportamento indigno.

Não pode imaginar como me arrependo. Perdi o melhor homem que conheci. Não vou justificar o que não tem justificativa, vou apenas agradecer-lhe por todos os momentos que passamos juntos; por proporcionar o encontro com minha família no momento em que eu não tinha a menor possibilidade de assumir essa despesa. Posso lhe dizer que aprendi a lição. Hoje sei, descobri através das aflições pelas quais passei que o mais importante em um ser humano é a dignidade e o caráter.

Não poderei ir embora sem pedir o seu perdão. Quero iniciar uma nova vida, criar meu filho dentro dos padrões morais e cristãos. Aprendi que felicidade só se constrói dentro das virtudes que valorizam a nossa alma, e pretendo direcionar a minha vida dentro desses conceitos.

Obrigada por tudo. Só poderei retribuir o que fez por mim através dos meus pensamentos e sentimentos de gratidão, que terei por você, sempre.

Seja feliz, porque ninguém merece mais do que você.

Cássia.

Alberto, ao terminar de ler, deixou que a emoção viesse à tona através das tímidas lágrimas que desceram pelo seu rosto.

— Poderíamos ter sido felizes, Cássia. Você não imagina o quanto, a meu modo, eu a amei.

Dobrou a folha com cuidado e guardou-a junto a seus pertences. Voltou à realidade ao escutar leves batidas na porta.

— Quem é?

— Sou eu, pai. Por favor, abra. Preciso falar-lhe.

Alberto se levantou e abriu a porta para Júnior. Ele, assim que o viu, percebeu que acontecera algo que o deixara naquele estado de emoção.

— Pai, o que há? Sua secretária disse-me que recebeu uma carta e logo em seguida trancou-se aqui, e isso já faz algum tempo. Pode me dizer o que está acontecendo?

Sem responder, Alberto pegou a carta de Cássia e a entregou a seu filho, que imediatamente a leu. Ao terminar, Júnior abraçou Alberto e, com todo o respeito, disse-lhe:

— Esta mensagem deixou-o abalado, pai?

— Sim, filho, deixou.

— O senhor ainda gosta dela?

— Não sei lhe dizer com exatidão. Na verdade, sinto falta de Cássia, mas não sei se é por amor ou porque estava acostumado com a presença dela. Sinto-me confuso; deve ser pela minha idade. Quando envelhecemos, parece que passamos a dar mais importância ao afeto e à companhia. Mas agora tudo vai voltar ao normal. O retorno de Cássia para seu Estado foi a destruição definitiva da ponte que poderia, talvez, nos unir de novo.

— Pai, foi melhor assim. O senhor não merece sofrer mais.

— Dou-lhe toda a razão, meu filho. Mas lhe peço que não se preocupe comigo. Já havia tomado uma decisão que acredito me fará muito bem; esperava apenas a solução desse problema de Cássia. Agora que tudo está resolvido, posso realizar o que pretendo.

— E o que é?

— Vou fazer uma viagem, meu filho, conhecer novos lugares, novas pessoas, novos costumes. E sem data marcada para voltar. O que acha?

— O que eu acho? Excelente, pai! Vai fazer muito bem ao senhor. Quanto à empresa, não se preocupe, que tomarei conta de tudo com a maior dedicação.

— Sei disso, Júnior. Aliás, ultimamente está melhor nos negócios do que eu próprio. Viajarei tranqüilo.

— Nada disso, sr. Alberto, o senhor é imbatível quando se trata de negócios.

— Só lhe peço uma coisa. Não deixe de cumprir meu compromisso com Leandro. É preciso que nada falte àquelas crianças.

— Se o seu receio é esse, pode ficar descansado. Tudo será mantido de acordo com o seu desejo, sem nenhuma alteração.

— Confio em você, Júnior. Sempre foi um excelente filho, companheiro e amigo; e um ótimo irmão, não temos nada a questionar da sua conduta, nem eu, nem seus irmãos.

— O que o senhor acabou de dizer muito me alegra. Faço o possível para não decepcioná-lo, nem aos meus irmãos, que confiam plenamente em mim. Mas, diga-me, quando pretende partir e para onde irá?

— Penso que dentro de uns vinte dias tudo estará pronto. Quanto ao roteiro, não me decidi ainda, mas gostaria de incluir a Grécia.

— Dizem que é um país cheio de encantos. Não deixe de conhecê-lo.

— Talvez eu vá, sim.

— Bem, pai, vou deixá-lo e voltar ao meu trabalho. Afinal, tenho de mostrar eficiência para o patrão — brincou.

— Vá, filho, e obrigado pelo seu interesse.

Maísa descansava à beira da piscina, bronzeando seu corpo perfeito.

Havia alguns dias seus pais e irmãos povoavam seus pensamentos, provocando-lhe certa angústia. Sentia o peso da culpa por ter negado sua família durante tantos anos.

"Como será que eles estão?", perguntava-se. "Há tempos não recebo nenhuma notícia. Apesar de nunca ter deixado de enviar o dinheiro combinado, jamais tive nenhum contato com eles, e eles, por sua vez, cumpriram o que me prometeram. Essa distância começou a me incomodar. Questiono o meu comportamento perante a minha família. Não sei mais se foi válido."

Começou a sentir um mal-estar provocado pelo arrependimento de ter abandonado seus pais, por conta da posição social. "Hoje compreendo o quanto errei e fui leviana. Sei agora que não deveria ter feito o que fiz, mas não sei como poderia reverter essa situação que eu mesma criei."

Deixou seu pensamento divagar olhando o céu azul, que recebia de presente do Criador. Retornou à realidade quando ouviu a voz de Jaime lhe dizendo:

— Quanto quer por um único pensamento seu?

— Olá, querido! Estava tão distraída que nem percebi você se aproximar.

— Parece-me ansiosa, nervosa. O que se passa?

Maísa sentiu um ímpeto de revelar toda a sua aflição para o marido, mesmo correndo o risco de perdê-lo. Mas, com a voz insegura, respondeu:

— Não é nada, Jaime, isso passa!

— Isso o quê? Não disfarce, querida, sinto que me esconde algo, mas ao mesmo tempo sinto também que precisa desabafar. Confie em mim e diga-me o que há.

Maísa sentiu-se encorajada. "É tempo de acabar com a mentira. Não posso perder essa oportunidade, é chegada a hora de retomar minha família."

— Jaime, às vezes a gente procede de maneira imprudente e leviana e se arrepende mais tarde. Quanto mais o tempo passa, mais difícil fica reverter uma situação criada na mentira.

— O que você fez para falar assim?

— Tempos atrás, antes de nos casarmos, menti para você, e me envergonho de ter agido assim.

Jaime ficou pálido.

— Pelo amor de Deus, Maísa, do que você está falando, sobre o que mentiu para mim?

— Calma, Jaime, não é nada que possa feri-lo. A cicatriz é minha.

— Então me diga, por favor.

— É sobre a minha família.

— Sua família? Você tem família?

— Sim!

— Mas sempre soube que havia perdido seus familiares em uma catástrofe em sua cidade, e que havia ficado só no mundo.

Maísa baixou os olhos e confessou.

— Desculpe-me, Jaime, mas eu menti para você. Não os perdi. Tenho pais, três irmãos e uma sobrinha, que moram em uma cidade do interior paulista.

— Maísa, não estou entendendo! Por que mentiu, se possui uma família?

— Por medo de perder você.

— De me perder?! Só porque tem família?

— Meus pais são simples operários, e eu tive receio de que não me aceitasse, já que é tão rico e eu venho de uma família muito pobre, que passa todo tipo de dificuldade para sobreviver.

— Maísa, conte-me a verdade sem nada esconder, da maneira como aconteceu. Custo a crer que alguém possa renegar uma família inteira por medo de perder um marido.

— Vou lhe contar, Jaime.

Maísa, envergonhadíssima, relatou ao marido toda a história de necessidades e aflições que vivera ao lado de sua família desde criança. A sua dificuldade para estudar, tornar-se uma pessoa educada, fina e extremamente elegante. Quando o conheceu, alimentou a esperança de mudar de vez o rumo da sua existência, mas, usando de sinceridade, jamais escondeu isso de Jaime, e ele a aceitou como era. Omitiu a existência dos parentes por acreditar que o perderia se Jaime soubesse que vinha de um mundo tão distante do dele. Pediu aos familiares que não a procurassem, prometendo que lhes enviaria todos os meses certa quantia para auxiliá-los na vida tão difícil, e assim o fez por todos aqueles anos. Maísa desabafou toda a sua angústia e nada omitiu. Ao terminar, tinha o rosto banhado em lágrimas.

— Perdoe-me, Jaime, só lhe peço que me perdoe.

Jaime a abraçou e disse-lhe, carinhoso:

— Acha mesmo que eu a abandonaria só porque seus pais são simples operários? Sei que sempre fui prepotente, orgulhoso, cheio de defeitos, mas jamais ousaria pedir-lhe que abandonasse sua família pelo único motivo de serem pobres.

— Mais uma vez lhe peço que me perdoe. Fui irresponsável e tola. Sofro esse tempo todo de saudade de meus pais, e só agora enchi-me de coragem para revelar a verdade a você.

— Querida, você já desculpou tantas vezes as asneiras que fiz! Por que não ia desculpá-la? Venha cá, dê-me outro abraço. Sempre estivemos juntos em todos os momentos, vamos continuar assim.

Abraçaram-se com ternura. Soltando a esposa com delicadeza, Jaime perguntou-lhe:

— Diga-me o que gostaria de fazer.

— O que quer dizer, Jaime?

— Não afirmou que sente saudade de seus pais? Por que não vamos visitá-los?

— Você iria até a casa deles comigo?! Faria isso por mim?!

— Por que não?

— Jaime, eu não posso acreditar no que estou ouvindo; está falando sério?

— Evidente que estou falando sério. Maísa, eu ganhei de presente um irmão quando nem imaginava que podia ter um; por que não posso ganhar também sogros e cunhados? Meu Deus, para quem era sozinho, minha família cresceu muito! — brincou.

Riram, felizes.

— Posso participar dessa alegria toda? — quis saber Gregório, aproximando-se.

— Sente-se aqui, cunhado, vou contar-lhe o que está havendo. — E Maísa colocou-o também ciente de toda a sua história.

— E assim — completou Jaime —, providencie para que possamos ir este fim de semana ao encontro dos pais de Maísa.

Segurou as mãos da esposa.

— Feliz?

— Muito!

— Por que então continua pensativa?

— Penso em como nós dois mudamos, Jaime. Estamos aos poucos transformando nossos pensamentos e passando a agir de modo diferente. Hoje permitimos que nossas emoções sinceras possam fluir do nosso coração, transformando nossas atitudes em gestos de prudência. Creio que estamos conseguindo aproveitar nossas experiências aflitivas, fazendo delas uma grande oportunidade para aprender e crescer.

— Tem razão, Maísa. Cometi tantas bobagens! Comportei-me algumas vezes de maneira inútil movido apenas pelo orgulho de me sentir superior, e hoje, após os acontecimentos que marcaram minha vida, sinto-me mais forte para enfrentar as mudanças necessárias. Antes eu apenas julgava, e por isso era fraco. Agora, passei a compreender e me enchi de esperanças, que me tornam mais forte.

— Sabe, Jaime, Andréia inúmeras vezes me disse que é preciso prestar atenção a como nos comportamos nas dores que sentimos, pois elas podem nos destruir ou construir. A escolha é exclusivamente nossa.

— Tanto Andréia quanto Leandro sempre estiveram certos.

Maísa esperou com ansiedade pelo fim de semana, que por fim chegou trazendo céu claro e o calor gostoso do sol. Levantaram-se cedo, e Gregório acompanhou-os, oferecendo-se para dirigir o carro, o que prontamente Maísa aceitou, visto Jaime não estar ainda — apesar de já andar com mais segurança e desenvoltura — apto para guiar.

Viajaram por mais ou menos cinco horas e, por volta da hora do almoço, chegaram ao seu destino.

— É melhor nos instalarmos em algum hotel antes de irmos à casa de seus pais.

— Tem razão — concordaram Maísa e Gregório. — Assim poderemos tomar um banho para nos refrescar e, após o almoço, vamos vê-los.

Assim fizeram.

Às quinze horas, deixaram o hotel e se dirigiram para a periferia da cidade, para encontrar a família de Maísa, que mal podia conter a ansiedade em rever e abraçar os pais.

"Como será que eles estão?", pensava sem parar. "Nunca mais me enviaram notícia. Espero que tudo esteja bem."

Aproximando-se da residência simples, notaram um movimento pouco comum, que logo chamou a atenção de todos.

— O que será que está acontecendo aqui? — Maísa perguntou a Jaime.

— Não sei, querida, mas, seja o que for, é melhor entrarmos.

Maísa tomou a frente, e tão ansiosa estava que nem percebeu os olhares em sua direção e os comentários que os presentes faziam a seu respeito. Ainda não havia entrado na pequena sala quando viu à sua frente sua irmã mais nova com os olhos vermelhos de tanto chorar.

— Maísa!

— Sandra, pelo amor de Deus, o que está havendo aqui?

— Por que veio, quem a chamou?

— Ninguém me chamou. Vim porque cansei de fingir e quero assumir perante todos a minha família. Sinto muita saudade de todos vocês, sobretudo da nossa mãe. Como está ela? Não vejo a hora de abraçá-la.

— Pena que chegou tarde, Maísa, pois mamãe não poderá retribuir o seu abraço.

— Como assim? Por quê?

— Entre e veja.

Maísa não queria crer no que já entendera estar acontecendo. Com passos hesitantes, entrou na pequena sala modesta. Não acreditava no que via. Sua mãe, coberta com singelas flores, descansava seu corpo físico em um modesto caixão de madeira barata. Desencarnara exatamente no dia de sua volta.

— Mãe, por que não me esperou?! — exclamou aos prantos.

Seu pai, aproximando-se, respondeu, antes de tomar a filha nos braços:

— Ela esperou, Maísa. Durante todos esses anos, sua mãe esperou por você, dia após dia. Esperou pelo seu abraço e pelo seu amor, mas sua espera foi em vão. Ela sonhava vê-la entrar por aquela porta a cada novo amanhecer, e a cada entardecer colocava em seu coração uma nova decepção. E assim, minha filha, foram todos esses anos.

Maísa misturava em seu peito vergonha, arrependimento e dor dilacerante.

— Mas eu nunca deixei de enviar dinheiro para vocês, pai!

— Tem razão, filha, nunca deixou, e somos gratos a você por nos ter proporcionado o alimento do corpo. Mas, filha, todos nós queríamos receber de você ao menos uma migalha do alimento da alma, ou seja, seu amor.

Jaime e Gregório não sabiam o que dizer para minimizar a dor de Maísa.

— Pai, por que isso foi acontecer?!

— Filha, você, durante todos esse tempo, fugiu do encontro, e não devemos fugir dos encontros, porque os desencontros acontecem sem que nada possamos fazer para evitar. A atenção que devemos ter com as pessoas que amamos precisa ser constante, porque nunca sabemos quando um de nós irá embora.

— Perdoe-me, pai!

— Filha, não sou eu quem tem de perdoá-la. É você mesma quem precisa se perdoar, compreender que errou e prestar mais atenção a suas atitudes para não carregar culpa na alma. Só assim seu coração estará livre para amar de verdade.

— O que faço, pai?

— Abrace o corpo de sua mãe para despedir-se, e una seu amor ao dela para que as duas possam ir de encontro ao Pai, sem mágoas, levando um sentimento puro de afeição e esperança, tão puro que permitirá que cada uma promova sua caminhada de evolução em direção a Deus.

— Que homem sábio! — disse Jaime a Gregório.

— O corpo é de um operário, mas a alma é de um nobre — respondeu Gregório.

Após o funeral, a família se reuniu, e Maísa pôde apresentar Jaime e Gregório para todos.

— Perdoe-me, senhor — falou Jaime —, mas só tomei conhecimento de que Maísa possuía uma família há quatro dias. Sempre achei que fosse sozinha.

— Eu o fiz acreditar nisso, pai, e mais uma vez peço perdão a todos vocês.

— O senhor não gostaria de ir morar na capital? Viveriam em condições melhores.

— Agradeço, senhor, mas estamos acostumados a viver de maneira simples aqui no interior. Gostaria de continuar vivendo do modo como sempre vivi com minha esposa. É assim que estou acostumado.

Jaime ponderou por alguns instantes.

— Então vamos fazer o seguinte: podemos ficar por mais uns quatro ou cinco dias aqui na cidade. Acredito que seja tempo suficiente para comprarmos uma boa casa para vocês, para que possam ter mais conforto. Espero que aceitem, pois faço com muito gosto.

Todos se entreolharam, indecisos.

— Por favor, pai, aceite. Sei que Jaime está fazendo isso com o maior carinho e sinceridade.

— Mas não há necessidade, sr. Jaime.

— Por favor, apenas Jaime; afinal, sou seu genro.

— Obrigado.

— Gostaria de fazer isso por vocês. Quero também reajustar a quantia que Maísa lhes envia. Não quero que minha família passe por nenhuma necessidade desnecessária.

— Aceite, pai — tornou a dizer Maísa.

— Sendo assim, aceitamos — respondeu seu pai, meio sem jeito.

— Quero também que saibam que nossa casa estará aberta e pronta para recebê-los quando quiserem nos visitar, ou mesmo morar conosco. Nossa casa é muito grande, e não teremos problema algum com acomodação.

Todos estavam encantados com a gentileza de Jaime.

— Morar não será possível, pois todos nós temos nossa vida estruturada aqui. É simples, mas é a vida que construímos e nos sentimos bem com ela. Mas pode esperar que um dia iremos visitá-los com muita alegria — afirmou o irmão de Maísa.

Após o tempo previsto por Jaime, retornaram à capital, deixando tudo como ele queria. Fora prazo suficiente para a compra de um imóvel melhor e mais amplo. Todas as providências foram tomadas para que a família de Maísa pudesse usufruir de mais conforto. Restabeleceram uma ligação mais forte, sem mágoas ou rancores, e fora Jaime quem conseguira aproximá-los sem nenhum ressentimento.

A vida é feita de detalhes. Uma atitude tomada com transparência e sem nenhum outro sentimento senão o da amizade e do amor sincero muda o rumo de muitas pessoas. Mudou a de Jaime através das aflições pelas quais passou; floresceu sua alma a partir do momento em que ele acreditou na força do amor e da caridade, e essa sua transformação alcançou a família de Maísa, limpando seu coração da decepção e da mágoa, plantando flores em lugar dos espinhos, comprovando que flores nascem mesmo em terras áridas.

Maísa viajava em silêncio. Tinha o coração apertado pela dor da perda de sua mãe, em especial por havê-la desprezado imprudentemente. Não dera importância à sua companhia, e agora que muito a queria por haver compreendido sua tolice fora-lhe negada.

Somos herdeiros do nosso futuro. Atitudes impensadas geram aflições e arrependimentos.

O carro deslizava veloz pela estrada. Jaime e Maísa, cada um com os seus pensamentos, não notavam a bela paisagem que enfeitava todo o percurso.

Gregório também não podia deixar de fazer sua análise da situação que vivera. Indiretamente, também sentia-se atingido, por conta do carinho que devotava a Maísa. "Meu Deus, por que os homens se perdem tanto durante sua vida? Buscam os sonhos e se esquecem de viver com sabedoria a realidade. Enxergam o futuro, que acreditam ser a fonte da felicidade, e não conseguem ver as pessoas ao seu lado, pessoas que deveriam participar dessa mesma felicidade, porque foram colocadas por Deus no seu caminho para que evoluíssem juntos. Os homens não conseguem compreender que a vida é, na realidade, uma grande interrogação, e as respostas a elas nós escrevemos e as definimos através de nossas atitudes. Maísa, hoje, obteve a resposta de uma atitude infeliz, é a única herdeira de sua imprudência."

Maísa olhou para o marido e sentiu uma profunda gratidão por ele. Pegou sua mão e beijou-a.

— Obrigada, Jaime, por tudo o que fez pelos meus familiares.

— Você também já fez muito por mim, Maísa.

De mãos dadas, prosseguiram a viagem. Cada um seguia circunspecto, mas levava a certeza de que, de alguma forma, sua vida mudaria, para ser melhor e mais útil. Nada acontece por acaso. Os sinais que nos levam a alcançar a felicidade aparecem, basta apenas ter olhos para ver e sensibilidade para perceber o chamamento divino e entender a palavra de Jesus. É justo sonharmos com uma vida melhor, mas é prudente que essa melhora se faça através da transformação da nossa alma e do entendimento de que, na verdade, nada nos pertence de fato, a não ser o amor aprendido e o bem que possamos fazer.

Capítulo XXVII

O encontro do verdadeiro amor

A vida prosseguia normalmente, cumprindo sempre a rota estabelecida por Deus.

Alberto viajara, levando consigo a esperança de encontrar alguém e ser feliz de novo. Seu coração ansiava por companhia. Alguém que pensasse como ele, que não usassem estratégias ou planos que não fossem para conquistar a felicidade sincera, alicerçada na verdade e nos atos generosos. Dava notícias por meio dos cartões-postais que enviava semanalmente para seus filhos, registrando assim a beleza dos lugares por onde passava.

Em uma tarde em que se deliciava com um café, sentado com um companheiro de viagem, entre muitos que, como eles, usufruíam das calçadas festivas de Roma, chamou sua atenção um casal que conversava, ou melhor, discutia, próximos a eles. Alberto olhou, distraído, e num susto reconheceu na figura do homem o antigo namorado de Cássia.

O Preço da Ambição 441

— Lucas! — exclamou, admirado, com a coincidência e a peça que o destino armara, provocando aquele encontro.

Lucas olhava em sua direção, mas parecia não reconhecê-lo, talvez bloqueado pela raiva que sentia de Lorena, moça com a qual discutia fervorosamente. Em dado momento, levantou-se e desferiu um tapa no rosto de Lorena, que, pega de surpresa, não teve outra reação senão a de se entregar a um pranto convulsivo.

Alberto e seu companheiro de mesa, assim como outros presentes, ficaram de pé e, com presteza, pegaram Lucas antes que ele pudesse fugir.

— Seu cafajeste! — gritou Alberto, mal contendo a raiva que sentia.

Nesse instante, Lucas o reconheceu.

— Sr. Alberto! O que faz aqui em Roma?

— O que faço não lhe interessa, mas o que acabou de fazer interessa à policia, seu covarde!

— Não se meta em briga de namorados, poderá se dar mal!

— O mal que podia me fazer você já o fez; a mim, a Cássia e a seu filho.

— Seu filho?! — perguntou Lorena, entre lágrimas.

— Não lhe dê ouvidos, Lorena, ele está mentindo. Você sabe como eu a amo — afirmava Lucas, tentando salvar sua situação constrangedora e reveladora.

— Por favor, senhor, conte-me essa história de filho — Lorena pediu a Alberto.

Em rápidas palavras, Alberto relatou à moça o golpe que Lucas e Cássia haviam dado nele, com a intenção de explorá-lo através de uma pensão. Todos os presentes ouviam estarrecidos a história que Alberto contava. Lorena, indignada, gritou:

— E quer repetir esse mesmo golpe, usando-me?!

— Como assim? — Alberto quis saber.

Sem se importar com as pessoas à sua volta, Lorena respondeu:

— Trabalho em uma empresa multinacional, sou a secretária de um dos diretores. Esse mau-caráter quer que eu me envolva com o meu chefe para engravidar dele e depois receber a pensão da criança. Meu patrão é um homem casado, e eu jamais me submeteria a uma ação indigna dessas. Como Lucas não conseguiu me convencer, esbofeteou-me, querendo me intimidar.

— Repetindo o mesmo golpe, Lucas?

— *Tentando* repetir o mesmo golpe. Só que dessa vez ele encontrou alguém de caráter e moral, criada dentro de padrões éticos e de dignidade, e que não pretende se violentar por causa de alguém tão desonesto e imoral como ele.

— Do que está reclamando, Lorena? — disse Lucas. — Pensa que com essa sua idade, com a qual por pouco não poderia ser minha mãe, eu ficaria com você sem que tivesse alguma recompensa vantajosa? Você não se enxerga?!

Lorena, doze anos mais velha que Lucas, mas ainda cheia de atrativos físicos, elegante e educada, não teve outra reação a não ser admitir a sua tolice em se envolver com Lucas e derramar lágrimas de arrependimento.

Lucas, que até então estivera seguro por dois homens, em um momento de distração de ambos empurrou-os com força e, saindo em disparada, atravessou a movimentada avenida sem olhar. Essa sua imprudência custou-lhe a vida, pois, em

O Preço da Ambição 443

meio ao trânsito intenso, ele foi atropelado por um ônibus, vindo a falecer por traumatismo craniano.

Todos olhavam a cena sem acreditar que tudo aquilo estivesse mesmo acontecendo. Os comentários e o burburinho tomavam conta de toda aquela região.

Em volta do seu corpo formou-se uma pequena multidão de curiosos que somente se dispersou com a chegada da polícia.

Alberto gentilmente indagou a Lorena:

— A senhorita quer que eu a acompanhe até em casa? Está muito nervosa.

— Se não lhe der trabalho, aceito sim, obrigada. De fato estou muito nervosa e assustada. Nunca me envolvi com um acontecimento tão desagradável como esse.

— A vida nos prega peças, senhorita, mas Deus nos dá forças para superarmos nossas aflições e curarmos nossas feridas.

Alberto permaneceu em Roma por mais dois meses. Durante esse período, encontrou-se regularmente com Lorena, e a cada encontro descobriam afinidades entre eles. Mantinham longas conversas e sentiam-se vítimas do mesmo golpe; lados diferentes da história, mas vítimas da mesma inconseqüência de Lucas.

Após o tempo previsto de sua permanência longe do Brasil ter se esgotado, Alberto, na noite que antecedeu seu retorno, declarou-se a Lorena. No início, com timidez, mas, após ouvir de Lorena que também se envolvera com ele afetivamente, tornou-se mais efusivo. Trocaram as primeiras carícias e solidificaram uma relação que durou até o fim de suas existências.

Seis meses depois, Lorena e Alberto casavam-se no Brasil, em meio à alegria de toda a família e dos amigos dele.

A vida sempre floresce o jardim da nossa alma. É preciso ter sabedoria para reconhecer as boas sementes e, a partir daí, nos transformarmos em jardineiros do amor, aceitando as sementes saudáveis das virtudes, que enobrecem a alma. Essas mesmas sementes, quando germinam no nosso coração, oferecem brilho aos nossos olhos, perfume à nossa voz e afago às nossa mãos.

Jaime a cada dia sentia dentro de si, mais forte, o desejo de fazer algo mais para minimizar as aflições e as dificuldades do próximo, que aprendera a respeitar. Compreendera, ao lado de Leandro e Andréia, que os valores reais são aqueles que nos transformam em pessoas melhores, e não os que nos aprisionam nas algemas do egoísmo e do orgulho, como ele mesmo já estivera preso. Mas, para Jaime, o difícil era definir o que poderia fazer de útil para os excluídos. Era ainda um principiante nas questões sociais.

Passava longo tempo pensando em como colaborar de uma maneira que realmente trouxesse benefício para os que nada tinham e procuravam um abrigo onde pudessem encontrar consolo para suas aflições. "Mas o que fazer?", perguntava-se.

Em um desses momentos de meditação, quando procurava suas respostas, Celeste aproximou-se dele e tentou lhe inspirar o que poderia fazer de proveitoso e necessário para a comunidade carente e sofrida.

"Jaime, todos nós, trabalhadores da seara de Cristo, estamos contentes com a sua transformação. Esse é o caminho da verdade e da redenção. Feliz o homem que consegue pensar no seu semelhante e se dedica, de uma forma ou de outra, a praticar a caridade do modo como Jesus ensinou, com o coração limpo e sincero. Você deseja fazer algo mais para seus irmãos menos favorecidos. Nós o abençoamos por isso e o agraciamos com a energia salutar. Lembre-se da mãe de Talita, do seu sofrimento, do seu atendimento precário, fruto da insensibilidade e do descaso de muitos que não conseguem se condoer do sofrimento alheio. Graças à bondade do Criador você nasceu em berço de ouro, nunca conheceu a necessidade, mas presenciou o quanto sofrem as vítimas do descaso. Possui condições de dispor de quantias altas sem prejudicar a si mesmo, Jaime. Dê um rumo digno e prudente à sua fortuna, dividindo-a com os que tem em abundância a miséria. Organize uma fundação para amparar e aliviar o sofrimento daqueles que têm o corpo doente e necessitam de atendimento médico para aliviar suas dores com dignidade e respeito. O caminho está aberto, e os amigos espirituais estão a postos para ampará-lo nesse empreendimento de amor. Que Jesus esteja em seu coração."

O espírito de Jaime captou as inspirações de Celeste. Jaime lembrou-se da mãe de Talita e, como se estivesse tendo uma grande idéia, exclamou, animado:

— Meu Deus, por que não pensei nisso antes?!

Maísa vinha chegando e ouviu a exclamação do marido.

— O que foi, Jaime, que animação é essa?

— Maísa, acabei de ter uma grande idéia! Não sei por que não pensei nisso antes.

— Diga-me o que é.

— Há um tempo venho querendo fazer algo pelas pessoas mais carentes que lutam e enfrentam toda sorte de adversidades.

— E daí?

— Daí que lembrei-me da mãe de Talita, do quanto ela sofreu por conta do descaso e da indiferença. Amargou sua doença praticamente só, em seu barraco precário, sem receber nenhum atendimento, por menor que fosse. Ocorreu-me então a idéia de organizar uma fundação para o atendimento hospitalar dos mais pobres, para que não se sintam excluídos e sem esperanças. Acredito que essa gente poderia ser tratada com mais dignidade nos momentos em que enfrenta suas doenças físicas. O que acha? — indagou, animado.

— Só posso cumprimentá-lo e dizer que acho maravilhosa essa sua idéia, Jaime.

— Preciso amadurecer melhor esse projeto, para fazer as coisas como devem ser feitas.

— Por que não expõe tudo isso a Leandro? Creio ser ele a melhor pessoa para ajudá-lo nessa empreitada.

— Você tem razão. Vou falar com ele.

Jaime ficara animado por ter tido a brilhante idéia.

Celeste elevou o pensamento até o Criador e agradeceu ao Pai por nascer naquele momento mais um tarefeiro de Jesus, que transformaria sua fortuna em um veículo do bem para sua própria redenção.

"Obrigada, Senhor. Mais uma ovelha para o Vosso rebanho."

Antes de se comunicarem com Leandro a respeito do que pretendiam fazer, Jaime e Maísa muito conversaram para chegar a uma decisão final.

Gregório entregou-se também ao entusiasmo ao saber da intenção de seu irmão, por quem, cada vez mais, sentia admiração.

— É hora de colocarmos Leandro ciente do que pretendemos, Maísa.

— Tem razão, Jaime. Vou convidar Andréia e ele para um jantar, assim poderemos conversar bem à vontade.

— Faça isso, querida.

Assim foi feito.

Aceitando o convite, Andréia e Leandro chegaram à casa de Jaime.

— Entrem, por favor! — convidou Jaime, solícito. — Que prazer em recebê-los.

— Nossa alegria não é menor que a sua, Jaime, é muito bom estar aqui com vocês — afirmou Andréia.

— Sentem-se e fiquem à vontade. Ansiava por vê-lo, Leandro, pois preciso conversar com você, ou melhor, questioná-lo sobre um assunto que me interessa muito.

— Realmente noto em suas palavras uma ansiedade mesclada com entusiasmo. Estou enganado ou existe algo mais sério que o está deixando assim?

Maísa se adiantou:

— Não, não está enganado, Leandro. Jaime está mesmo ansioso para saber sua opinião sobre algo que pretende fazer.

— Agora quem está ansioso sou eu. O que tem em mente de tão importante, Jaime, que precisa da minha opinião?

Com entusiasmo, Jaime relatou a Leandro tudo o que vinha sentindo havia algum tempo, até chegar à conclusão do que gostaria de realizar.

— Essa idéia me ocorreu como um jato de luz em minha alma, Leandro. Veja bem: inexplicavelmente lembrei-me da mãe de Talita, de seu sofrimento originado de sua doença, do descaso sofrido. E gostaria de poder de alguma forma auxiliar essas pessoas carentes a terem um hospital, mesmo que pequeno, onde pudessem receber com mais dignidade os socorros mais simples, em seus momentos de angústia. Como disse à Maísa, pretendo montar uma fundação, um abrigo onde os aflitos pudessem encontrar consolo para seus males.

Leandro ficou sem palavras. Mal podia acreditar no que acabava de ouvir.

— Jaime, você tem idéia do quanto precisaria dispor para manter um projeto desse porte?

— Leandro, não sei se é do seu conhecimento, mas possuo várias empresas. A minha intenção é destinar todo o lucro de uma delas para a fundação, ou seja, tornar a empresa provedora dos recursos de manutenção e sustentação da fundação, que beneficiaria somente as pessoas mais carentes e sem nenhum recurso. Acredito mesmo poder fazer isso sem que nenhum de nós se sinta lesado. Maísa e Gregório estão de acordo e incentivam-me nessa vontade. Já fui egoísta demais, amigo, e a vida me mostrou que existe uma alternativa para minha maneira de viver, bem mais altruísta. O que acha?

— Acho que você foi escolhido e tocado pelo amor de Deus. Entendeu que o amor que se dá nunca se perde; ao contrário, torna-se a verdadeira fonte da felicidade. Parabéns, Jaime, conte comigo para o que precisar.

— Obrigado, Leandro. Vou precisar, sim, da sua ajuda. Não sei como fazer, nem por onde começar. Peço a sua orientação para encontrar as pessoas certas para trabalhar na fundação, gente que saiba ver além das aparências e que esteja apta a se integrar com seu semelhante mais necessitado.

— Veremos tudo isso. Tenho um amigo, o dr. Aristides, que há anos faz um atendimento voluntário em uma comunidade carente. Poderemos falar com ele, quem sabe não aceita ficar à frente desse seu projeto?

— Gostaria muito que fizesse isso. Mas, Leandro, quero deixar bem claro a você que um trabalho não anula o outro. Ou seja, o que pretendo fazer não vai interferir de forma alguma na minha colaboração para o Canto dos Pássaros. Essa colaboração você terá para sempre.

Leandro se emocionou. Apertou a mão de Jaime e disse-lhe:

— Obrigado, amigo!

Disfarçando a emoção, Jaime respondeu:

— Bem, creio que o jantar já deve estar sendo servido. Vamos?

Levantaram-se e foram saborear a deliciosa comida de Jacinta.

Tudo foi feito de acordo com a vontade e o objetivo de Jaime.

A fundação atenderia apenas pessoas necessitadas, oferecendo-lhes respeito e tratamento digno. Nada seria cobrado, mas tudo seria ofertado para todos que para lá se dirigissem em busca do alívio de suas dores e cura para seu corpo enfermo.

O dr. Aristides aceitara dirigir a fundação e levara consigo profissionais competentes, que, embora remunerados, ofertariam de graça a amizade, o carinho e a fraternidade que somente aqueles que caminham fiéis às leis divinas e ao amor de Jesus podem ofertar.

Em poucos meses, as portas se abriram, e os leitos cuidadosamente preparados recebiam os primeiros pacientes.

— Feliz? — perguntou Maísa ao marido.

— Muito, querida. Por tudo o que me aconteceu nesses últimos tempos, ou seja, pelo meu aprendizado sobre o porquê de estarmos nesta vida e o conseqüente entendimento de que não estamos aqui a passeio, mas para aprendermos a amar; por ter conseguido elevar a minha alma em direção ao Criador e aceitado que nada seremos se não tivermos amor no coração; pela conclusão da obra da fundação e seu funcionamento, que trará para os leitos limpos e macios os corpos cansados dos enfermos. Mas devo dizer que tudo para mim vale a pena e tem um sentido porque tenho você ao meu lado. Eu a amo!

Maísa, emocionadíssima, abraçou o marido e, misturando suas lágrimas às dele, agradeceu a Deus por ter permitido que a própria vida florescesse suas almas.

Considerações

Amigos leitores e irmãos meus, o coração deve ser como o borbulhar da água na nascente, límpido e cristalino; e o homem deve lutar para impedir que ele se turve em seu caminho de evolução.

É no coração que habitam os sentimentos mais nobres quando estamos quites com as leis divinas, mas é verdade que esse mesmo casulo pode abrigar os sentimentos mais torpes quando se afasta de Deus.

E por que o homem se afasta de Deus? Porque ele ama a si próprio, mais que ao Criador. Porque renega Aquele que o criou, com suas atitudes imprudentes, egoístas e orgulhosas. Será que cada criatura viveria sem a permissão de seu Criador?

Todos somos frágeis e infantis perante a soberania de Deus. O homem apenas engatinha em sua evolução espiritual; é tão criança ainda que se ilude no desejo de ser grande. Mas onde está a nobreza de um homem, senão na sua essência interior, e não na aparência que engana e ilude?

Irmão meus, todos somos ainda pequenos seres e mal começamos o grande aprendizado do amor. A humanidade está se perdendo no mar da ambição e impedindo que a vida, bênção divina, possa florescer-lhe a alma, transformando-a na base sólida dos sentimentos nobres.

Culpam a vida pelos fracassos, culpam a vida pelas decepções e misérias, mas se esquecem de que a vida não pune ninguém, ela apenas responde às próprias agressões dos homens.

A vida não é má; Deus não criaria algo que não fosse útil às Suas criaturas. Ela é apenas o cenário onde os homens imprudentes e levianos, cegos das claridades divinas, cometem seus atos indignos com o único intuito de se promover a uma posição de destaque no mundo dos homens. Mas também é o cenário onde os bons, com sabedoria, regam-na com o orvalho de seu perfume interior.

Que lugar Deus está ocupando no seio da humanidade?

Nos palanques onde a voz do próprio homem abafa a de Deus para tornar viva sua própria ambição e cobiça? Ou no coração, permitindo que esse amor divino o torne manso, pacífico e verdadeiro em suas falas?

Meus irmãos, usem a inteligência e todas as possibilidades adquiridas para transformar o mundo no cenário de um único sentimento: o do amor universal.

Tenham expectativas e esperanças, sonhos e ideais de se elevar ao reino de Deus como Seus filhos e Suas criaturas. Trabalhem para construir o que falta e não destruam as sementes, ainda frágeis, da caridade na Terra. Este planeta se transformará. Iniciem a própria transformação, permitindo que o Divino Amigo possa habitar seus corações. Apóiem-se uns aos outros para a caminhada do bem e da paz.

O Preço da Ambição 453

Não dêem tanta manchete para o mal, mas levantem a bandeira do bem, do amor e da fraternidade tão alto que nenhum mal possa alcançá-la. Aprendam a falar de flores, de amizade e de companheirismo; acreditem de verdade nas palavras sempre mansas do Cristo, que ampara a todos e nunca deixou um só homem perdido no deserto.

Aprendam a ver a vida como a sagrada oportunidade de evoluir, crescer e alcançar o céu. Permitam que todos tenham a mesma oportunidade e os mesmos direitos no reino que, antes de pertencer aos homens, pertence a Deus. Calem a voz quando ela for a propagação de promessas não cumpridas, desejos dissimulados e de fraternidade existente somente na voz que ecoa sem nenhum embasamento de amor real.

Queridos leitores, mais uma obra foi concluída. A intenção foi mostrar-lhes e adverti-los quanto à imprudência de atos que jamais propiciarão a felicidade para aqueles que os praticam, mas, paralelamente, foram-lhes mostradas também as possibilidades do bem e da ventura. Cada um é proprietário de seu coração e de seus sentimentos, portanto, cabe a cada um a decisão final.

Rogo a Deus que possam decidir pelo bem e pelo amor, porque assim, através dessa decisão prudente, poderão, alguns, recuperar a felicidade perdida; outros, alcançar o que possam julgar impossível; e todos, construir o mundo maravilhoso do amor universal.

Isso é o que se quer e o que se espera que a humanidade faça para sua própria redenção.

Fiquem com a esperança e o amor de Deus no coração.

Até mais ver!

Ivo.

Palavras da Médium

Quando nos defrontamos com orientações tão sábias e prudentes, sentimo-nos, na maioria das vezes, pequenos e — por que não? — inseguros para complementarmos de alguma forma o que acabamos de aprender.

Mas acredito na necessidade, ouso dizer, urgente de nós, homens comuns, criarmos coragem e nos olharmos de frente, no âmago do nosso ser, e nos vermos como realmente somos.

Questionar nossas atitudes perante a vida; analisar friamente nosso coração, os sentimentos que de verdade o estão preenchendo e tentar perceber as falhas que possam existir na construção de nossa própria evolução espiritual. Quem de fato somos e que marcas pretendemos deixar em nossa passagem pela vida terrena?

A sinceridade com a qual agimos no nosso dia-a-dia, falando ou abraçando alguém. Qual o verdadeiro tom da nossa voz, doce e suave ou o fel que destilamos imprudentemente? É do próprio homem ressaltar as qualidades que acredita possuir. Mas é necessário irmos mais fundo em nós mesmos e tirarmos, pouco a pouco, as ervas daninhas que porventura possam estar tomando conta do nosso espírito, para deixá-lo livre e espontâneo para amar.

É justo perseguir a felicidade a qualquer preço, passando por cima dos sentimentos alheios, ferindo corações e sendo muitas vezes causadores da ira no coração de alguém?

É sensato vivermos em um pedestal de orgulho, lançando olhares superiores, e não raro cruéis, ao semelhante mais próximo a nós, tratando-o como serviçal menor?

É prudente renegarmos nossa família, principalmente nossos pais, por conta de posição social, como se a fortuna nos desse garantias de sermos pessoas melhores que os outros que pouco ou nada possuem?

Vejam bem, amigos leitores, Deus nos coloca em lugares em que precisamos estar para aprender e evoluir; e a vida nos dá em abundância tudo de que necessitamos para crescer em direção a Deus, nosso Criador. Sábio é o homem que compreende a razão de nossa permanência na Terra e consegue ornamentar sua estada com os requisitos da evolução, ou seja, as virtudes que engrandecem nossa alma e nos aproximam de Deus.

Evolução se consegue com trabalho digno, conhecimento necessário e amor exercitado. Como disse o querido autor espiritual, somos crianças ainda, vivemos no jardim-de-infância da nossa própria evolução. Necessário se faz entender que não se pode viver na mentira indefinidamente; uma hora esse "sono" tem de acabar, para despertarmos para a verdade da vida, pois, como sabemos, "é preferível negar duas verdades do que aceitar uma só mentira".

A vida é bela e cheia de encantos. Deus deu às suas criaturas possibilidades inúmeras para criarem seu jardim de evolução. Por que não falar de amor? Redescobrir a vida a cada dia; não só olhar, mas ver todas as coisas belas e construtivas que estão à nossa volta. Adquirir a compreensão de que só levamos desta vida os valores morais e espirituais que nos norteiam; que a fortuna é abençoada a partir do momento em que passamos a dar-lhe um rumo nobre, usando-a também para fazer a diferença na vida de outra pessoa.

Quando entendemos isso, pincelamos a tela de nossa existência com as cores suaves da caridade. E o que é a caridade senão o efeito de uma nascente de amor nos corações generosos que se doam sem nenhum outro desejo que não o de estar exercitando a lei de amor? É o entendimento de que a aflição pela qual o próximo esteja passando poderá nos visitar em algum momento, e que todos nós enfrentamos necessidades, senão financeira, afetiva ou moral, e sempre esperaremos ouvir a voz que nos acalma e as mãos que nos afagam. Caridade é o sentimento que sensibiliza nosso coração, e como nos disse Jesus: "Façamos aos outros tudo aquilo que gostaríamos que os outros nos fizessem".

Que a luz divina ilumine seus corações.

SÔNIA TOZZI.